女人受用一生的交际课

第②版

赵灵芝◎编著

中国纺织出版社

内 容 提 要

交际是女人取得事业成功必备的能力，更是安身立命的智慧。善于交际的女人懂得与人相处的方法、技巧和策略，在偌大的社交场上开辟出一块属于自己的舞台。

本书旨在提高女性的交际智慧，系统地阐述了女人与人交往时需要注意的形象、仪态、内涵、语言以及交际技巧等方面的内容，并对女性容易出现的社交弱点和错误提出警示和忠告，是一本不可不读的交际指南。

图书在版编目（CIP）数据

女人受用一生的交际课 / 赵灵芝编著. —2版. —北京：中国纺织出版社，2015.1（2024.7重印）
ISBN 978-7-5180-0965-7

Ⅰ.①女… Ⅱ.①赵… Ⅲ.①女性—心理交往—通俗读物 Ⅳ.①C912.1-49

中国版本图书馆CIP数据核字（2014）第214851号

责任编辑：闫　星　　　　责任印制：储志伟

中国纺织出版社出版发行
地址：北京百子湾东里A407号楼　邮政编码：100027
销售电话：010—67004422　传真：010—64168231
http: //www.c-textilep.com
E-mail：faxing@c-textilep.com
中国纺织出版社天猫旗舰店官方微博
http: //weibo.com/2119887771
永清县晔盛亚胶印有限公司印刷　各地新华书店经销
2013年3月第1版　2024年7月第5次印刷
开本：710×1000　1/16　印张：17
字数：244千字　定价：78.00元

第1版 前　言 preface

心理学家认为：一个人成功的因素，85%来自社交和处世。对于女人来说，生活的重心除了衣食住行、家人、工作，便是社交了。女人的社交范围很宽泛，近到邻里之间的相处，远到与陌生人的结识。即便是与闺蜜一起逛街、聊天也属于社交。因此，社交可以说是女人在这个社会上生存的必须品。女人社交的目的很多时候不仅仅是为了认识朋友、拓展人脉，而是在寻找一个能够展示自我魅力的舞台。因而相比男人来说，女人的社交显得繁琐而华丽。

社交的存在会产生很多交际行为，比如，形象塑造、心理建设、察言观色的能力、说服人的能力、与不同人用不同的方式进行交往的能力等，所以当女人辗转于社交场上时，有很多方面的准备需要做。首先就是自我形象的打造。诚然漂亮的脸蛋、妖娆的身材会受人欢迎，但却不会长久引人注意。只有端庄的举止、优雅的仪态、丰富的内涵、高雅的气质才是真正能够让人折服的力量。女人需要让自己拥有这些美好的品质，这对游弋于社交场的女人来说是很重要的。

然而，谈吐优雅、气质高贵、集美丽和智慧于一身的形象只是交际的基础。真正的与人交流，需要的是熟练的社交技巧和灵活的应变能力。

一个美丽无比、气质出众的女人，如果每天只是沉默寡言、不善言辞、不懂交际，那么她也不会获得多大的成功。可以说，一个女人只有提高自身的社交能力，才能够抓住成功。

一个善于社交的女人，必定是心思玲珑、舌绽莲花；她知道看人说话，不同的时间说不同的话，她知道什么该说，什么万万不能说；遇到好的机会，她会主动出击，而不是空等机会撞到自己身上；她能够借助外力轻而易举地达到自己的目的；她能够发现自己的贵人并得到贵人的帮助；一个善于交际的女人必然是聪明的女人，她懂得与人相处的方法、技巧和策略；她长袖善舞，能够在偌大的社交场上开辟出一块属于自己的舞台。

一个会社交的女人应该是圆融通达的。她聪明睿智却不咄咄逼人；她优雅大方却不盲目自傲；她善用计谋却秉持善良和真诚；她不去刻意地清高，更不会忘记时刻面带微笑；她懂得用真心去叩开人与人之间的心门，懂得用信任为自己铺路。

交际是女人取得事业成功必备的能力，更是安身立命的智慧。不仅需要广泛的实践，更需要理论知识的指导。正如本书的策划初衷一样，这是一本旨在提高女人交际智慧的书，它系统地阐述了女人与人交往时需要注意的形象、仪态、内涵、语言以及交际技巧等方面内容。并对女性容易出现的社交弱点提出警示和忠告，是一本不可不读的交际指南。

编者著

2012年8月

第2版前　言 preface

交际是一种能力，是一门艺术，交际能给人带来幸福和快乐。女人，要擅长用独特的风格牵引他人的目光，用充满魅力的机智让自己成为社交场合的中心人物。不论是在学习生活中，还是在职场生活中，女人都需要通过交际来维持人与人之间的关系。女人只有掌握了经营人际关系的妙招，才能在交往中撞击出令对方迷醉的音符。

女人作为一个社会人，不可避免地要和周围的亲人、朋友、同事、领导甚至是竞争对手交往。所以，对于女人而言，与他人建立良好的人际关系是个人发展的必由之路。而且，建立人际网络是一个相互交换资讯、意见、想法，相互介绍朋友，资源共享，相互帮助、支持的过程。由此可见，健康成熟的人际关系，不但丰富了女人的生活，发展了女人的事业，也提升了女人的权利、地位、影响力和生活品质。

有人说，会交际的女人很幸福，这自然是毋庸置疑的。试想，一个女人总为如何与领导相处、如何与同事相处而苦恼，或者总是与朋友处不好关系，总与婆婆吵架，总与老公闹矛盾，她还会幸福吗？每天都被那么多事情烦恼，怎么可能幸福呢？相反，一个会交际的女人，懂得如何把话说到领导的心坎上，懂得与同事和谐相处，懂得为朋友分忧解难，懂得讨婆婆欢心，懂得体贴老公。不管是生活、事业，还是家庭，都春风得意，事事顺利，那这样的女人难道不会幸福吗？

现实生活中，为什么有的女人因不善交际，而屡屡受挫，最终导致自己走向失败的道路。原因有这些：有的女人由于先天长相普通，或者常常认为自己能力不足，于是开始变得自卑起来，变得不敢大声说话，甚至不敢与人面对面交谈；有的女人刚刚进入社会，对许多事情都不明白，于是害怕说错话和做错事，变得寡言少语；有的女人不相信别人，就连自己也怀疑自己，她们的为人处世态度常常让别人嗤之以鼻；有的女人不屑与其他人交际，她希望自己变得与众不同；有的女人天生骨子里就十分冷漠，常常只关心自己，不在乎任何事情，长时间变得自闭，不喜欢交际。难道这样的女人就没有救了吗？非也，成功秘诀就在本书里。

本书系统地阐述了与人交往时所需要的方方面面问题，包括形象、仪态、语言等，更重要的是向你一对一传授交际技巧。同时，对于许多女性朋友可能出现的社交难题做出分析和警示，为你展示最全面的交际技巧。交际是女人幸福的秘诀，更是女人人生成功的有力保证。

本书在修订再版的过程中，对文字进行了进一步润色和提升，结合现今女性关注的话题，调整内容了部分，让女性朋友从中更加受益。

编著者

2014年8月

目　录
contents

第1章　制造美丽，女人要打造出完美的交际形象

对于女人来说，外在的形象往往是人际交往的敲门砖。生活中，谁都喜欢和漂亮、有气质的女人打交道。因为人人都有爱美之心。然而，天生丽质的女人毕竟是少数，大多数女人的美丽是靠后天培养的，是通过修炼和打扮而来的。那么，对于一个女人来说，如何通过后天的修饰和雕琢让自己看起来楚楚动人呢？请看本章的详细阐述。

容貌可以修饰，气质亦可修炼

俗话说："三分长相，七分打扮。"很多女人看起来美丽大方、气质优雅。其实很多时候，都是打扮出来的。不可否认，她们中间有很多人天生丽质，但并不是每个人都有天使的面容、魔鬼的身材。或许你长得并不漂亮，但是只要你精心雕琢，认真修饰，你一样可以美丽动人、气质优雅。

走出大学校门的美丽，刚刚过完了24岁的生日。按理说她这个年龄正是女人如花似玉的时候，可是美丽却是公认的灰姑娘，她不但脸上有雀斑，眼睛小，而且嘴唇薄得像一页纸，没有一丝血色，更让她没有自信的是身材还有些胖，似乎天生与她的名字——美丽，扯不上关系。也许是因为她有自知之明吧，所以她

也不爱打扮自己。

在工作中，美丽认识了一位客户，这个女孩叫做晴雯。事实上晴雯长得远没有美丽好看，可是却打扮得非常入时——好看的眼睛打上了眼影，接上了睫毛，每眨一次眼，似乎都在向人传神；惨白的脸上由于打上了粉底，看起来白里透红，非常可人；并不好看的身材，穿上了时尚而又合身的珍珠短衫，就像随风起舞一样，娇柔美丽。就连美丽第一次见她的时候，都打心眼里喜欢她，更别说别人了。

于是，从那之后，美丽开始留意身边的美女，细心地观察她们如何打扮自己，如何塑造形象和气质。美丽去理发店把自己的头发染成了淡黄色，去美容店认认真真地做了脸，在这期间，她又认真地向美容师学习了打眼影和粉底的技巧，并学会了在自己并不厚实的嘴唇上画上细细的唇线的技术。除此之外，在下班之后，美丽常常拉着自己的好朋友逛时装店，买了很多时尚的衣服。

在经过三个多月的精心学习打扮之后，美丽照了照镜子，镜子里的漂亮女孩让她震惊了。她使劲地眨了眨眼，用怀疑的眼神认真地打量着镜子里这个“陌生”的美女。她惊喜地问自己：“这就是那个不漂亮的灰姑娘美丽吗？”渐渐地，她露出了迷人的微笑。

没过多长时间，美丽就收获了自己的爱情，男生对她非常着迷。他帅气又阳光，而且自己现在经营着一家不大的公司。更重要的是，他每天都会捧着一大束鲜红的玫瑰花在美丽上班的公司门口耐心地等待着。这样的爱情，美丽以前总是觉得不可能降临到自己的身上，可是现在却紧紧地攥在自己的手心里了。

故事中的美丽因为自己长得不漂亮，所以并没有想过通过打扮来让自己变漂亮，见了晴雯后，美丽才明白，原来女人是可以让自己变漂亮，变得有气质的。于是美丽经过精心地打扮之后，让自己也如愿以偿地变成了美女，最终收获了自己的爱情。

由此可见，一个女人可以长得不漂亮，但是只要细心地修饰，精心地雕琢，是完全可以让自己变得美丽动人的。事实上，一个女人的形象直接影响到自己是否被周围的人接受，影响着身边的交际。那么，作为一个并不漂亮的女人，如何让自己面目一新、气质不凡呢？

1. 换一个时尚发型

女孩子把头发拉直，这让她们看起来非常清纯，非常整洁。尤其是一些脸比较瘦，身材比较好的女孩子更是如此。还有很多女性，为了让自己更有魅力，将头发染成黑红的、青黄色的等，都会让她们看起来魅力四射。即便是打个层次，剪个刘海，都会展现出她们不同的形象。但是，切记不要将头发染得五颜六色，做奇形怪状的头型，因为过于怪异的形象大多数人是无法接受的。

2. 学习基本的化妆技术

对于一些基本的化妆技术，如打眼影、打粉底等，女人要多学习，因为这些基本的化妆技术能在一定程度上弥补长相上的不足。比如说打上眼影能让你的眼睛更加传神，打上粉底会让你的脸色看起来更加红润有光泽。当然，对于一些比较难的技术，比如说接睫毛、接头发等，还是要去美容院请专业人士来做。化妆的时候也要注意，不要浓妆艳抹，否则会让别人感觉你过于妖艳，不利于你的形象的塑造。

3. 在着装上要花点心思

俗话说："人靠衣装，马靠鞍。"女孩子要学会在自己的着装上投资，每个月拿出一定的工资来给自己添置更加时尚的衣服。尤其是现在女孩子的衣服变化非常快，很多款式稍不留神就已经过了时。经常约几个朋友一起去逛逛商场和超市，挑选一些自己喜欢的款式，尽管不完全去买那些昂贵的衣服，但是也不要买地摊上的便宜货，因为这会让你的形象大打折扣。

4. 花钱买些精致的饰品

一个有气质的女人往往会佩戴一些首饰来增加和点缀自己。比如说耳环、项链、手链等。戴上这些，让女人看起来更加有魅力。当然这些首饰不必要戴多么高档的，但是也别戴便宜货，尤其是项链更要注意。如果没有金银首饰，那么不妨戴一些有个性的，手链当然要选择舒服的、颜色鲜艳一些的。

注重服饰品位，穿出自己的别致风格

同样是穿衣服，有些女人穿着非常典雅精致，而有些女人却邋遢难看、大煞风景。不是因为衣服的款式不好，也不是因为衣服的质量不好，而是因为她们在通过穿着来打扮自己的时候，没有注意到衣服是否适合自己的身材，没有注意到衣服和自己的形象是否匹配，只是盲目地跟风，结果却导致了格格不入。

晴晴和玉雯是同事，她们俩岁数差不多，可是两人的形象却大相径庭。晴晴长得并不漂亮，但是因为她会穿衣服，所以看起来穿着时尚、气质优雅。相比之下，玉雯虽然长得比晴晴标致，可是因为从来不会收拾自己，更不会穿衣打扮，所以看上去非常邋遢。

这天，晴晴和玉雯一起去逛商场。在时尚女装区，晴晴看上了一件非常好看的连衣裙，试穿了之后非常合适，有一种清水出芙蓉的感觉，因此她毫不犹豫地买了下来。看着晴晴穿起来气质非凡，玉雯也穿上试了试，可是那么时尚、好看的连衣裙，穿在玉雯的身上怎么看都很别扭。

玉雯在镜子面前照了照，感觉不满意，于是转过身来问晴晴："我穿这件连衣裙好看吗？"

晴晴没有说话，而是委婉地指着旁边的一件短裙说："你穿这件可能效果更好。"

于是玉雯听从了晴晴的建议，脱了连衣裙，穿上了那件短裙。效果确实比穿那件连衣裙好看了很多。可是玉雯站在镜子面前照了照自己，还是觉得不满意，于是脱下了短裙，再次穿上了那件连衣裙。

这时候，晴晴走过来说："我的身体比较平直，穿连衣裙显得更为合适。你的身材火辣一些，穿那件短裙更显得有魅力，所以我建议你还是买那件短裙吧。"

玉雯没有说话，而是穿着连衣裙在镜子前看了又看，始终舍不得脱下来。后来，她还是听从了晴晴的建议，买了那件短裙。可是回去后，她想起晴晴穿连衣裙的感觉是那么好，总觉得自己也应该买一件，或许能穿出她的感觉呢。

于是第二天，玉雯拿着短裙，去商场换了那件连衣裙。

于是，公司里出现了穿同一款连衣裙的两位女孩。可是晴晴穿起来，显得知性而又优雅。再看看玉雯，高高翘起的屁股将连衣裙撑得特别紧，这让她的屁股显得越发的大。而高高隆起的胸脯又将前面撑得特别紧，特别难看。

故事中的玉雯，看到晴晴穿着连衣裙特别漂亮，于是不顾自己的实际情况，也跟着她买了一件一模一样的连衣裙，结果不但没有穿出晴晴的效果，反而让自己看起来像个小丑。由此可见，女人在穿着打扮的时候，一定要注重服装的品位，选择适合自己身材的衣服，这样才能凸显气质。那么，女人在选择衣服的时候，如何才能选择适合自己品位的衣服呢?

1. 根据身材选衣服

每个女人的身体都不一样，有的人身材比较火辣，在选择衣服的时候就要选择一些显身材的衣服。比如，选择裤子的时候，要选择一些凸显臀部的裤子，在选择衣服的时候，多挑一些衬托胸部的衣服，这样才能让自己更加性感。有的人的身材平直一些，不妨选择一些连衣裙，或者是紧身的衣服，以显示你的骨感美。

2. 根据性格来选择

每个人的性格不一样，穿衣服就要根据性格来选择。有的女人比较文静，那么选择衣服的时候，就要选择一些显静的衣服，比如说长裙或者是连衣裙等，穿出来显得贤惠、知性。有的女人比较活泼，爱玩爱闹，那么选衣服的时候，就要选择一些相对来说宽松一些的，这样不仅行动起来方便，而且也能够显示出其性情很爽朗。当然，还要根据实际情况做调整。

3. 根据年龄来选择

不同年龄阶段的女人，穿衣服也要有所区别。如果你刚刚十八九岁，那么穿衣服的时候，不妨选择那些颜色比较稚嫩的、款式比较新颖的。如果你过了25岁又在35岁以下，穿衣服的时候就要选择颜色相对鲜艳、款式相对成熟一些的。如果上了40岁，再选择那些颜色太过鲜艳的衣服就不大合适了，款式自然也要相对地保守一些。

4. 根据收入来选择

并不是说价钱高的衣服穿出来效果就一定好。要根据自己的收入来买适合自己消费水平的衣服。如果你的收入很高，每月有大量的结余，那么完全可以买一些质量好、高档的衣服穿。但是如果你的收入一般，那么就不要去光顾那些太过奢华的衣服。买一些款式好、颜色适宜的服装，也能将自己装扮得美丽可人。当然这里不是说让你去买便宜货。

保持淡雅自然的妆容，时刻光鲜亮丽

同样是化妆，有的女人化了妆，显得淡雅自然，根本看不出来，让你觉得她的漂亮和美丽是天生的。有的女人化了妆却清晰可见。且不说效果怎么样，让别人一眼就能看出你是化过妆的人，很明显这个妆化得不成功。因为你无法将长相和妆容融为一体，你的妆是化在脸上的，而没有化到漂亮里面。

蝶衣是个爱美的女孩子，自从大学毕业之后，她就开始学着打扮自己，让自己看起来成熟一些。那时候她常常一个人逛街，然后追着那些美女可劲地看，一度让朋友们以为她对同性感兴趣。

蝶衣在慢慢地蜕变着，她开始频繁地出入美发店，将自己一头乌黑靓丽的长发染成了橙黄色，并且打了很多的卷。她花了自己半个月的工资买了一套高档的化妆用品，并开始学习描眉、打粉底等。刚开始的时候，由于不会，蝶衣总是将自己的脸弄得乱七八糟的。慢慢地，她的气质开始凸现出来了。

这期间，她所在的公司为了丰富员工的文化生活，特意组织了晚会，她和很多女同事一起参加了模特大赛。凭借着姣好的身材和化妆技术，她最终进入了总决赛。可遗憾的是，最终她输还是给了别人。

问题还是出在了化妆上。她的妆化得很细，但是跟对方比起来明显有很大的差距。尽管她之前做得很仔细，但在眼光独到、精准的化妆师眼里，还是被挑出了很多的毛病，比如，她的眉毛化得稍微浓了点，眼影擦得也浓了点，粉底尽管打得很到位，但是却让人感觉到略显苍白。

而对方则根本看不出来化过妆，要不是化妆师点评，所有的人都以为她是天生丽质，容貌和身材如出水芙蓉般天然合成。这一次失败，蝶衣输得心服口服。比赛结束之后，她特意买了礼物去拜访那位和她争夺冠军的女孩。

在女孩的指点下，蝶衣从头到尾认真地学习了化妆的技术。现在的她光鲜靓丽，根本看不出来一点雕饰的痕迹。实际上她每天都要花半个小时的时间去打点自己的脸。

故事中的蝶衣，由于化妆的技术还欠火候，所以在模特大赛中没有拿到冠军。但是她因此却学到了精湛的化妆技术，让自己每天都保持光鲜亮丽，而又看不出一点痕迹。由此可见，女人不是化妆就能增加魅力的，而是要将妆化得自然淡雅，才能让别人感觉到你的漂亮和美丽。那么，作为女人，如何将妆化得淡雅自然呢？

1. 粉底要调配适当

粉底往往能掩盖蜡黄的脸色、或者是脸上的雀斑等。但是打粉底的时候，颜色搭配一定要适当。如果天气晴朗，或者是你工作的环境中光线很好，那么就不易打得太白，要适当地加一些让皮肤看起来红润的色彩；如果天气阴沉，或者工作的环境光线比较暗，那么打白一点自然无妨；还有就是出席晚宴的时候，要让自己保持脸色红润，因为晚上的光线比较弱，脸色红润能让你更有魅力。

2. 眼影不宜过浓

很多女孩子在化妆的时候，总是打很浓的眼影，这样虽然看起来增加了女性的魅力。但是如果眼影过浓，则会让你的眼神越发显得没有神采，一定程度上会影响你的气质。在打眼影的时候，只需轻轻地在眼圈边上化上淡淡的黑，既让人看不出你打过眼影，又能让你的眼神传神，这会让你的魅力倍增。

3. 口红颜色要合适

在化妆的时候，口红的颜色选择也要适宜。一般情况下，不宜将口红的颜色涂得过于鲜艳，只需保持红润就可以。如果你觉得涂的口红颜色太浓了，那么不妨适当地擦一擦，去掉外层的红色，让嘴唇看起来更像是自然红。当然，如果你觉得嘴唇缺乏水分，那么不妨用牙齿咬一咬，你的嘴唇立马就会变得红润有光泽。

4. 眉毛化妆有选择

在化妆的时候，眉毛的装扮也是很重要的一步。在选择眉笔的时候，如果你的脸色很白净，那么不宜选择纯黑的眉笔，应选择咖啡色或者是灰色的。这样，画上去的眉毛看起来才会更加自然淡雅。当然，如果你想展现自己的强势，那么不妨在画眉毛的时候，画得稍微倒立一些，让别人感受到你的强烈气场。

5. 睫毛处理要有度

我们看到很多漂亮的女孩子都有长长的睫毛。事实上，很多都是嫁接上去的。嫁接的时候并不是越长越好，如果你的睫毛本身就很长，那么根本无须嫁接，只需要淡淡地打一点睫毛膏就可以。这样会让你看上去更加妩媚。如果你的睫毛很短，为了让你的眼睛看起来更加有神，就需要嫁接一点睫毛。

呵护手足，让自己成为美丽且精致的女人

有人说，女人的手是她们的第二张脸。这话说得一点也不假，很多时候，女人的手是否漂亮，也决定着她的整体形象和个人魅力。和女人的脸一样，有些女人的手长得非常漂亮，而有些女人的手却非常难看。当然，手也是可以通过修饰而变漂亮，变得有魅力的。

美美是个非常漂亮的女孩子，因此，上大学的时候就有很多的追求者，可是美美一个也瞧不上。直到大学毕业，走上工作岗位之后，她才遇到了自己的真命天子。男生阳光帅气，美美非常喜欢他。

可是两人拍拖足足有两个月了，男朋友始终没有拉过她的手。为此，美美感到非常疑惑。有时候她甚至认为他并不爱自己，要不为什么不和她牵手呢？后来，在一次无意中，她才发现了其中的秘密，原来她的手长得有些难看。

她的手指不但粗，而且很短，不像别的女孩子那样有一双芊芊玉手。更要命的是，由于自己平日里不注意保养，手上的皮肤显得有些粗糙，布满了皱纹。乍一看，根本不像一个美丽的大姑娘的手，倒像是个老太婆的脸一样，皱皱巴巴的。

发现了这个要命的缺点之后，美美开始做手部的保养。每天早晨，她都用香皂认认真真地将手清洗一遍，然后涂上护手霜。平日里没事了，她总是做一些手部的运动来锻炼手指的敏捷度，而且将留了好几年的小手指的指甲也给剪掉了。

这样，美美的手渐渐地变得好看了，指头慢慢地变细了很多，手上的皮肤也不再干燥了，那些皱纹也慢慢地少了很多。看着自己一双娇媚的手，美美满意地露出了笑容。在和男朋友的一次约会中，她主动地轻轻地握住了对方的手。

男朋友从她的手上感觉到了她的温柔，感觉到了她的妩媚。那一天，他第一次拥抱了她，亲吻了她。当他和美美双手十指交叉，走在大街上的时候，他和她都露出了从来没有过的幸福的微笑。

故事中的美美，尽管人收拾打扮得很漂亮，可是却忽视了手部的保养，结果让她的男朋友无意间观察到了，所以不肯和她牵手。后来，美美发现了这个不足，然后精心地护理了一个阶段，让自己的手变得柔软、娇美了很多，最后终于和男友牵手了。由此可见，手是女人的第二张脸，对女人的形象影响很大。那么，如何保养自己的手，让自己成为美丽而精致的人呢？

1. 经常洗手，保持手部的清洁

女人要让自己的手看起来柔美一些，那么清洁是前提。在平日里收拾脸部的时候，不妨花点心思认认真真地去洗手，很多香皂，比如说舒肤佳等，都能很好地柔化手部的皮肤，用的时间久了，你的手摸上去就会柔软很多，皮肤也会变得很细腻，更能凸显出女人的柔美来。

2. 别忘了涂护手霜，保持手部的湿润

跟女人保护自己的脸一样，手部除了清洁之外，还要涂上护手霜，让手上的皮肤受到细致的呵护。很多女人都很看重这一点，花很多钱，买很多贵重的护手霜来保护手。当然如果你觉得不值，买一些普通的护手霜也完全可以。涂上护手霜，不但能提供手部皮肤需要的营养，还能保持手部的水分，让手部的皮肤避免干燥开裂。

3. 经常进行手指锻炼，保证手指敏捷

经常进行一些手部的锻炼，可以增加手的灵活度。比如说紧握着手指往外掰一掰，这样，时间久了，指头就会变得非常纤柔。当然，这些手部的锻炼长期进行才能有效果，一时心血来潮做几次锻炼是不起什么效果的。

4. 适当地涂指甲油，让你的手指更妩媚

如果你的指头很漂亮，指甲也很饱满，那么不妨涂一些淡色的指甲油，从而增加你的手部的魅力。不要涂那些颜色过于鲜艳的指甲油，那样会大大降低你的品位，也让你的手看起来失去了娇媚。现在流行做指甲美容，在指甲上画很多有特色的图案，也是可以采用的，这样会让你的手更加好看。

5. 勤剪指甲，不要留长指甲

有些女孩子总是在小指上留很长的指甲，显得自己有个性。事实上，这样会让你的手看起来更加不和谐，会影响了你手部的整体形象。所以不要随便在指头上留长指甲，是保持你的手娇媚美丽的一个方面。

6. 补充营养，保证指甲盖的饱满圆润

如果营养不良，指甲就会出现发瘪，或者是出现很多白点，严重影响手部的美观。平日里要多注意营养，除了保持正常的用餐之外，还要适当地吃一些维生素和钙片。千万不要为了保持身材而刻意地在食物上做一些不合理的调整，以免你的身体营养不均衡，影响到你手部的形象。

坚持运动锻炼，保持动人身姿

相对于男人来说，女人更加喜欢唱歌跳舞，以此来显示她们娇美的身姿。但是女人的动人身姿并不是天生就有的。除了身材好以外，还需要她们坚持运动锻炼，以此来增加她们身段的优美和柔韧。当一个女人活动身躯如行云流水一般的妩媚和多姿时，试想她会给别人留下多么美好的印象啊！

娜娜如愿以偿地获选了B城的形象大使。顷刻之间，B城的宣传片里、广告牌上到处都是娜娜开心的微笑着的照片。娜娜成了家喻户晓的名人，她的身价陡增，很多的广告商找她合作拍广告，企业也在不断地找她代言产品。

娜娜能够获得这项殊荣，除了她拥有天使的面容、魔鬼的身材之外，更主要的是她那优美的舞姿。那天当她在舞台上翩翩起舞的时候，整个台下都被她迷住了。所有的人都瞪大了眼睛，一眨不眨地在盯着她。她时而如腾云驾雾一般，时而像行云流水一般。身子柔软得像水、像云、似雾。当她轻轻地飘下舞台之后，全场响起了热烈的掌声。

当然，娜娜能将身段练就得如此柔顺，也是付出了大量的辛苦的。每天她都要去健身中心锻炼，无论刮风下雨，从来没有中断过，十几年如一日。正是因为她的艰辛付出，才练就了她如此柔软的身姿。

当有记者采访她的时候，提及曾经的这些艰苦的日子，娜娜忍不住流下了眼泪。这十几年，她都不敢随便吃肉，怕身体走形，每天早晨都要跑两公里，有很多时候她坚持不住了，偷偷地一个人抹眼泪，但是她却从来没有喊过苦，叫过累。

有好几次，娜娜因为锻炼受了伤，走起路来都觉得困难。但是她依然没有休息，坚持锻炼，咬着牙忍着痛，硬是撑了过去。也正是因为她持之以恒的锻炼，才给她那魔鬼的身材赋予了灵魂。

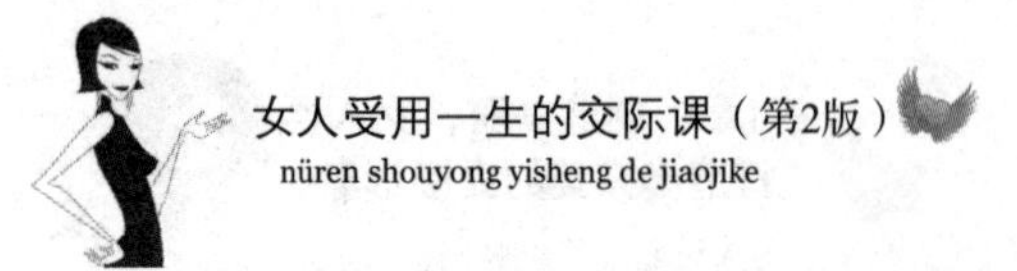

故事中的娜娜因为坚持不懈地锻炼，才造就了动人的身姿和舞蹈，最终让她如愿以偿地获得了梦寐以求的成功。作为女人，拥有好身材就拥有了资本，但是如果能有动人的身姿，则无疑会让自己更加娇美和妩媚，从而塑造自己美丽可人的交际形象。那么，如何做到坚持锻炼，保持动人的身姿呢？

1. 制订运动锻炼的计划

很多女孩子在通过锻炼来塑造自己优美身姿的时候，总是没有可行的锻炼计划，比如说跑步，没有时间限制，也没有另外的运动来做配套的训练。这样，耐力是锻炼好了，身材也保持好了，可是身姿依然坚硬，没有一点流水的感觉，让人感觉总是差了一点女性的柔美。因此，要制订一个运动锻炼的计划，将各种锻炼配套进行。这样时间久了，身体也慢慢地就会变软了。

2. 适当地增加训练难度

如果仅仅是跑步、体操等一些最基本的锻炼，很大程度上并不能增加身体的灵活性跟柔韧性。这就要在锻炼的同时，适当地增加一些难度，比如身体向后躬，或者是劈腿等，这些动作一般人做不到，但是女孩子如果能坚持锻炼，不但能增加身体的柔软性，还能使身体更加灵活。

3. 将运动锻炼坚持下去

说实话，坚持用锻炼的方式来修炼动人的身姿是一件非常辛苦的事。很多女孩子锻炼了一次便不再坚持了。事实上，这样之前的锻炼也就白做了。如果不坚持锻炼，你的身体一样会变得非常僵硬。要想让自己的身体变得灵活起来，变得柔软起来，那么就要坚持不懈地锻炼下去，时间久了，自然就有效果了。

4. 合理地搭配饮食很重要

在运动锻炼的同时，在饮食上也要合理地搭配。很多女孩子为了保持身材都不敢吃肉，怕自己变胖。其实这种做法是不科学的。身体也需要一定的能量才能健康地成长。如果不吃肉，那么身体就会缺乏大量的蛋白质，再加上经常锻炼，时间久了，身体就会垮掉。因此，在进行锻炼来保持身姿的同时，也要合理地搭配饮食才行。

5. 参加健美体操的锻炼

平日里，除了基本的锻炼之外，也要参加一些社会上组织的健美体操运动，这在一定程度上既能让你锻炼身体，又能增加你的训练兴趣。对于你的运动锻炼非常有帮助。更重要的是健美体操轻松愉快，让你没有压力。这对于很多通过运动锻炼来修炼动人身姿的女孩子来说，无疑是很好的选择。

6. 要经常不断地练习跳舞

跳舞其实也是一种运动，对于锻炼身体的柔韧性非常有帮助。因此，对于女孩子来说也是个很不错的锻炼项目，这是常规性的锻炼所不能相比的。对于爱美的女孩子来说，在闲暇之余不妨练习跳舞，这会让你的身姿更加动人，更加娇柔。

一点小配饰，提亮你的美丽

生活中，我们经常看到很多美丽漂亮的女孩子总是在手腕，或者是头发上做一些小小的装饰，从而让她们看起来更加楚楚动人。事实上，这些小装饰在一定程度上为她们的形象加了分，使她们能在一定程度上吸引别人的注意力，让她们的整体形象看起来更加和谐，更加美丽。

尽管黄晓只有14岁，但是高挑的身材和微微发育的身体，已经让她看起来亭亭玉立了。今年，她带领着学校的舞蹈队参加了学区组织的舞蹈大赛。由于她纯熟的舞技，再加上同学们的倾力配合，她们的舞蹈队一举挺进了前五名。

之后的比赛竞争更加激烈，为了能在最终的比赛中夺得奖杯，她们特意请了艺术团的形象设计师刘老师为舞蹈队做形象设计。经过刘老师的精心设计和打扮，再加上借用了艺术团的很多舞蹈服装，黄晓带领的舞蹈队顷刻间变了一个样。

变换形象之后，她们在之后的比赛中又挺进了总决赛。黄晓和舞蹈队的队员们信心十足，她们觉得凭借她们的实力，赢得冠军应该没有问题。可是刘老师总觉得缺点什么，但是又说不出来。

最后的冠军争夺赛马上就要开始了，刘老师坐立不安。按照她多年的工作经验，如果以黄晓所在的舞蹈队现在的阵容上去，形象设计上总体应该不会输给对方，但就是那点连她也说不清楚究竟是什么的东西可能会影响整体的效果。除非黄晓所带领的舞蹈队在舞姿上绝对胜过对方才行。可是实际上，刘老师也知道，舞蹈队并没有十足的把握。

离最后比赛开始的时间越来越近了，刘老师如热锅上的蚂蚁，急得团团转。究竟是缺点什么呢？突然，刘老师的眼前一亮——头花。她们缺少个银白色的头花。这时候离最终比赛的时间只有20分钟了，黄老师立即从比赛现场出来，直奔艺术团而去。

当她带着头花赶到比赛现场的时候，离最终的比赛只有3分钟了。她迅速地为每一位队员佩戴了银白色的头花，整个舞蹈队顿时一亮。随着音乐的响起，舞蹈队以火辣的舞姿进入了比赛现场。

有了这个银白色的头花，舞蹈队员脸上的表情被照亮了，随着舞台灯光斑斓多彩地间歇照射，女孩们越发显得美丽动人、娇柔可爱。再加上她们柔软的舞蹈，现场响起了一阵又一阵热烈的掌声。

最终她们如愿以偿地获得了冠军。和她们比赛的另一支舞蹈队实力跟黄晓所带领的舞蹈队不相上下，恰恰是因为缺少了点缀，才使她们在舞台上显得黯然失色。

故事中的黄晓和她的舞蹈队员的舞姿非常柔美，形象也非常好。可是对于专门做形象设计的刘老师来说，她们身上缺少点儿点缀，少了这点儿点缀，在舞台上会让她们的美丽大打折扣。幸亏刘老师发现得及时，要不然她们就可能与冠军失之交臂了。可见，一点小小的配饰，就能让女孩们的美丽迅速提升。那么，在生活中，如何用配饰来提升你的美丽呢？

1. 耳环能增加你的整体形象

很多女性都有戴耳环的习惯。有的带个小巧玲珑的链式耳环，走起路来，耳环随着身姿不停地摇晃，看起来异常好看，让人觉得这个女人激情四射；有的女人带个大大的环形耳环，再配上卜卦式的衣服，显得大气、有个性，尤其是银色的环形耳环，在灯光的照射下，让女人显得更加靓丽和妩媚；带个小小的耳钉，再做个越南髻，看起来越发贤惠。

2. 头花和发卡让你更加妩媚

带一个精美的头花或者是发卡，会让美丽聚焦在你的头上。因为人与人接触的时候，最先被别人的眼睛捕捉到的，除了脸庞就是头。时尚的发型配一个精美的头花，可以增加你的头发的亮度，让你的头上看起来不至于太过空荡。同样，一个精美的发卡会让你的头发跟脸更加融洽地连接，看起来更加和谐，更加妩媚。

3. 带个手链可以提升你的美

只要我们注意身边的那些美女，我们就会发现，她们的手腕上总有手链。有些是珍珠穿成的，有些是无机玻璃珠子穿成的，还有一些对身体有益的玉珠子等。这些手链让她们在一举一动中尽显魅力。当然，在戴手链的时候也要注意留下空白，两只手不能全戴，否则会让人看起来太过臃肿。

4. 带副眼镜让你更显知性美

如果你觉得自己缺少点知性美，那么不妨戴一副眼镜。通过镜片，让你的眼神看起来更加柔美。当然，镜框的选择一定要亮丽一些，否则会让你的脸整体失去光泽。也有的女孩子喜欢黑框眼镜，从而让眼神更加深邃。如果你的眼睛没有近视，也是可以戴眼镜的，选择那些没有度数，款式又好的眼镜，既会为你的形象加分，又不会损害眼睛。

打理好丝丝秀发，展现女人味

头发对于一个女人来说极其重要，直接影响着她们的整体形象。也正是因为如此，很多女性在提升自己形象的时候，首先要做的就是给自己选择一个时尚的发型。把头发打理得性感温柔，则会更加显示出女性骨子里的柔情似水。她们的多情，她们的善良，以及她们与生俱来的母性美，在头发上一览无余。打理好丝丝秀发，能让女人更加有味道。

可见，男人更加喜欢有味道的女人。如果你想获得自己喜欢的男人的心，那么不妨去精心打理自己的秀发，让自己看起来更有女人味一些。那么，究竟如何打理好自己的秀发，来展现女人味呢？

1. 如果你想清纯一些，不妨将头发拉直

女人的头发能显示出她们的性格。将头发拉直，能显示出清纯的美丽。很多初入社会的女孩子，总会将自己的头发拉直，来显示自己清纯的一面。因此，如果女孩子性格温顺、安静，那么不妨把自己的头发拉直，让别人感受到你的这份清纯。同样，如果你想给别人留下这样的印象，那么垂直乌黑的头发是你的首选。

2. 如果你想妩媚一些，不妨把头发染色

很多美女将自己的头发染成黄色或者是栗色，让人感觉她们非常妩媚，特别有味道。尤其是一些皮肤白皙、天生丽质的女孩子，远远地看上去，特别靓丽娇媚。作为女孩子，要想让别人觉得你很有女人味，很有内涵，那么不妨将自己的一头黑发染成黄色或者是其他颜色。当然颜色不宜太过夸张，那样只能让别人感觉你是妖怪了。

3. 如果你想性感一些，不妨把头发烫卷

只要你留意身边的美女，就会发现还有很多女孩子，不但把头发染了色，而且还烫上了卷。这让别人感觉到她们非常性感，非常有味道，常常能吸引别人的眼球。因此，女孩子要想让自己看起来更加性感，对异性更加有诱惑力，那么不妨把你的头发染色，并且烫上卷，以增强自己的魅力。

4. 如果你想神秘一些，就用头发遮一只眼

人有逆反的心理，越是看不到的东西，越希望看到。这就使得很多美丽漂亮的女孩子，总是喜欢把头发拉直，然后弄到一边去，让秀发始终垂在一边，而且在头发下垂的时候，刚好遮住了一只眼睛，给人朦胧、若隐若现的感觉。这就增加了自身的神秘感使得她的眼神更加深邃，勾起了别人想要一探究竟的欲望。

第2章　仪态万方，女人用优雅的举止打开交际之门

不可否认，女人的相貌是交际的敲门砖。但是，如果再进一步留意和观察你就会发现，女人的行为和动作更加能够触动人心。如果一个女人总是大大咧咧、举止粗俗，那么就算她再漂亮，别人也会反感她，厌恶她。相反，一些相貌平平、举止优雅的女人则更加容易被别人所接受。因此，作为女人，不妨淑女一些，温柔一些，这样在很大程度上能为你赢得良好的人际关系。那么，作为女人，平日里的言谈举止都有哪些要注意的呢？本章将为你解答这个问题。

亲切有礼，用微笑打开对方的心扉

在人际交往中，女人比男人更加容易被人接受，因为相对于男人来说，女人的攻击性更小，说话的声音更柔软。但是如果一个女人总是紧绷着脸，那么给别人的感觉是，这个女人抗拒别人与她接触。这样，无疑是给她的社交带来了一定的障碍。

作为女人，要想在交际中如鱼得水，获得更多人的喜欢，那么就要时常地面带微笑，让别人觉得你很友善、愿意和对方接触和交往。这样，把你的友善传递给对方之后，别人也会给予你同样的友善，继而打开心扉接纳你。

安红是个非常漂亮的女孩子，不但人长得标致，而且还非常喜欢收拾打扮自己，因此，无论她走到哪里总是一道风景线。按

理说，这样的女孩子身边应该有很多的朋友，可是安红的人际关系却不怎么样。

原来安红是大家常说的那种冰美人。也许正是因为她漂亮的缘故，所以总是觉得别人会讨好她。在与人相处的时候，她总是高高在上，拉着一张脸，不苟言笑。很多人和她交谈，说不到三句话，便离她而去了。

一次，公司的总经理找安红谈话，安红依然紧绷着脸。总经理一连问了她好几个工作上的问题，她总是将头抬得高高的，要么不说话，要么说一两个字来敷衍。总经理非常生气，说道："安红，你这是什么态度？是对我有想法，还是对公司有想法？还是你对自己的工作不满意？"

安红看了总经理一眼，说："没有，我很满意。"

总经理吼道："但是，我对你不满意。就你这样的态度怎么可能让客户满意呢？你看看你，来公司已经整整三个月了，没有谈下来一个客户。你这样的态度，怎么可能谈下来客户？你回去认真地想一下，如果你还是这样的态度的话，那么公司也不愿意再在你身上花费精力了。"

安红委屈地走出了总经理的办公室。这时候，业务主管王大姐走上来，悄悄地对安红说："安红，咱们做的是销售，客户要的是你的热情，你总是紧绷着脸，客户怎么会看你的脸色呢？再说了，总经理是咱们的领导，你怎么可以这么不重视他呢？"

从那之后，安红放下了高高在上的姿态，无论走到哪里都面带微笑，同事们渐渐地开始喜欢她了。她的客户也一个一个地谈了下来。这天，她对王大姐说："王姐，我感觉到自己也开心了很多，身边的朋友们也多了起来，工作也顺利了很多。谢谢你。"

王姐笑着说："不用谢我，要谢谢你自己才对，如果你自己不想给别人友善，没有人能帮助你。"

故事中的安红总是紧绷着脸，觉得自己漂亮就不可一世，可是她在把自己放得高高在上的时候，却拒绝了身边人的友善。这给她的工作和生活带来了很大的障碍。后来，当她试着以微笑面对生活的时候，便收获了友谊，收获了客户。因此，作为女人，人美不是真的美，心美才是真正的美。只有你给予别人微笑，传递你的友善，别人才会接纳你，你的世界才会因此而丰富。那么，作为女人，如何以微笑打开别人的心扉呢？

1. 心地善良一些，你的微笑会自然浮现

一般情况下，人心里的情感往往能在表情上看出来。如果你的心里不开心，即使勉强让自己微笑，你的笑容也是僵硬的，传达不出来你的友善。因此，作为女人，平日里心地善良一些，把心情调整得好一些，这样，你的心里开心了，笑容自然就出现在脸上了。这样的微笑，让人觉得你很坦诚，很友善。

2. 微笑的时候要把握住度，不要笑过头

作为女人，与人交往的时候要矜持一些，即使在用微笑传达你内心的友善，也要把握住笑的尺度。如果你刚一见面就开怀大笑，这会给别人留下不好的印象，觉得你没有一点女人的矜持，没有一点女人的羞涩。当你让别人的内心对你有了厌恶的情绪之后，就会为随后的交往和接触设置障碍。

3. 微笑的同时，别忘了向人亲切地问候

与人接触的时候，除了报以一个真诚的微笑之外，别忘了给别人一个亲切的问候，这会使对方觉得你很懂礼貌。如果你只是一个劲地微笑，别人虽然感觉到了你的友善，但是你却没有亲切的问候，会让他人觉得你没有和对方进一步接触和交往的欲望，从而打消与你接触和交往的想法。

4. 一边微笑，一边主动伸手示意你的友善

你的微笑传递了你的友善，但是在与人交往的过程中，彼此握手是进一步接触和交往的象征。对于女人来说，如果你接触和交往的对方是女性，那么就需要你主动地伸出手和她相握，以表达你的真诚；如果你的对方是男士，那么更需要你主动地伸出手，对方也许因为担心伸手会遭到你的拒绝而心有顾虑，你主动伸出手后，就给了对方台阶下。

女人不可不知的交谈礼仪

很多女人人长得很漂亮，气质也很不错，可是在人际交往中却不懂一些基本的交谈礼仪，常常让和她们交谈的人感到非常痛苦。长此以往，别人都不喜欢和她们沟通和交流，这就给她们的交际带来了一定的困难。

所以，作为女人，要想让自己被别人喜欢，那么就要学会一些基本的交谈礼仪，比如，如何表达自己，如何倾听别人等。懂得了这些基本的技巧和方法之后，你会发现和别人交谈是一件愉悦的事情。在不知不觉当中，就建立了自己的交际圈子。

其子是某报社刚刚聘请的记者。由于其子刚刚大学毕业，所以报社决定先让她实习一个阶段。这天，其子跟着报社安排给她的老师去采访一个著名的企业家。马上到了约好的时间，其子的老师却因为母亲病危匆匆忙忙地走了。这样，采访的任务就落到了其子的头上。

其子的心里有些发怵，但是一时半会也没有别的办法，只好硬着头皮前去采访。好在这名企业家非常和蔼，好沟通。所以这让其子紧张的心稍稍平静了一些。于是两人开始了寒暄。

企业家问道："小姐怎么称呼啊？"

其子第一次听别人叫自己小姐，觉得有些好笑。于是她笑着说："我叫其子。"

企业家疑惑地说："什么子？"

其子说："我叫其子。"

企业家依旧眉头紧锁地说："妻子？是你丈夫经常这么叫你吧？"

其子听完，哈哈大笑了起来，一边笑一边说："不是妻子，是其子。我还没有结婚呢，哪里来的丈夫啊？"

其子连笑带说，企业家根本没有听清楚，心里有些不悦。但是他毕竟是著名的企业家，经历过的场面多。因此为了避免进一步出现尴尬，很快就把话题转移到别处去了。

采访顺利地进行着。其子问：“董事长，您能谈一下您是如何一步步的将企业做起来的吗？途中是否经历过挫折和失败呢？”

这个话题，对于企业家来说，那是有太多想说的了。于是他说道：“想当初，我也只是在一家工厂做事，后来突然有一天，有了这么一个奇怪的想法，想自己做企业。于是辞了职，回家借了三万块钱，开始了自己的创业……”

正当企业家说得高兴的时候，其子突然兴奋地打断了企业家的话：“我知道，我知道，您说的这一段事情我知道，前些时候电视上播放你们企业的发展史了，这一段说得特别清楚。”

企业家心里很不高兴，心想：“既然你知道，那还采访我做什么啊。这个记者太没有礼貌了。”但是他毕竟是做大事的人，所以他并没有计较，而是跳过那一段，继续说后面的故事。几分钟之后，其子接了一个电话，一接就是半个多小时。原来是她男朋友打过来的，两人在电话里卿卿我我地聊了半天，完全把采访这件事忘得干干净净了。

等她挂了电话之后，才想起来还在采访企业家。于是其子跑过来，可是企业家早已经离开了，这天的采访就这样失败了。从那之后，尽管她多次打电话给企业家道歉，对方表示不在乎，可是再也没有接受她所在的报社的采访。

故事里的其子在采访企业家的时候，不但连说带笑，而且还打断对方的谈话，更让人接受不了的是忽略别人去接私人电话。结果最终导致了采访的失败。由此可见，女人要懂得一些基本的沟通礼仪，才能在与人相处的时候给人留下好的印象。那么，作为一个女人，要懂得哪些基本的交谈礼仪呢？

1. 咬字清晰，切不可连说带笑

在双方沟通和交流的过程中，表达的时候一定要咬字清晰，不要连说带笑。尽管是一件很可笑的事情，也一定要在表达完了之后再笑，如果你还没有表达，或者是正在表达中，就笑得连话也说不出来了，对方怎么可能明白你想要表达什么呢？再说了，如果在你的沟通对象面前，笑得前仰后合，也会让他们觉得你很没有修养。

2. 言简意赅，切不可啰嗦没有重点

有些女人特别喜欢说话，总是一个劲儿没完没了地表达，让听者感到反感。更让人受不了的是，她们总是说个不停，根本不给对方表达的机会，这让对方觉得特别痛苦。沟通是为了相互了解，可是你一直掌握着说话权，而且没有重点地说一些无关紧要的小事，试想，你怎么会给对方留下好印象呢？

3. 倾听时目光在对方身上，不要左顾右盼

倾听别人的时候，目光始终在对方的身上，要和对方进行眼神的交流。当然，不是让你直勾勾地盯着对方的眼睛看。一般情况下，眼神留在对方两眼之间的眉心处，这样和对方的眼神交流起来会很方便。要强调的是，这个过程中千万不要左顾右盼。如果眼神离开对方的身体，会让别人感到你对他的表达没有兴趣和耐心，是对他的不尊重。

4. 倾听时态度要端正，不要随便打断别人说话

有些女人特别喜欢表达。在倾听别人的时候，说到一些自己有话想说的话题时，便不顾对方的感受，打断别人的话，把自己的想法表达出来。尽管这样你感觉很痛快，但是别人却感觉很不舒服，因为你粗暴地打断了他的说话，对他意见的忽视，会让人感觉到你极端地不尊重他的情感和意见。

5. 交谈中保持双方的距离，远近要把握好

作为女性，在和别人沟通和交流的时候，一定要注意双方之间的距离。一般情况下，同性相熟的人之间，完全可以站近一些。异性之间，除了男女朋友之外，一般都要保持一定的距离。站得太近会让对方感到不安全，或者觉得你很轻佻；站得太远又会觉得你的心理防备太强，不喜欢沟通。这些都是需要注意的。

调整走姿，步伐中展露你的优雅

由于女性的身材前挺后凸，本身就是一道风景线，再加上穿上高跟鞋，走起路来婀娜多姿，分外迷人。可是，并不是每个女人走路都很优雅。有些女人走起路来风风火火，没有一点女人味；有的女人弯腰驼背，大煞风景。走路好看的女人，往往能在人际交往中获得更多的机会。毕竟谁也不愿意跟一个走路不“美”的女人并肩而行，这样往往会降低你的品位和眼光。

光光是个美丽大方的女孩子，她特别温柔，对身边的朋友也非常好。可是她有个缺点，那就是走路的时候有点驼背，也不自信，让人看上去缺少点气质，这让她的美丽大打折扣。

大学毕业之后，刚好遇上了一家航空公司在招聘空姐，很多女孩子都报名去参加选拔。凭借着姣好的容貌和高挑的身材，光光初步被选定了。要知道，初步选定就意味着有百分之八十的概率被选为空姐，这着实让光光兴奋了好一阵子。

可是在最终的选拔中，招聘方让选手们走两圈，看看她们的走姿，结果光光因为总是低着头，没有自信，再加上她的背走路的时候看起来有点驼，被招聘方取消了资格。眼看着很多人梦寐以求的工作就这么从自己的手里溜走了，光光非常难过。

从那之后，光光在走路的时候，总是刻意地提醒自己要抬头挺胸，而且也让身边的好朋友时刻地提醒着她。过了一段时间，光光走起路来，明显好了很多。但还是看起来没有气质，这与她的美丽实在是有些不相称。

后来，在一个师姐的建议之下，光光穿上了高跟鞋，这样一来，走起路来明显不一样了，一摇三晃，非常妩媚。从那之后，光光就穿上了高跟鞋。即使后来换上了平底鞋，光光走起路来也非常好看。

俗话说：“上帝在关上门的时候，会为你留一扇窗。”就在光光与空姐失之交臂之后不久，一位著名的导演来到了学校里选拔女主角，光光和同宿舍的姐妹们一起去看热闹。谁知道，导演在看表演系的演出时，一转头看到了光光，立即叫她去试镜，结果在照了一个短暂的走路背影后，就被导演当场选中了。

那一场戏让光光正式成为了演员，不但给她带来了丰厚的收入，也让她有了很大的知名度，让她迅速地被千家万户所知晓。就这样，光光纠正了自己的走姿，在步伐中用自己的优雅赢得了自己的辉煌。

故事中的光光因为走路没有气质，结果被航空公司拒绝，没有当上空姐。后来，她纠正了步姿，提升了自己的气质，结果因为走路的背影而被导演所选中。由此可见，作为女人，走路可以看出她的涵养和性情，可以展现她的妩媚和优雅。因此，要调整走路的姿势，让你看起来更加有女人味。那么，究竟如何调整走姿，在步伐中展现你的优雅呢？

1. 走路要抬头挺胸，尽显气质

走路的时候，抬头挺胸，目视前方。这在无形之中就能纠正驼背的习惯，而且能增强你的气场，让你看起来非常自信。这样，说话的时候，声音也会很洪亮。所以作为女人，不要因昂首挺胸后高高隆起的胸脯而觉得不好意思。事实上，这是你的骄傲，没什么可害羞的，反而更应该感到自豪。

2. 走路的速度要放慢些，以展现矜持

一般情况下，走路快的人，姿势不会有多么好看，更谈不上优雅。作为女人，走路的时候放慢一些，一步一步地走，以此来展现你的矜持，展现你迷人的身材。当然也不能走得太慢，让别人感觉到你很做作。具体的速度你要把握好，既不能影响正常的行走，也不能走得太快，像一阵风一样。记住，你是女人，走路要成为一道风景。

3. 两腿要有力，踏稳每一步

如果你走路的时候，两腿软绵绵的没有力气，那么你整体看起来就如同一只毛毛虫在挪动，没有胫骨，这样，又怎么会有气质呢？又怎么会让别人觉得你走起路来很优雅呢？因此，两腿要有力，每一步都要踏实、踏稳。只有把你的力度显示出来，你的步姿才能得有棱有角，才可能妩媚和优雅。

4. 两脚始终保持在一条线上

女性走路的时候，两脚之间的宽度不宜太大，最好能保持在一条直线上。这样走路，会让女性的身材随着步伐不断地波动，看起来更加性感，更加娇柔。走T台的模特，走路就是一条线，所以她们看起来妩媚动人，特别有女人味。所以作为女人，要想让自己的步伐更加展现其美丽，那么走路的时候，不妨试着走走直线。

5. 身体保持平稳，晃动勿过大

走路的时候，如果身体摇晃幅度过大，则会让别人感觉到不稳重，容易让别人眼花缭乱，心烦气躁。尤其是女人，千万不要觉得走路晃动越大，你的美丽身姿越会被别人所认可。你浑身晃动，不但让你看起来像个滚动的球，还严重影响了你的整体形象，你的步姿自然也好不到哪里去了。

站姿与坐姿，自然中也要讲究端庄

俗话说："站有站相，坐有坐相。"这不仅是对一般人的要求，更是对女人的要求。因为对于女人来说，要表现得更加矜持一些，更加内敛一些，这样才会给别人留下好印象。如果你站的时候两腿开叉，像个圆规，坐的时候像男人一样，叉开双腿，那么，别人不会说你有气魄，相反会笑话你轻薄。所以女人在站立和入座的时候，尽管要显自然，但是也要在自然中讲究端庄。

那么，作为女人，究竟该如何站立，如何入座，才能让她们既自然又端庄呢？

1. 站立时，双腿要合并保持身体的平直

很多女人在站立的时候，总是学男人那样双腿开叉，像个圆规一样。男人那样站立是为了显示自己的气场——男人的霸气。可是女人那么站立，就会让人笑话，觉得你不矜持，不淑女，没有一点女人的样子。因此，作为女人，在站立的时候，要双腿合并，保持身体的平直，当然还要抬头挺胸，有点自信。

2. 站立时，勿将重心放在单腿上

我们常常看到很多抱孩子的女人，总是把重心放在一条腿上，把另外一条腿腾出来休息，过一会再把重心移到另外一条腿上。这样让别人感觉到这个女人的身体一会儿向左倾斜，一会儿向右倾斜，整体形象受到严重的损坏。因此，作为女人，不要随便把身体的重心放在一条腿上。那样不但不美，而且还对女人的身体不好。

3. 入座时，两腿并拢膝盖向一个方向斜

只要我们多加留意就会发现，很多有修养的女人，在入座的时候，总是两腿合并，膝盖向着一个方向倾斜，这样让女人看起来更加贤惠，更加淑女。往往这个时候，女人还会将两手相扣，放在腿上。这虽与古代女人的社会习俗有关系，但是却不失为一个女人坐姿的好楷模。

4. 入座后，身体保持平直，勿随便躺靠

现在很多沙发都有靠背，这是让人在累了的时候，身体有所依靠。但是女人在入座之后，千万不要随便躺靠，因为这是不礼貌的表现，有时还会使你陷入尴尬境地。因此，女人在入座的时候，千万不要随便靠在沙发的靠背上。

肢体语言诉说出女人的内心

人的身体不会说谎，尤其对于比较敏感的女人来说更是如此。很多看起来习以为常的小动作，往往能折射出女人的复杂内心。比如说交谈的时候，对方突然间捋了一下头发，或者是摸了一下耳朵，乍一看没什么意思，事实上却不同程度地表达了他们歉意的心理。和女人交流的时候，只要你留意观察她们的肢体语言，你就能清晰地洞察她们的心理，从而让女人的心不再像海底针那样难以捉摸。

长乐和冰淇结婚已经整整有一年了，可是两口子经常为一些鸡毛蒜皮的小事争吵。很多时候，冰淇想一出是一出，这往往让长乐丈二和尚摸不着头脑。尤其是一些需要两口子商量决定的事情，冰淇常常出尔反尔，这让长乐忍无可忍。

过完年，由于家人的催促，长乐和冰淇商量要个孩子。一开始冰淇不同意，后来在长乐的多次劝说之下，冰淇同意了长乐的建议。这让长乐异常兴奋，他把这个消息告诉了父母，为此全家人还小小地庆祝了一番。

可是，后来在夫妻两人的相处过程中，冰淇却拒绝怀孕。这让长乐大为恼火，为此两人闹得水火不容，感情一度降到了冰点。对于冰淇的这种态度，长乐非常痛苦，常常一个人去买醉。这天刚好碰上了老朋友王荣。

当长乐跟她聊起自己的烦恼的时候，王荣笑着说："你啊，就是太老实，被你媳妇玩得团团转。"

长乐长叹一声说："唉，女人心海底针啊！你说我跟她生活一年多了，我怎么就琢磨不透她的心思呢？"

王荣笑着说："不是你琢磨不透，是你压根儿没有细心去琢磨过。"

长乐不服地说："还要我去怎么琢磨啊，根据我对她的了解，我说话做事的时候都考虑了她的想法的，可是她怎么就那么善变呢？"

王荣："女人本来就是善变的。你啊，以后不要去用你的大脑去猜她的心思，毕竟你不是她，无法理解她的真实想法。如果你真想知道她的想法，那么不妨多观察她的一些肢体语言，从她的行为动作上来洞察她的心思。"

于是这天晚上，长乐跟妻子沟通时，刻意地去留意她的一些肢体语言。他说："冰淇啊，爸爸妈妈年岁都大了，生活需要别人的照顾，你看，要不让爸爸妈妈搬来城里和我们一起住吧？"

冰淇没有说话，隔了几秒钟，笑着说："好啊，这事你决定吧。"说这话的时候，她不经意间在嘴上摸了一下。

长乐知道妻子在撒谎，于是对她说："爸爸妈妈岁数也不小了，要是留在家里出了什么事情，对我们来说，可就是一辈子的遗憾啊。爸爸妈妈从小抚养我们不容易。”

这一次，冰淇没有任何的动作表示，只是认真地看着长乐的眼睛，几秒之后，她点了点头说：“行，就按你说的办吧，把他们接过来，但是咱们也得多去看望看望我的爸爸妈妈，他们岁数也不小了。”

长乐知道妻子这次没有说谎，于是亲了亲她的额头，灭了灯。

故事中的长乐总觉得妻子的心思自己没法懂，所以在沟通和交流中总是出现很大的隔阂和矛盾。后来在好朋友王荣的提醒下，他刻意地留意了妻子的一些肢体语言，终于清晰地洞察了妻子的真实想法。这对他们夫妻之间的交流起了很大的帮助。

由此可见，人的嘴巴会骗人，但是身体却无论如何不会欺骗人。在你感叹女人的心思难猜的时候，不妨多注意一下她们的一些肢体语言，从肢体语言上洞察她们真实的内心世界。那么，如何从肢体语言上洞察女人的内心呢？

1. 笑的时候用手捂着嘴

我们发现，很多时候女人在笑的时候总喜欢用手把嘴捂起来。当然这是一种表示矜持的方式，以达到“笑不露齿”的淑女标准；或者是对方的牙齿特别难看，以免别人看到，影响自己的形象。还有一种情况就是，不方便被人看到，比如说有人出现了特别可笑的动作和行为，要是让对方看到你在发笑，会对他人造成心理上的伤害。以为你是在耻笑她。

2. 时不时用手捋头发

有些女孩子在跟人沟通和交流的时候，总是不停地在捋头发。可能这是个无意识的动作，觉得手没处放，或者是没有别的动作可做。但是大多数的情况是对对方的说法保留一定的意见。否定你怕伤害你，同意你又觉得违背自己的心愿。这时往往会捋一下头发来表达自己的这种忐忑的心情。

3. 用牙轻轻地咬嘴唇

女孩子还有个习惯，那就是不停地用牙齿轻轻地咬嘴唇。大多数情况下，这是代表她们在思考、在想问题。因此，当你和女孩子沟通和交流的时候，发现她们不停地用牙齿轻轻地咬嘴唇，那么就要加强表达，让她们在做决定的时候多顺从自己。但是也不要逼迫她们，否则会起到相反的效果。

4. 总是在不停地照镜子

或许是女孩子爱美的缘故吧，很多时候女人总是喜欢照镜子。一般情况下，喜欢照镜子的女人有两种心理：要么就是缺乏自信，总是想通过照镜子来不断地证明自己很优秀，很有实力；要么就是比较自恋，总是喜欢欣赏自己。所以如果你发现对方没有自信，那么在交往中就要多多鼓励她相信自己；如果对方很自恋，那么就要赞美她。

就餐时，女人要注意自己的吃相

生活中，很多女人在吃饭的时候总是狼吞虎咽，不注意自己的吃相，这往往给人留下极其不好的印象。或许你觉得人在饮食面前没有必要再做伪装，可是你和别人在一起，就要注意自己的形象，照顾别人的感受。毕竟你是女人，要展现出你的淑女气质和优雅来，不能像男人们那样粗犷和豪爽。

明明和慧惠是从小玩到大的好朋友，她们在一起有十几年了，所以两人互相都非常了解，因此在一起的时候也不伪装。后来，慧惠谈了男朋友叫做凯恩，对方是一个大学的老师，非常儒雅。

得知这个情况之后，明明想第一时间见见这位大学的老师。于是这天下午下班后，她约上了慧惠和凯恩一起吃饭。两人见面后分外亲热，说话无拘无束，这也让凯恩感到欣慰。明明时不时地还跟他开个玩笑，这让他们之间的交谈更加融洽。

点菜的时候，明明将点菜单递给了凯恩，凯恩出于谦让和爱，把点菜单又递给了慧惠。慧惠觉得是明明在请客，应该客随主便，于是又把点菜单传到了明明的手里。明明接着点菜单说："不点拉倒，吃个饭也这么客气，还是我来吧。"说完噼里啪啦点了好几个自己喜欢吃的菜。

不一会儿，菜上来了。明明拿起筷子，也没有跟其余人打招呼，便大嚼大咽起来。只看得凯恩两眼发直。等自己吃完了三四口之后，明明见慧惠和凯恩还没有动筷子，于是用筷子指着他们，嚼着满嘴的菜说："吃啊，客气啥啊。"

凯恩拿起筷子，望了慧惠一眼，在菜上点了点，意思了一下，便不再吃了。慧惠说："别介意，她就这样。"

明明一边嚼着饭菜，一边说："绅士，没见过淑女这么吃饭的吧，这才叫暴露本性。女人嘛，要对自己狠一些。"说着，从嘴里喷出来的饭菜碎渣掉满了桌子。慧惠见凯恩的脸色不大好，觉得他真的是介意了。于是对明明说："美女，注意点自己的形象啊，这还没找对象呢，要是别人看到你这副吃相，谁还敢娶你啊？"

但是，明明并没有明白慧惠的暗示，还大大咧咧地说："没事，在你对象面前就是在你面前，都是自己人，没有那么多讲究，你说，是不，帅哥？"

凯恩露出了勉强的微笑，点了点头。

从那以后，凯恩拒绝再跟明明碰面。很多时候也对明明和慧惠的交往提出了质疑。慢慢地，明明和慧惠的接触也少了很多。慧惠结婚后，明明好几次要求去他们家做客，都被慧惠委婉地拒绝了。

故事中的明明在好朋友慧惠的面前很真实，但是她忘了和她一个桌子吃饭的还有慧惠的男朋友凯恩，慧惠能接受她的不雅吃相，但是凯恩却跟她不熟，结果她的不雅吃相给凯恩留下了非常糟糕的印象，这直接影响了她和慧惠的交往。由此可见，在就餐的时候完全可以看出一个人的本性来，尤其是女人，更要注意这一点，千万不要随便毁了你的形象。那么，女人在吃饭的时候要注意哪些方面呢？

1. 动筷子前要礼让别人

作为女人，要懂得和人吃饭的礼貌。在饭菜上桌之后，不要只顾着自己吃，要礼让别人。要是和你一起吃饭的是你的长辈或者是你尊敬的人，要他们动了筷子后，你再动筷子，这样能显示出对对方的尊重。如果你在请客，更要招呼客人先动筷子。一般情况下，客随主便，对方会再让你先来。那么这时候你不妨先夹菜，这样客人才好意思夹菜。

2. 把饭菜咽下去再说话

很多女孩子性格很豪爽，做事吃饭都大大咧咧的。尤其在吃饭的时候，谈及到高兴的事情，满嘴嚼着饭菜便大呼小叫，这样饭菜的碎屑会随着她说话喷到饭桌上，更有可能喷到别人的脸上，让人再也吃不下去了。这是吃饭的大忌，女孩子一定要注意，因为这关乎着你的整体形象问题。

3. 不要用筷子随便指人

吃饭当中，往往大家聊天的时候，会表达自己的看法。但是一定要记住，在表达自己看法的时候，不要用筷子随便指人。因为你在吃饭当中，筷子不停地从你的嘴里进出，沾染了不少细菌，你这样指着别人，会让对方时刻小心着不要把你的细菌弄到自己的身上。因此，吃饭的时候用筷子指人是对人的极大不尊重。

4. 夹菜的速度不要过快

在和别人同桌吃饭的时候，要注意夹菜的速度，切不可一个劲地夹菜，让别人觉得你很饿，而不好意思跟你抢。夹菜的速度要随着别人，当然也不能停顿时间过长，否则会让别人觉得你很客气而帮助你夹菜。因此，作为女孩子，在和别人一起吃饭的时候尤其要注意这一点。

5. 吃饭时候不要发出声音

有些人吃饭的时候，嘴里总会发出各种各样的声音。这让同桌吃饭的人感觉特别不舒服。女孩子更要注意这一点，吃饭的时候尽量小口去吃，多吃几次，千万不要狠狠地吃一大口，使劲地嚼，这样很容易发出声音。除此之外，还要慢慢地嚼，因为嚼得太快也会发出声音的。

饮茶、喝咖啡，显露女人的品位

生活中，有品位的女人往往会选择饮茶和喝咖啡。事实上，她们喝的不是茶和咖啡本身，而是隐藏在茶和咖啡后面的文化。但并不是每个饮茶和喝咖啡的女人都有品位。她们喝的茶不一样，喝的咖啡不同，体现出来的女人的品位也不相同。这就需要我们平日里多观察、多了解了。

文琪是个非常讲究的人。她平日里喜欢喝茶，喜欢泡咖啡馆，而且总是喜欢喝自己从老家带来的苦丁茶。一个女孩子却总是喜欢喝苦丁茶，这着实让人有些捉摸不透。不仅如此，她喝咖啡也很有讲究，必须是下午4点，而且总是喝不加糖的苦咖啡。

身边很多不了解她的朋友总觉得她怪怪的，在她们眼里文琪属于不折不扣的悲观主义者。可是她们又怎么能够感受文琪在喝苦丁茶，喝不调糖的苦咖啡时的那种乐趣与享受呢？要知道文琪可是个对生活很讲究的精致女人。

不仅如此，文琪还是小有名气的美女作家。这天，一名朋友介绍的二流导演给文琪打了电话，约她商议将她的小说拍成电影。这对于文琪来说倒是个新鲜事。于是这天傍晚，她按照约定来到了街角的咖啡馆。

当她坐下来和导演寒暄的时候，服务员走了过来，问道：“小姐，请问您喝点什么？”

文琪想了想，对服务员说：“你这里有苦丁茶吗？”

服务员不好意思地摇了摇头。

文琪接着问：“你这里有咖啡吗？”

服务员微笑着说：“有的，我们这里就是咖啡馆。”

文琪笑着说：“既然是这样，有咖啡机吗？”

对于文琪的发问，服务员有些不懂了。文琪看着她疑惑的双眼说：“我喜欢喝自己煮的咖啡，要是有咖啡机的话，我想自己煮。”

服务员的脸上渐渐地露出了笑容，并点头说：“有的，完全可以满足您的要求。”

于是文琪走到服务台，亲自为自己煮了一杯黑咖啡。当她端着自己亲手煮的黑咖啡来到导演所在的桌子的时候，她看了看表，刚好是下午4点。

她坐下来，歉意地对导演笑了笑说：“非常抱歉，让您久等了。”

导演笑着说：“文琪小姐可真是个讲究的人啊！”

文琪说：“我对生活就是这样的，喜欢一些原汁原味的感觉。我希望我的小说拍成电影也是这种感觉，否则我宁愿不拍。”

……

故事中的文琪是一个非常讲究的人，她喜欢喝苦丁茶，喜欢喝自己煮的黑咖啡，喜欢追求原汁原味的感觉。由此可见，她对待生活也是如此，足见她的品位和追求很高。事实上，一个高涵养的女人，对品茶和喝咖啡都是有一定的要求和讲究的。那么，我们如何从饮茶和喝咖啡中，看出女人的品位呢？

1. 喝清茶和苦咖啡的女人懂生活

就像故事中的文琪一样，喜欢喝清茶和苦咖啡的女人懂得生活，因为她们知道生活中的苦痛大于甘甜。她们追求生活的原汁原味，不喜欢过度地雕饰，只喜欢这种真实的感觉。如果让自己经常品品生活的“苦”，那么，当挫折、失败和打击降临到自己身上的时候，就会感觉不到痛苦和伤害。

2. 认真细心饮茶的女人懂人生

生活就是一个七日加另外一个七日。这些日子需要一分一秒地过，既不能加快，也不能重来。就如同饮茶的过程一样，时间非常重要，需要用心去认真地品，这样才能品出茶的真味道。所谓的功夫茶说的就是这个道理。同样，生活也需要女人认真地去品，用心去感受，这样才能感受到生活的真谛。

3. 用心享受“饮茶”的女人有品位

饮茶追求的不是结果，而是过程，追求的是在这个过程中你所感受到的茶文化的博大精深。事实上，懂得品茶的女人是很有品位的女人，她们懂得享受生活，懂得感悟生活。她们从中品尝了每一个细节迸发出的高雅的情操，从而让自己烦躁的心灵得到洗涤，她们才是真正有品位的女人。

4. 注重饮具的女人生活很讲究

不管是饮茶还是喝咖啡，都需要相应的容器。就拿品茶来说，要想品尝到真正的茶文化，那么就要有专业的品茶的茶具。尤其是在品功夫茶的时候，一小碗茶要经过很多道工序才能完成，而且品茶的过程也相当讲究。喝咖啡也是如此，用专业的咖啡机来制作咖啡，相对来说较纯正，而且喝咖啡的时候还有很多讲究。

细节提升女人的魅力指数

生活中，女人的行为举止看起来似乎没什么大的差别，但是你发现她们的魅力却是大相径庭。究其原因，是因为她们在行为上的一些细节有所出入。有些女人特别注重生活中的一些细节，从而让她们魅力大增：而有些女人正是因为忽略了这些细节，才让她们的形象大打折扣。

雯雯是某高校外语系的美女，由于上的是外语系，所以身边也是美女如云。但是姿色并不算出众的雯雯却如鹤立鸡群，特别有魅力。身边围绕的男生也特别多。而一些看起来天生丽质的美女，却缺乏气质，让她们魅力大减。

这天，雯雯和舍友们一起去逛街。途中一个舍友拿出薄荷口香糖，雯雯本不想吃，因为她吃的是木糖醇，几乎不吃薄荷口香糖，但是舍友的一片好意，不拿反倒让对方觉得瞧不起人。因此雯雯便取了一片，塞进了嘴里。

嚼了几分钟，雯雯小心翼翼地拿出了自己经常用的柔软纸巾，将口香糖吐在了纸巾上，然后走过去丢进了垃圾桶里。而别的舍友们还在一个劲地嚼，等她们不想嚼了的时候，便一下子吐到了街上。

雯雯说：“你们干嘛把嚼过的口香糖吐在街上啊？这样很容易粘在行人的鞋上，被踏在街上还没法清除。”

舍友们你望望我，我望望你，不知该如何回答。这时候，一个小个子的四川女生说：“你管那么多干嘛？对咱们没用了，就吐了呗。用纸巾去包，还要浪费我一张纸巾呢。”

听了小个子四川女生的话，雯雯没有再多说什么。

恰恰这一幕被刚好路过的学生会主席看在了眼里。没过多久，在学校优秀学生的评选中，雯雯意外地当选，并且做了学校的形象代言。这一切来得太过突然了，让雯雯有些接受不了。后来她才知道，正是因为那次的一番对话，被学生会主席反映给了学校。

顷刻间，雯雯在学校里出了名。身边追求的男生层出不穷，可是雯雯一个也看不上，她最终选择了学生会主席做了自己的男朋友。因为她觉得别的男生都是喜欢她的美丽和漂亮，而只有这位学生会主席却懂得欣赏她的魅力。

故事中的雯雯，因为吐口香糖的一个细微动作，让自己的魅力大增，而她的舍友们也正是因为没有注意这么一个细节，从而魅力大减。最终，雯雯因为自己的魅力而获得了学校的认可，并收获了自己的爱情。可见，对于女人来说，一些行为上的细节往往能提升女人的魅力指数，从而影响她们的人脉和机遇。那么，作为女人，应该注意哪些细节来提升自身的魅力呢？

1. 遵守社会上的各种习俗和规定

很多年轻人觉得遵守社会上的习俗和规定显得自己胆子小，没魄力，所以总是在打破社会习俗中显得自己多么有个性。事实上，这是把无知当做个性，是愚昧的表现。尤其是对于一些女孩子来说更是如此，她们在虚荣心的驱使之下，做出了一些出格的事情。事实上，这反倒让她们的魅力大大降低了。

2. 平日里要多注重个人卫生

很难说一个平日里不注重个人卫生的人是有魅力的。对于女孩子来说，干净、整洁、时尚才能增加她们的魅力指数。而一味地追求装扮，不注重个人卫生的人，是没有资格谈魅力的。因此，女孩子要多注意个人卫生，衣服可以不新潮，但是一定要干净，头发可以不时尚，但是一定要整洁。

3. 和异性交往一定要把握住尺度

和异性交往的时候，往往能看出一个女生的自爱程度。有的女生跟男生交往的时候能把握好度，一般朋友和男朋友分得很清楚，这样她们的个人魅力就展现出来了。而有的女生，却没有这个度，感觉跟哪个男生都很亲热，这样很容易给别人留下“坏女孩”的印象。有了这样的印象，根本就谈不上个人魅力了。

4. 生活中要懂礼貌，懂得尊重别人

一般情况下，有魅力的女人相对来说都很有礼貌。因为她们懂得尊重别人，尊重自己。相反，一些不懂得尊重别人的人，把自己的快乐建立在别人的痛苦之上的人，往往得不到别人的尊重，还会因此而被唾弃。因此，作为女人来说，要想增加自身的魅力，那么就要学会懂礼貌，学会尊重别人。

5. 对待生活中的人或事要端正态度

人的悟性有差别，有的人悟性强，有的人悟性差，这就造就了人与人之间能力的差异。只要你肯努力，能力差点，别人一样会尊重你。但是如果你做事做人的态度不端正，那么别人便会耻笑你。尤其是女人，如果不端正态度，就会玩弄别人的感情，就会敷衍塞责地去完成任务，这样的人能有魅力吗？

第3章　提升内涵，增强女人交际的资本

尽管女人的外在形象和气质影响着她们的交际，但是真正让人欣赏的还是女人的内涵和修养。一个腹中空空如也的人怎么能给别人带来惊喜，又怎么能深深地吸引对方呢？事实上，人际交往中，更多的是欣赏对方的人品和涵养。因此，对于女人来说，要及时地提升自己，这才是赢得好人缘的根本之所在。那么，作为一个女人，如何才能提高自身的涵养和修为呢？本章将为你细细地解答这个问题。

温婉可人，凡事都能做到善解人意

在生活中，我们往往发现身边很多的女人非常温柔贤惠、善解人意。当你遇到难处的时候，她们总是能理解你、帮助你；当你出现困惑的时候，她们总是能温柔地安慰你。这样的女人深受大家的欢迎，人际关系也相当好。或许她们长得并不漂亮，也可能看上去有些邋遢，她们没有华丽的衣服，没有精美的首饰，可是她们却拥有一颗善良的心、真诚的微笑、温柔的双手。

海霞是一名来自农村的大学生，应该说是大学毕业生更加合适。毕业后，她在一家广告公司找到了一份文案的工作，尽管工资不是很高，但是对于海霞来说，她已经相当满足了。

第一个月发工资了，她拿出一半寄给了家里。剩下的钱不多

了，除了交房租和吃饭之外，已所剩无几。看着公司里的女孩子穿着打扮得非常时尚，海霞也想买件像样的衣服，可是看看手里仅存的几百元钱，她立刻打消了这个念头。

这天，大家正在忙着干活的时候，同事王姐来到了海霞的面前，不好意思地说："海霞，我有件事情需要你的帮助，你看方便吗？"

海霞疑惑地望着王姐，说："什么事情啊？你说，能帮助你的我一定帮助你。"

王姐不好意思地说："这事，我实在张不开口。"

海霞微笑着说："没事的，王姐，你说吧。"

王姐望了一眼海霞，低下头说："你能不能借给我500元钱啊？我们家孩子摔坏了胳膊，住院治疗需要30000多元呢，我把所有的积蓄都拿出来了，还差5000元呢，所以我……"

海霞想想自己卡上仅剩的600元钱，这还是她后半个月的生活费呢。紧扣着花还不够呢，哪有钱借给她啊。但看着王姐难为情的样子，不借又于心不忍。左右为难，她不好意思地笑了笑对王姐说："王姐，说实话我非常想帮助你，可是你知道我才刚来一个月，前几天发了工资，我给家里打了2000元，现在身上只剩下600元了，还得支撑到下次发工资的时候。"

王姐笑着说："没事，我知道你也不容易，要是不到万不得已我也张不了这个嘴。还有半个月的时间呢，你也只剩下600元了，确实挺紧张的，我再问问别人吧。"

看着王姐为难的表情，海霞心里矛盾极了。这天下班后，她直接去了银行，把剩下的600元钱全部取了出来，自己留下了100元，把剩下的500元送到了王姐的家里。王姐说什么也不肯收，海霞说："王姐，没事，我也就这么点能耐了，我取了500元留给你，我的生活费我来想办法吧。大家互相帮助，应该的。"

王姐看着海霞，眼泪流了下来。海霞赶紧说："别哭，王姐，没什么大不了的，坚强点。"

王姐紧紧地握着海霞的手，哽咽着说："海霞，谢谢你！

真的。”

故事中的海霞，在得知王姐遇到艰难的时候，知道她确实非常难，后来她把自己后半个月的伙食费也拿了出来帮助王姐。尽管钱不多，但是她的那份善解人意的心却深深地感动了王姐。可见，一个女人的一颗善良的心才是最珍贵的，这远比一个漂亮的发型、一件时尚的衣服更加吸引别人，也因此展现了一个女人的涵养。那么，对于女人来说，如何才能做到温柔可人、善解人意呢?

1. 说话、办事尽显和蔼

生活中，免不了要和各种各样的人打交道。作为女人，最起码的是要展现女人的温柔。在说话的时候、做事情的时候尽量和蔼一些，这样在一定程度上温暖别人的心，即使对方有什么难处，也会没有心里顾虑地和你讲。如果你总是说话凶巴巴的，别人有难处，也不愿意和你讲，担心你不但帮不了，还羞辱他，你的善解人意又如何体现出来呢?

2. 设身处地地为别人着想

在工作和生活中，谁都会遇到难处，不到万不得已，谁也不愿意低三下四地去求别人。既然对方开口向你求助，那么你就要设身处地地去为别人着想，理解别人的难处。即使你提供不了什么实质性的帮助，也可以给对方一些建议和意见，别人同样会为你的善解人意、为你的热情而感动的。

3. 认真去倾听别人的难处

在别人向你求助的时候，不管你能不能帮助他，作为女人，要善良一些，认真地倾听对方的难处。事实上，这样也是对别人的尊重。你想，别人来向你求助，自然把你当做值得信赖的人，如果不是，对方也求不到你跟前。因此，你要认真地去倾听，尽量地去帮助别人。如果实在帮不了，也要向对方讲清楚你的难处。这样，别人即使得不到你的援助，一样会感激你。

4. 关键时候要舍己为人

或许你也确实很难，像故事中的海霞一样，浑身上下只有600元的生活费了。但是别人向你求助的时候，并不知道你的难处，要是知道，何苦又让你为难。或许对于海霞来说，去向别人借钱一样可以渡过难关。但是对于王姐来说，她所遇到的难处更大。在这种两难的境况下，不妨委屈自己一点，去帮助别人。这样才能体现出女人的善解人意来。

做事识大体，女人要有大局观念

常常的，我们说起女人来，总是说她们“头长发，见识短”、自私自利、心胸狭隘，总是处心积虑地维护自己的利益而置大局不顾。这样的女人，没有人喜欢和她们接触和交往。但是生活中，并非所有的女人都是如此，为了照顾大家的利益而委屈自己的人大有人在。她们用自己的实际行动为自己塑造了崇高的形象，她们也因此而得到了别人的爱戴和尊敬。

刘嫂是长青村的寡妇，丈夫在早年的车祸中丧生了。自己带着两个孩子，生活过得异常艰辛。这年夏天，也不知道是怎么回事，突然下起了瓢泼大雨，而且一下就是整整一个星期。由于农村没有下水道，因此大家的院子里积满了水，无奈之下，家家户户都不停地把积水往外面的道路上泼，这导致了道路上全是积水，没法行走。

刚好刘嫂家的地在道路的边上，于是有人建议将积水排到刘嫂家的地里去。尽管有人提出了这个建议，但是谁也不愿意去跟刘嫂谈。大家都知道刘嫂带着孩子们生活不容易，这样无疑是把她往绝路上逼啊。但是道路上的水一直排不掉，大家根本没法行走，这给生活带来了相当大的麻烦。

村长听了大伙的建议，闷头抽烟不说话。过了几分钟，村长狠狠地吸了一口烟，扔掉烟嘴，来到了刘嫂的家里。

村长开门见山地说：“嫂子，你看看外面的道路上全是积水，根本没有办法走路，大家伙的意见是想要把积水排到你们家的地里去，你看，你能否同意啊？”村长说得结结巴巴，但是刘嫂却听得清清楚楚。

刘嫂没有说话，只顾着干自己的活。村长站了一会，为难地说：“你给个话吧，你要是不同意，我们再想别的办法。”

刘嫂抬起头说：“你们能有什么别的办法？”

村长为难地说：“说实话，目前除了把水排到你们家的地里外，没别的办法可想。”

刘嫂说：“那还等什么，赶紧排呗。”

村长说：“那你是同意了？”

刘嫂：“同意了，为了能让大伙行走方便一点，没啥不同意的。”

村长看着刘嫂，说：“要不还是算了吧，我们重新想别的办法来解决难处。”

刘嫂干脆地说：“你怎么这么磨唧呢。让你去排，你就排，磨磨唧唧的，像个男人吗？”说完，刘嫂拿起铁锹走出了门，第一个挖沟排水。大家伙看到这里，七手八脚地过去帮忙，一会儿，挤满道路的水全被排干净了。

从那之后，刘嫂走到哪里，都有人热情地跟她打招呼，嘘寒问暖。

故事中的刘嫂，在面对因为大雨道路积水的情况之下，毅然决然地为了大局而牺牲自己的利益，同意将水排到自家的地里，方便了大家，自己承担了风险，因此她赢得了大伙的尊重。在这件事情上，大家看到了她高尚的人格和尊严。可见，作为女人，也要有大的眼光，大的胸怀，要识大体顾大局，这样才能赢得别人的尊重。那么，如何培养识大体顾大局的观念呢？

1. 心里不只想着自己是否受损

在自己的利益与集体的利益发生冲突的时候，很多女人都会为了维护自己的利益，而置别人的利益于不顾，结果尽管自己的心里舒服了，可是让别的人却因此而饱受损失，这样你得到的只能是大家的指责和唾弃。而且大家的利益受损，你个人的利益也会跟着受到一定的损失。因此，作为女人，遇到这种情况的时候，心里不要只想着自己。

2. 要明白大局之下你一样受益

俗话说："唇亡齿寒。"如果集体的利益受到损失，你一样也跟着倒霉。就像故事中的刘嫂，如果她不同意排水，那么大伙行走不方便，她也一样不方便。水排了，大伙方便了，她也方便了。所以在遇到个人利益和集体利益出现冲突的时候，要明白顾大局你一样跟着受益。这样，你就不会自私自利了。

3. 清楚"独乐与众乐"的区别

你维护了自己的利益，但是大伙的利益受损了。这样尽管你满意了，但是大家却怨声载道。这样你真的能高兴起来吗？你的良心难道不会受到谴责吗？或许你维护自己的利益在你的立场上是对的，但是你的快乐却让别人很痛苦。事实上，你自己也高兴不起来。所以作为女人，要识大体，有大局观念，千万别做小女人。

饱读诗书，提升自己的内在气质

生活中，我们常常看到身边的很多女人打扮得非常时髦，但是一张嘴，就露出了她们缺乏素质、缺乏教养的本性来。这样的女人往往被别人所唾弃。作为女人，你可以不漂亮，但是一定要有内涵。心灵美的女人才是真正的"美女"，才会被别人所喜欢和接纳。因此，女人在装扮自己外表的同时，不妨花点时间和精力去读点书，以提升自己的内在气质。

新斌和海琦认识多少有点戏剧化。那天，海琦觉得百无聊赖，索性去咖啡店里打发时间。当她推开门走进去的时候，一眼就看到了在角落里坐着一个英俊的男人。男人一边抽烟，一边在电脑上写着什么。

这个男人后来成为了海琦的丈夫，他叫新斌。当时，男人的一举一动深深地吸引了海琦，于是她坐到了不远处一个面对着新斌的座位上，点了一杯咖啡，仔仔细细地观察起来。新斌时而思索，时而在键盘上敲着什么。难道这是一位作家？想到这里，海琦的心怦怦地跳了起来。

由于海琦自小就喜欢读书，尤其是对古代的诗歌和新时代的小说更是如痴如醉，因此对作家总有着几分仰慕。而始终存在于自己意念中的作家，就突然地出现在她的眼前，怎么能不激动！

于是海琦悄悄地来到了新斌的桌子旁边，矜持地问道："你好，我可以坐在这里吗？"

新斌抬起头看了海琦一眼，露出了善意的微笑，他说："当然可以，如果你喜欢的话。"

海琦坐了下来，好奇地问道："你是作家？"

新斌停了下来，微笑着点了点头。

海琦掩饰不住内心的狂喜，笑着说："真的是作家啊？我刚才看你一直在写东西，感觉你就是作家。我从小对文学就很感兴趣，尤其对古诗词特别喜欢。比如柳永的词'杨柳岸晓风残月，更那堪冷落清秋节'我就特别喜欢。"

新斌笑着说："难得啊，我也很喜欢古诗词，但是身边的人大多都在追求物质，难得遇到一位知音啊。真可谓'梦里寻她千百度……'"

还没等新斌说完，海琦抢过话头来接着说："蓦然回首，那人却在灯火阑珊处！"

说完后，两人对视而笑。

那天，海琦和新斌聊了整整一个下午，话题自然没离开古诗词。新斌对古诗词很有研究，好在海琦对此也有自己的一些看法和理解。两人越谈越投机。新斌的谈吐和学识深深地吸引住了海琦。而对于新斌来说，眼前的这个漂亮美丽的女孩子可真是自己寻寻觅觅的知音啊。他被海琦从内而外透露出来的气质深深地吸引住了。

那天，他们互相交换了手机号码。

故事中的海琦，因为自己对古诗词的喜好，从而提升了自己从内而外的气质，吸引住了自己的白马王子新斌，最终两人成功地牵手，并走进了婚姻的殿堂。由此可见，女人熟读诗书，可以提升自己的内涵，提升自己的气质，从而在人际交往中赢得更多的主动。那么，作为女人，如何才能提升自己的内在气质呢？

1. 多阅读一些古诗词

任何书籍，你阅读的多了，就会受到影响。因此，要想让自己有些气质，那么就要多阅读一些古代的诗词。因为这些诗词都是经过作者千锤百炼而成的，每一个字每一个词都用得恰到好处，体现了作者的伟大情怀。多阅读一些，你的语言也会变得精炼起来，表达起来也会丰富的多。你的气质慢慢地也就提升了。

2. 适当地记住些经典篇章

尽管古代的诗词非常多，你不可能每一篇都记住，但是你要记住一些非常经典的篇章。这样，在你和别人沟通和交流的时候，适当地引用其中的几句来表达你的情感，则会让人对你刮目相看。作为女人，你能用古代人的语言表达你自己的情绪，无意之中就把自己和伟人联系了起来，你的气质和涵养便会慢慢地凸显出来了。

3. 多领会诗词中的情怀

古人在写诗词的时候，往往是托物言志、借景抒情。不管是哪种表达，都蕴涵着作者丰富的情感在里面。你在阅读的时候，不仅仅要领会字句之间的含义，更要领会诗词里面蕴涵着的复杂的情绪。事实上，在你领会他们的时候，你不知不觉地就会被他们的崇高气质和涵养所影响。

4. 多了解诗歌的背景

很多时候，作者在写作诗词的时候，都是有一定的历史背景的。或者是对生活的感悟，对志向的释怀等，你在了解这些背景的同时，也会被他们面临生活的艰辛时，表现出来的那种气质和精神所吸引，进而影响到你为人处世时的策略和方法。你的这些涵养在交际中自然会给你带来形象上的提升。

5. 了解一下诗作者

很多人对古代的诗词很喜欢，对诗词所表达的意境也深有体会，但是却对诗歌的作者非常陌生。这样就会让别人觉得你是个门外汉。任何一首诗词，都是作者在特定的历史和社会环境中产生的。不了解作者，怎么能了解作者身上的涵养和气质呢？你又怎么会受到他们的影响呢？因此，在了解诗歌的同时，不妨多了解一下诗歌的作者。

自信且从容，做女人就是要落落大方

生活中，很多女人为了表现自己的矜持，总是不喜欢在别人面前表现自己。即使有这样的机会，即使别人百般邀请，她们也会推脱。还有一些女人即使想要给别人露一手，可是总担心自己会出丑，被别人笑话。事实上，这时候，如果你自信又大方地站出来，别人对你的好感就会大增。

海华和几个姐妹最近打算出去旅游，她们在旅行社的安排下组下团，大家在一起能互相帮助和照顾，一路上也多了很多的欢乐。尤其在赶往旅游目的地的途中，大家在导游的带领下，又是唱歌，又是做游戏，所有的人都放得很开，不断地有人站出来表演节目，唱歌跳舞，好不热闹。

只有海华和几个姐妹表现得有些内敛，她们被别人的表演逗得哈哈大笑，可是从来没有表演过一个节目。因此，在大家轮流表演了节目之后，有人提议，让她们姐妹几个出个节目。这一下可难坏了几个女孩子。

一个带着孩子的男人说："姑娘们，表演个节目吧，看你们玩得那么高兴，也给大伙表演一下，助助兴。"

几个女孩子你望望我，我望望你，谁也不肯站出来。

这时候，一个30岁左右，戴着眼镜的男人说："就那个女孩子，那个戴眼镜的来表演一个，我看你身材那么好，跳舞应该很棒。"

那人所指的女孩子叫做明良。被人点了名，明良连忙摆手，说："不行，不行，我不会跳舞。"

实际上，明良的舞跳得非常好，只是在这么多人面前跳舞，觉得不好意思，害怕被别人笑话。

这时候，带孩子的那个男人也附和着说：“跳个舞吧，大家在一起高兴、快乐，即使跳得不好，大家也不会笑话你的。”

明良继续不停地摆着手说：“我真的不会跳舞，大家就饶了我吧。”

这时候，一个40岁左右的妇女笑着说：“她不想跳，那就旁边那个长头发的女孩唱首歌吧。”

这个长头发的女孩叫做艾乐，听到别人说自己，艾乐赶紧低下了头，羞涩地说：“我不会唱歌，从小就害怕唱歌。”

这时候导游走过来，拉了一下艾乐，对她说：“没关系，你就唱一首，要是实在不会唱，那就唱国歌，国歌你总会唱吧。”

导游的话引起了一阵哄笑，这让艾乐更加不好意思，她一边推脱，一边把头低得更低了。大家的情绪都有些微微不悦。

这时候，海华站出来说：“唱歌跳舞我不会，我给大家说一段单口相声吧，这个我拿手。”

“好啊，好啊。”大伙一扫了刚才的不悦，随声附和着。

于是海华给大家表演了自编自演的一段单口相声。尽管不怎么好，但是大伙都在不停地鼓掌。她给大伙留下了非常好的印象。在此后的游玩当中，不停地有人过来跟她聊天，一起拍照留念。而明良和艾乐却没人搭理她们，只留下她们俩在那里自娱自乐。

故事中的明良和艾乐在大家希望她们表演节目的时候，总是找各种理由推说，扭扭捏捏，让大家大为扫兴，给大家留下了不好的印象，而海华却自信而大方地主动站起来，为大家表演了节目，让别人看到了她的落落大方，留下了良好的印象，继而结交了很好的朋友。可见，在与人交往当中，如果总是扭扭捏捏，会让别人看不起，这时候你不妨落落大方一些，从而赢得别人的尊重。那么，作为女人，如何在与人交往的过程中表现出你的落落大方呢？

1. 要有胆量，敢于在人多处表现自己

很多女孩子胆子特别小，总是害怕在人多的时候说话，更不要说让她们去展现自己了。事实上，胆子小是因为对自己不够自信。作为女孩子，胆子越小，别人越觉得你不行，越会看不起你。这时候，如果你勇敢地站出来，别人会因此而欣赏你的勇气，你也因此获得了给别人留下更深刻印象的机会。

2. 不要有顾虑，别人不会为此而笑话你

女孩子都特别在乎别人对自己的看法，总担心自己做得不够好，会引得大家嘲笑自己。事实上，生活中并不是每个人都那么阴暗。更多时候，大家会为你鼓掌，为你喝彩。即使你表现得不优秀，大家也会鼓励你。更重要的是，在这个过程中，你把真实的自己展现在了大家的面前。你也因此赢得了更多人的尊重。

3. 主动一些，他人会很欣赏你的大方

在与人交往的过程中，作为女孩子的你如果能够主动一些，让别人觉得你很大方，继而对你产生良好的印象，并因此而欣赏你。如果你总是很被动，那么别人对你的注意力也会大大减弱。因此，在与人交往的过程中，女孩子要大方一些，主动与人接触，主动与人握手，这样，你的人气就会迅速地攀升。

4. 谦虚有度，过度的谦虚会引人厌恶

很多女孩了都非常谦虚，当别人要求她们表现的时候，总是说自己不行，自己表演不好。当然，适当的谦虚会让别人看到你很矜持，没有骄傲自满的心。但是如果别人再三地请求你，而你又一再地扭扭捏捏，拒绝别人，也就在无意之中扫了对方的兴。正所谓过度的谦虚就是虚伪，你对待别人不真诚，别人自然不会对你有好感。

凡事自有见地，做有主见的独立女人

生活中很多女人遇到事情后，往往表现得一片慌乱，不知道该怎么办。她们会听从很多人的建议，结果脑子里一片混乱，她们没有主见，往往让别人替自己做了主。但是别人毕竟不是当事人，意见自然不够全面。这样就会让你把很多事情处理得一塌糊涂。事实上，当你没有主见，把决定权交给别人的时候，你也就失去了别人的尊重。

淳子和明晰是朋友介绍认识的，两个人第一次见面，对彼此就有了好感。接触和交往了三个月之后，就在他们准备结婚的时候，却出了问题。就这样，两人的关系一度陷入了僵局。

原来，明晰对婚姻有些恐惧，当她把这个想法告诉了好朋友琪琪的时候，琪琪问她："淳子的条件怎么样？"

明晰说："条件有些不好，没有楼房，也没有正式的工作。"

琪琪说："那你就得好好想想了。没有房子，你们以后就要租房生活，生活的质量就会降低好几个档次；没有正式的工作，以后的生活就会很不稳定。这样，婚姻便没有了保障，你这样草率地结婚，会很危险的。"

明晰若有所思，她说："但是他对我真的很好，也很爱我。"

琪琪笑了笑说："得了吧，没有物质保障，你的婚姻便没有安全感，这是真理，毕竟我们生活在现实的社会里。你不能只靠着感觉就嫁给他吧，感觉这东西最不靠谱了。"

那一晚，明晰想了很多，她的耳边总是回响着琪琪说过的话。从那之后，她对淳子冷淡了很多，再也不打电话给他了，也不和他约会了。当淳子问她怎么了的时候，她总是说自己还没有想好呢。

就这样，时间一晃就是一个月，期间淳子多次约她好好地谈一谈，明晰总是找很多种理由给拒绝了。这让淳子非常郁闷。但是，对于淳子来说，他喜欢明晰，所以一直想争取，一直想挽回。

这天晚上，当淳子再次给明晰打电话的时候，两个人发生了争吵。明晰一气之下决定要和淳子分手。尽管淳子百般劝说，明晰就是听不进去。就这样，两人擦肩而过了。

分手后，淳子再也没有给明晰打过电话。失去了淳子之后，明晰才感觉自己做错了决定，她想和淳子和好，可是此时淳子的心受到严重的伤害，已经对明晰失望透顶。当明晰把事情的原委告诉淳子之后，淳子什么话也没有说。

在淳子的眼里，他喜欢的是那个有主见、什么事情都自己拿主意的明晰，而不是听从别人的耳旁风就和自己闹情绪的明晰。后来，明晰经过不断努力，重新挽回了淳子的心，这一次她毫不犹豫地嫁给了淳子。她知道，她这辈子要找的是真正爱她的男人，而不是房子，不是工作。

故事中的明晰在婚姻面前很矛盾，在她六神无主的时候，听从了朋友的劝说，对自己的爱情和婚姻产生了怀疑，继而做出了和淳子分手的决定。当分手后，她才发现，自己真正需要的是爱，需要的是一个真正对她好的男人。尽管明晰让淳子失望透顶，但是淳子的心里爱着明晰，最终原谅了她。可见，对于女人来说，没有主见，把自己事情的决定权交给别人是多么愚蠢的一件事情。那么，女人如何才能让自己有主见呢?

1. 要明白，别人提的只是意见

很多时候，女人在面对疑惑和迷茫的时候，往往会征求朋友的意见和建议。但是朋友毕竟不是你，提意见的时候天南海北，什么都可以说，因为他只是旁观者，对事情的认识没有你清楚，因此提的意见也有很大的片面性。作为女人，一定要清楚这一点，千万不要把别人的意见当做你处理问题的原则。否则，受苦的是你自己，而不是你的朋友。

2. 不要把希望寄托在别人身上

有的女人在不知所措的时候，总是喜欢把希望寄托在别人的身上，希望别人给自己出什么好主意。可是，你别忘了，这是你自己的事情，疼痛冷暖只有自己知道。别人永远都不可能替你解决问题。归根到底，自己的问题得需要自己来解决。当你明白了这一点的时候，或许你就知道该怎么办了。

3. 要考虑清楚自己的想法

别人在提意见的时候，说的都是他的想法和看法。但是对方也是人，不可能把事情都看透，他只是以他现有的认识能力和感知水平，给你提出他的想法。每个人经历的生活不一样，对事物的看法也不一样，因此，别人的建议也未必就是对的。所以在迷惑的时候，事实上只有你自己清楚到底怎么办。抛开所有人的建议和意见，问清楚自己，你的想法究竟是什么。

4. 拿定主意，做自己意见的主人

如果你总是在别人的意见中不断地游离，很容易迷失自己的想法和意见。这样，当你听从了朋友的意见，做了决定之后，很快你就会发现你会后悔。因为别人根据自己的经验所提供的建议和意见或许并不适合你。因此，拿定主意后该怎么办就怎么办，遵从自己的意见，做自己意见的主人，少做后悔事。

学会掌控情绪，不冒失不冲动

女人是感性的动物，她们的感觉总是非常敏锐的，因此情绪也容易受各种事情的影响。大喜大悲对于她们来说是家常便饭的事情。这样，就给和她们交往的人带来了很多的麻烦和烦恼。让别人觉得她们没有素质，修养欠佳。时间久了，身边的人也害怕和她们接触和交往了，她们的人际关系因此也慢慢地变差了。

一天早上，一位怒气冲冲的顾客冲进馨雨服装公司总经理王馨雨的办公室。他是为了300元从外地到北京来的。

事情的起因是：这位客户因为购买馨雨服装公司的西装，欠了该公司300元。公司信托部门给他写了几封信催促他把账结了，可是他却忘了这笔欠款，而且认为是公司弄错了。于是他便不远千里来到北京，要弄个清楚。

这位满脸怒意的顾客一进办公室，就一口咬定是公司搞错了。他说他不但不出这笔钱，而且这辈子再也不买馨雨服装公司的任何东西了。王馨雨当时非常生气，但是她没有打断他，而是耐心地听完客户的牢骚和气话。

直到客户说完，她才平静地说：“我要谢谢你到北京来告诉我这件事。你帮了我一个大忙，因为如果我们的信托部门给你增添了麻烦，他们也就可能同样干扰了别的顾客，那就太不幸了。相信我，我比你更想听到你所告诉我的事情。”

客户怎么也没想到他说了那么多严厉而尖刻的话，得到的却是这样平静温和的回答，他甚至因为他的牢骚话和生气的态度没有得到想象中的效果而有点儿失望。

王馨雨接着说：“你是一位十分仔细的人，只有一份账目，不大可能出错。而公司职员要管理几千份账目，应该容易出错。请放心，这笔账将就此消除。既然你不再买我们的服装，那么，我可以向你推荐别的服装公司。”

王馨雨随后请这位客户共进午餐，客户不好意思地接受了。吃完以后，回到办公室，客户又出人意料地与王馨雨签订了一个很大数量的订货单。

事情结束了，双方都感到十分愉快。那位客户回去后不久，王馨雨意外地收到了一张300元的汇票，还有一封致歉信。原来，那位客户回家后又重新看了账单，发现有一张放错了地方，因而把它忘记了。

故事中的王馨雨面对客户的无理谩骂和纠缠时，非常生气，但是她并没有发泄出来，而是控制住了情绪，没有冒失，没有冲动，而是和颜悦色地给客户道了歉，并邀请对方一起共进午餐，从而赢得了客户的心。由此可见，女人一定要懂得掌握情绪，不要被情绪所左右，这样才能赢得更多的朋友。那么，作为女人应该如何控制情绪，赢得人心呢?

1. 明白冒失和冲动只能让问题更复杂

很多时候，女人经历的事情相对来说要少，所以遇到问题总是会一惊一乍，让自己方寸大乱。事实上，冒失和冲动往往让自己冷静不下来做理性的思考，做出的决定也欠考虑，不周全。这样会导致问题更加复杂化，归根结底都是情绪惹的祸。因此，女人一定要学会控制情绪，杜绝冒失和冲动，让自己更加理性一些。

2. 表达情绪并不能使问题得到解决

女人的情绪如七月的雨，说来就来。但是，这些情绪的表达事实上并不能让你所遇到的问题得到很好的解决，反而因此让你不冷静，丧失了解决问题的最佳时机。因此，作为女人，在遇到让你情绪大起大落的事情的时候，一定要控制自己的情绪，要明白，先解决问题再表达情绪。这样，很大程度上有利于你掌控全局。

3. 遇到事情别慌，先让自己冷静下来

不管遇到什么事情，女人要告诫自己：先要冷静，不要慌乱。因为只有冷静思考，你才能做出正确的决定，才知道如何去解决问题。如果你一慌乱，六神无主，便会冲动和冒失，做出不合理的抉择。因此，作为女人，一定要告诫自己，要控制自己的情绪，不能被情绪所左右，这样你才能赢得良好的人际关系。

4. 学会调控情绪，始终保持乐观心态

平日里，女人的情绪波动就比较大，因此，要刻意地留意，并且学会调控。这样，你的情绪就不会泛滥成灾。比如，当你愤怒的时候，学会深呼吸，让自己平息怒气；当你痛苦的时候，想想曾经开心的事情，让自己笑起来等。这样时间久了，你的情绪便会慢慢地得到控制。

充分信任他人，不做多疑的“发愁女”

女人天生敏感多疑，她们总是不相信身边的人，总觉得别人在欺骗自己。即使她们的怀疑得不到任何确认，她们依旧无休无止地怀疑下去。事实上，这是女人缺乏安全感的表现。她们总想证明自己是安全的，可是她们越是多疑，越让周围的人反感，继而将本没有的事情变成了她们所怀疑的事实。

朵影结婚已经整整七年了，也有了自己的孩子。丈夫沿见经营着一家不大的公司。也许是最近沿见的公司出了一些状况，所以他总是起早贪黑地去努力，想尽一切办法让公司尽快地恢复到正常的轨道上来。

可是朵影却总是怀疑丈夫在外面有了别的女人，所以经常询问他为什么回来的那么晚。起初沿见觉得妻子是在关心自己，可是渐渐地他发现朵影给他的不是关心，而是怀疑。她总是打电话询问他的秘书、助理，证明沿见是在公司，是在工作。这让沿见特别恼火，因为秘书和助理等人总是在后面窃窃私语。

回家后，沿见跟朵影认真地交谈了一次，两人互相取得了理解和信任。沿见觉得妻子应该不会再怀疑自己了。可是一次偶然的机会，他发现妻子在翻他的手机，在帮他洗衣服的时候，逐个衣兜里在寻找着什么。这让他非常生气。

他走过去生气地问："你在找什么？"

朵影理直气壮地说："找你出轨的证据，你每天晚上回来那么晚，究竟在哪里？跟哪个野女人在鬼混，别以为我什么都不知道。"

沿见生气地说："现在我的公司出现了危机，我在拼命地努力，想让公司回到正轨上去，而你不但不支持我，还一个劲地怀疑我，你真让我寒心啊。"

朵影也跳了起来，她吼道："谁知道你又在编什么谎言来欺骗我。你是不是嫌弃我老了，是不是觉得没有你的女秘书温柔可人了啊？平日里看你们眉来眼去的，指不定借着加班的名义在搞什么见不得人的勾当呢。"

沿见生气地说："你这是什么意思，你凭什么说我和别人怎么着了，我是你丈夫，难道你希望我和别人怎么着吗？"

朵影嚷道："被我说着了吧，你还别不承认，明天你就把你那个女秘书给开除了，否则这事没完。"

沿见暴跳如雷地吼道："你简直就是不可理喻。"

第二天一大早，沿见收拾好之后，匆匆地赶往公司。朵影也出了门，悄悄地跟在了后面，一直跟到了公司。由于昨天晚上吵了架，没睡好觉，所以工作的时候状态很差。这时候，女秘书走进来，为他冲了一杯咖啡，关切地问道："经理，你没事吧。"

总经理笑了笑说："没事，昨晚上没有睡好。"

这时候，朵影冲了进来，狠狠地抽了女秘书两个耳光，冲着沿见吼道：“还说没问题，被我抓了个正着吧，你怎么解释？”

沿见痛苦地抱着头，无奈地摆摆手说：“咱们离婚吧，你回家去等我，我晚上跟你谈。”

……

故事中的朵影对丈夫产生了无端的怀疑，尽管她知道自己所有的怀疑都没有被印证，可还是不停地怀疑，继而变本加厉地对待沿见，这让沿见痛苦万分，最终做出了离婚的决定。这时候的朵影想必是后悔万分。可见，生活中，女人不要在没有任何根据的情况下去怀疑身边的人，这会让别人反感你，从而远离你。那么，如何才能不做多疑的“发愁女”呢？

1. 要自信一些，不要怀疑自己

女人在怀疑别人的时候，表面上看是缺乏安全感，实质上是不相信自己，缺乏足够的自信。如果你觉得自己足够优秀，还担心你身边的人会远离你、欺骗你吗？正是因为你不相信自己，觉得丈夫会离开你，觉得朋友会欺骗你。这样无形之中，会让你的形象大打折扣，也会让你在别人的心目中更加掉价。

2. 不要随便去胡思乱想瞎猜忌

女人总爱胡思乱想，总是没有任何理由的把事情往坏处想，把别人往坏里想。本来根本没有任何关系的人或者事，她们总会胡思乱想地制造很多的情节，继而对你进行怀疑，想办法证明。在她们证明的过程中，让你饱受煎熬，因为是根本就不存在的事情。在她们的怀疑和猜测下，诱导别人将不可能的事情转向可能。

3. 注意力专注在自己的事情上

女人总是多疑，是因为她们有太多的时间去考虑那些乌七八糟的事情。把自己的生活弄得一团乱，继而把别人的生活也弄得一塌糊涂。要想避免胡乱猜忌的毛病，女人一定要将注意力集中到一些自己的事情上去，这样你就根本没有时间和精力去胡思乱想了，自然也就不会对你身边的人进行无端的猜忌了。

4. 自立自强，拥有自己的圈子

女人之所以没有安全感，害怕别人离开你，是因为你没有自立，总是生活在别人的世界里，总是在为别人扮演着配角。如果你能自立自强，那么你根本用不着担心别人会离开你，用不着担心别人会欺骗你。即使对方真的离开你了，欺骗你了，你一样有自己的生活。所以对于女人来说，一定要自强自立，拥有自己的圈子、自己的生活。这样，你就没有必要去猜忌了。

怀有一颗宽容之心，懂得适时退让

生活中，需要适当的妥协和退让。任何人都会犯错误，对于女人来说，如果你身边的人犯了错误，或者是伤害了你，如果你斤斤计较，那么势必会失去对方。这时候你不妨以一颗宽容的心，适当地退让，不要太过计较别人的过失，这样才能更好地相处，才能让别人因为你的宽容而感激你，才更有利于两人的关系向健康的方向发展。

怀玉和丈夫柄期结婚至少也有十年的时间了，夫妻二人感情一直不错。可是最近两人却剑拔弩张的，闹得非常凶，几乎到了要离婚的地步。原来，最近怀玉和姐妹们一起逛超市的时候，竟然碰到了谎称在公司加班的丈夫被一个妖艳的年轻女人挽着胳膊闲逛。怀玉当时异常气愤，上去就给了那个女人两个耳光。

晚上，丈夫回来后，怀玉什么话也没有说，静静地坐在沙发上看电视。柄期坐到怀玉的边上，说："老婆，对不起，我错了。"怀玉没有任何反映，柄期伸手抓住了怀玉的手说："我真的错了，你就给我个机会吧。"

怀玉转过头来，狠狠地扇了他一个耳光，然后转身回屋插上了房门。整整一个月，怀玉没有跟柄期说过一句话，期间柄期多次找怀玉认错，而迎来的都是一个狠狠的耳光，两人就这样冷战了一个月之久。怀玉的一个姐妹一次来看望她，她问怀玉："事情已经这样了，你打算怎么处理啊？"

怀玉生气地说："敢背着我去找别的女人，我可不能就这么轻易地饶过他。”

姐妹说：“都这么长时间了，你也要考虑清楚了，是继续过呢，还是打算离婚呢？”

怀玉说：“我还没有想呢。”

姐妹拍拍她的肩膀说：“你可真能沉得住气啊，不过你可得抓紧时间想了。要是想过，就要给他机会。根据你刚才所说的，柄期确实认识到自己的错误了，要不你就原谅他算了。谁不犯个错误啥的。”

怀玉咬牙切齿地说：“哪能就这么便宜了他。不让他吃点苦头，还以为老娘好惹呢。”

姐妹笑着说：“你可要把握住度啊，都一个月了，可别把他的心弄凉了，要不然，到时候可真没有挽回的余地了。”

怀玉听了，认真地点了点头。

这天晚上，柄期来到了怀玉面前，扑通一声跪了下来，哭着说：“老婆，我真的知道错了，你就给我个机会吧，原谅我这一次，我以后真的再也不敢了。”

怀玉看了他一眼，没有说话，柄期伸手抓住了怀玉的手，不断地请求她原谅自己。

怀玉狠狠地骂了柄期一顿。然后对他说：“你要给我保证、发誓，以后绝对不乱来，并且写下保证书。”

柄期一一照做了。之后，怀玉把他扶了起来，说：“男儿膝下有黄金，怎么可以随便下跪呢。”柄期哭着说：“只要你能给我个机会，我干啥都行。”

听到这里，怀玉心里一酸，两人抱在一起哭了起来。

故事中的丈夫柄期有了外遇，结果被妻子怀玉撞了个正着。于是怀玉始终不肯原谅柄期，冷战了一个月之后，在姐妹的提醒下，怀玉原谅了柄期，因为她不想离婚，不想失去柄期。试想如果她一直不能原谅丈夫，那么最后的结局只能是离婚了。可见，女人要有一颗宽容的心，懂得适当的妥协和退让，这样才能显得有修养，才能真正建立起健康的人际关系。那么，作为女人，如何才能做到有一颗包容的心，懂得适时的退让呢？

1. 不要在小事上斤斤计较

很多女人心眼都很小，往往在一些无关紧要的小事上揪住别人的小辫子不放，非要把彼此之间的关系弄得很紧张才肯罢手，事实上根本没有那个必要。这样，只能让你身边的人对你失望，从而影响彼此之间的关系。很多夫妻最终离婚，都是因为平日里结下的仇怨，最后导致了分道扬镳。所以作为女人，不要在小事上和人斤斤计较，以免影响你的形象。

2. 接受别人的道歉和认错

即使是再大的错误，如果没有到不可原谅的地步，都要接受对方的道歉，因为对方既然认识到了错误，那么再计较下去就没有那个必要了。如果你觉得自己在情绪上转不过弯来，那么可以一时赌气，考验一下对方的耐心，但是这个度一定要把握好，千万别过头了，否则让对方伤心了，你想回头也就没有那个机会了。

3. 要再给别人一次机会

人都会犯错误，犯了错误能及时地认识到错误，能及时地改正错误，我们就要再给他们一个改正的机会。同样，作为女人，你的朋友、你的丈夫不管犯了什么错误，都要给他们一个机会，让他们去改正。这样，对你来说也是个机会，因为如果你不给他们机会，事实上也把你和别人的后路都堵死了，那么结果只能是分道扬镳了。

4. 把心放大一些，忽视错误

不要以为你是女人，就可以什么事情都计较。有些事情可以计较，但是有些事情是不能计较的。要不然你和别人根本就没有办法和睦相处下去。正所谓“水至清则无鱼，人至察则无徒”，太过纠结，往往把你身边的亲人逼到了死胡同里。因此，作为女人，把心放大一些，有些时候不妨睁一只眼闭一只眼。

第4章 语言艺术，令女人更容易脱颖而出

在人际交往当中，沟通是必要的手段和方法。对于女人来说，这是获得别人欣赏和认可最直接的方式。但是，有的女人很会说话，说出来的话别人爱听，那么无疑就会在社交中赢得主动。相反，有的女人不会说话，说出来的话很不中听，很容易得罪别人。这也就是为什么同样是女人，有的人受人欢迎，而有的人却被人唾弃的原因。由此可见，对于女人来说，懂得说话的艺术，往往能让你脱颖而出。那么，究竟要懂得哪些说话的艺术呢？本章将为你慢慢道来。

好音色是动人心神的旋律

在人际沟通中，我们往往通过对方说话的声音来判断对方的性格，好音色往往是动人心神的旋律。对于女人来说更是如此，说话的音色直接关系着你给对方留下的印象。但并不是每个女人都柔声细语，让人感到温暖和喜悦。

作为女人，如果你的声音不好听，那么就要想办法变换声音的音色，给别人留下美好的印象。不要小看这些细节，这在关键时候，能给你带来意想不到的效果，对你的前途和发展有着巨大的帮助。

阿雅是做电话销售的业务员，她是个大嗓门，声音也很粗，按理说根本不适合做电话销售，可是阿雅的业绩却是公司里最好的。要是你能和她通一次电话，一定会大吃一惊，和你说话的是那个平

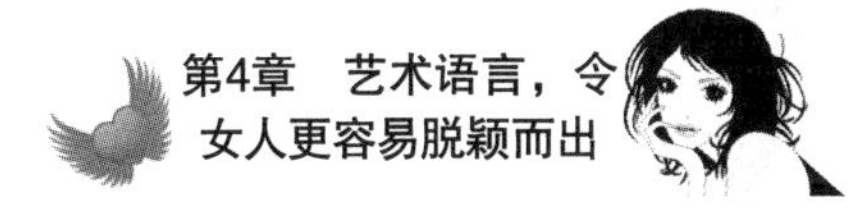

日里大嗓门、大呼小叫、声音像牦牛一样难听的阿雅吗？

这天，阿雅又在和客户电话沟通了。

阿雅用标准的普通话，温柔地问："王经理，我是阿雅，您还记得我吗？"声音中带着几分期许和兴奋，仿佛王经理和她有多么深的交情似的。

电话那头传来王经理粗壮的声音："记得，记得，我记得你的声音，你就是那个阿雅吧。"

阿雅一边微笑着，一边说："正是我，您好，王经理，我们发的货您收到了吗？有什么问题没有？"

王经理："货昨天就收到了，还真的有很多问题……"

最后，阿雅妥善地处理了客户的意见，而且还扩大了合作的范围。

她的声音细腻、清新、温和，如同身边细细唠叨的朋友，语调有点低沉，如同一坛清澈的泉水淌进别人的心扉，给人温暖。乍一听，你绝对想不到她是在和客户沟通，在商讨生意。事实上，更像久别重逢的老朋友在叙旧，更像一个知心的朋友在安慰他人。

也正是因为她的这种富有魅力的声音，给她的工作带来了巨大的帮助。不但很多男性客户时不时地打电话过来和她交流，就连一些女客户也为她的声音所着迷，喜欢和她沟通和交流。

故事中的阿雅声音并不好听，性格也并不温顺，但是在打电话的时候，她刻意改变了音色，继而在工作中能够如鱼得水。由此可见，改变声音的音色在一定程度上能够增加魅力，给别人留下好印象。那么，作为女人，如何改变音色，达到意想不到的效果呢？

1. 吐字要清晰一些

在沟通中，吐字清晰往往能改变声音的音色，增加声音的魅力。一个人如果说话含含糊糊，就会让别人心生厌恶，继而打消继续沟通交流的欲望。相反，一个吐字清晰的人则能吸引对方的兴趣，进而和你继续沟通和交流，这在一定程度上能弥补你声音的缺陷。事实上每个人的声音都是不一样的，有的人的声音很有磁性，有的人的声音则很难听。作为女人，如果你的声音不好听，那么要想改变你的音色，让交流达到意想不到的效果，不妨吐字清晰一些，从而增加你声音的魅力。

2. 发音要标准一些

由于汉字的很多词发音很相似，如果发音不标准，则会给沟通带来障碍。再加上语言的区域性很强，很多人说话的时候往往会有个别的家乡音。如果你的发音不标准，在一定程度上会大大降低声音的魅力。因此，作为女人，说话发音一定要标准一些，让你的每一句话说出去都能吸引别人，让别人喜欢听你说话，喜欢跟你交谈。事实上，当你的声音吸引住了别人时，交流才能正常进行，才能达到意想不到的效果。

3. 说话尽量要温柔一些

大多数人都喜欢声音温柔的女人。实际上，这也是很多女性征服别人的有力武器。因此作为女人，在与别人沟通和交流的时候，不妨语气缓和一些，语调平和一些，如果有可能的话，尽量细声细语，表现得纤柔一些。这样别人和你说话就会感觉是种享受。但是温柔也要适度，不能发嗲，以免让别人产生邪恶的念头。又或者，让听者感到不舒服，想尽快地与你结束对话。这与增加声音的魅力，达到意想不到的效果就背道而驰了。

4. 言语间要有感情

同样一句话，如果你干巴巴地读出来与你饱含真情地表达出来，给人的感觉完全不一样。读出来只是在发一种声音，而富有感情地表达出来则是在宣泄情感。言语间抒发出来的情感往往能增加声音的音色，让你的声音听起来更加动人心弦。因此，作为女人，要发挥自身情感丰富的特点，在说话的时候不要干巴巴地发出声音，而是要饱含真情地表达出来。让你的情感的流露来增加你声音的魅力。

说话条理清晰，更易被人接受

相对于男人来说，女人的逻辑思维能力更强，语言表达能力更好，因此更善于通过言语表达来获取别人的认可和欣赏。但是，并不是每一个女人都是如此，很多时候女人受情绪的干扰，不冷静，容易冒失和冲动，表达起来往往会出现语无伦次、逻辑混乱的现象。如果你能让自己足够冷静，那么你将更容易脱颖而出。

刘大妈是出了名的和事佬。不管遇到多么棘手的事情，只要是请来了她，保准事情能顺顺利利地解决。不是刘大妈德高望重，大伙都听她的，而是因为她说话条理清晰，更能把话说到点子上，让大家都佩服她。

这天早上，隔壁村的王阿姨一大早带着礼物来找王大妈了。原来他们家遇到了非常棘手的问题。这问题听起来还相当复杂，弄不好还会闹到法庭去，王大妈随即跟着王阿姨来到了邻村。事情的原委是这样的：

原来王阿姨的儿子脑子有点毛病，但是也不影响正常的生活，于是老两口就托媒人给他说了一门亲。可是结婚后不到半年，女方突然闹着要离婚，不想过了，于是两家为这事闹了好几次。要离婚，就涉及彩礼退还的问题，两家总是达不成一致。

弄清楚了事情的经过后，刘大妈对双方的大人说：“你们都不要吵吵，听我说两句。”

吵吵闹闹的两家人都闭了嘴。

刘大妈转过身对男方的父母说：“你们打算怎么退还彩礼？”

男方的父亲说：“我们当初给了女方3万块钱，要一分不差地还回来。”

刘大妈对女方的父母说：“你们是怎么打算的？”

女方的父亲说：“我们只退还一半，这已经是仁至义尽了。”

这时刘大妈对男方的父母说：“孩子们结婚，送彩礼钱也是应该，习俗就是这样。但是离婚了，让对方返还所有的彩礼也是不可能的，毕竟对女方也是一种伤害，你说离婚了之后，再让闺女去重找，也确实不好找了，是不？”

说到这里，男方父母没有说话，刘大妈转过身去对女方说：

"毕竟离婚是闺女提出来的，问题出在闺女这方。现在的家庭，结一次婚确实不容易，尤其是男方，要花费大量的财力，这你们也是知道的，娃娃们离了之后，还得重找，还得花钱，这对他们来说也是一种压力。"女方父母也没有说话。

这时候，刘大妈说："要不这样，男方也不要坚持全部退还了，女方也不要只退给一半了，双方各让一步，取一个中间数字，退还22000块钱，这事就这么了结了，你们看行不？"

男女双方的父母谁也没有说话。几秒钟之后，男方的父母说："行吧，既然刘大妈这么说了，那就这么着。毕竟离婚这事是谁也不愿意看到的事情。"

听男方父母这么说了，女方的父亲也说："好吧，我们就再添一部分，把这事顺顺当当地解决掉。"

故事中的刘大妈之所以能把两家退还彩礼的事情顺顺利利地解决掉，就是因为她说话的时候条理很清楚，把话说到了双方的心坎上，因此大伙都服她，听她的话。如果刘大妈说话啰嗦，说不到点子上去，那么两家肯听她的话吗？那是不可能的事情。可见，一个人说话的时候条理清晰更能服众，她所说的话也更能被大家所接受。那么，作为女人，如何说话才能更加条理清晰呢？

1. 说话时记得要有重点

有些人说话的时候，说了很多，可是却没有重点，东一榔头，西一棒槌，让听的人云里雾里，不知道他想要表达什么。尽管你表达得很费劲，可是大伙听得更费劲，这样容易引起别人的反感。作为女人，切忌说话没有重点，表达的时候要想清楚你要表达什么，然后将说话的重心放在你所要表达的地方。

2. 把话说到别人的心坎上

在说话的时候，把话尽量说到对方的心坎上，这样才能让对方接受你的想法和建议，你的表达才能更容易被别人接受。当然，把话说到对方的心坎上，也能在一定程度上提升你语言表达的条理性。如果你所说的话不是对方心里想听的话，就很容易引起对方的反感，因为你所说的话对方不想听。

3. 言简意赅，明确表达

我们常常听到有些人在说话的时候，很简单的一句话，却要说很长时间，让听的人痛苦不堪。尤其一些女人，废话很多，总是说个没完没了。本来条理就不清晰，越说越不清楚。因此，作为女性，要克服性格中的这些弱点，说话的时候尽量言简意赅，明确地表达你的想法，这样既让你说得轻松，也让别人听得舒服。

4. 说话要有逻辑性

如果你说话的时候总是啰唆，没有逻辑性，那么你所说的话不但说服不了别人，而且很容易让别人对你产生反感的情绪。尤其是在帮助别人和解的时候，说话没有逻辑性很有可能将很小的矛盾扩大化，引起双方的反感，成为矛盾的新焦点。作为女人，帮助别人和解是好事，但是说话一定要有逻辑性，语言表达更要条理清晰。

说善意的话，散发女人慈善的神采

很多时候，人与人之间需要一些善意的谎言来使得人际关系更加和谐。因为真相往往会伤害别人。人有自私自利的一面，这也是很多矛盾产生的根源，说一个善意的谎言，将别人的自私自利说成是为他人着想。当一个人明白有人为了自己而着想的时候，所有的怨恨和不满也就统统地化解掉了。女人心地善良，要散发女人慈善的神采，说一些善意的谎言。

这天，王小姐和邻居陈阿姨发生了激烈的争吵，闹得整栋楼乱哄哄的，因此周围的邻居纷纷出来规劝，可是两人水火不容，谁也不肯让着谁。后来有人叫来了居委会的邓奶奶。

邓奶奶将二人劝回了各自的家后，她先来到陈阿姨家，听陈阿姨的想法，陈阿姨非常气愤，她说："我堆垃圾，是在自家的门口堆，又没有堆到她家的门口，她有什么意见，凭什么把我家的煤炉给弄倒啊？天下还有这么不讲理的人。"

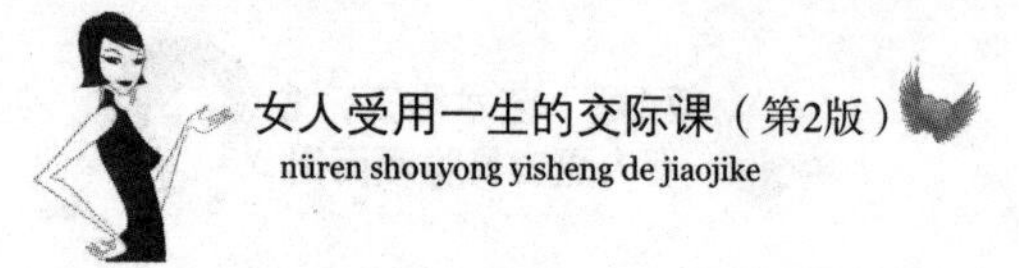

邓奶奶慢慢地说：“陈阿姨啊，我说你两句你还别不爱听，你说你多走几步路，把垃圾倒到楼下的垃圾桶里，那不什么事都没有了吗？大夏天的你把垃圾放在门口，不光你自己看着难受，还招苍蝇，你说她看着能高兴吗？”

陈阿姨不服气地说：“那她凭什么把我家煤炉弄倒来报复我啊，你有想法，可以跟我说啊，不能这么不讲理吧。”

邓奶奶：“你怎么就这么确定一定是她弄倒的呢？”

陈阿姨不说话了。

邓奶奶接着说：“其实啊，对门的王小姐对你还是很友善的，一次，见到你们家的窗户没有关好，赶上了大风，王小姐干着急，找你又找不到，就找我那里去了，是我打电话给你的，记得吗，上次。”

陈阿姨疑惑地说：“真的是这样吗？”

邓奶奶说：“当然了，我还骗你不成。”

陈阿姨羞愧地说：“那可真是，看来我误会她了。”

之后，邓奶奶来到了王小姐家，对王小姐说：“你啊，是年轻人，干嘛跟她一般见识呢？她现在处于更年期，脾气很火爆，动不动就要发火，你也要理解她一下，谁都要经历这个阶段。”

王小姐生气地说：“你说她把垃圾堆在门口，多恶心人啊！这也就罢了，还没事找事，愣说是我把他们家煤炉给弄倒了，你说，我有那么无聊吗，这不是没事找事吗？我要是再不说两句，这不是要欺负到我家里来了吗？”

邓奶奶说：“其实你陈阿姨对你也挺关心的，去年过年，包好了饺子要端给你，可是当天刚好你们家里没人，给我端过去的时候还说呢，大过年的你去哪里了呢。你说陈阿姨对你有这份心，你干嘛跟她计较这点小事啊。”

王小姐疑惑地说：“真的吗？”

邓奶奶说：“当然了，你陈阿姨儿女又不在身边，你和她女儿一样大，能不疼爱你吗？”

邓小姐低下头不说话了。

在邓奶奶的撮合下，陈阿姨和王小姐互相道了歉。

故事中的陈阿姨和王小姐因为一些生活中的误会吵起架来，邓奶奶得知后，各自批评了对方，而且还编了一些善意的谎言，将二人的矛盾化解了。由此可见，生活中，有时候需要说一些善意的谎言，尽管是谎言，但是却能帮助别人。那么，对于女人来说，如何通过说一些善意的谎言来散发女人慈善的神采呢？

1. 多考虑双方的情感

在说善意的谎言的时候，要考虑到双方的情感。看把话怎么说，才能温暖彼此的心，让双方的情感上都能够接受。如果你说的谎言伤害了别人的感情，尽管你是好心的，但是却给别人带去了痛苦，那么你的谎言也就失去了善意，很多人好心办坏事的原因就在这个地方。因此，女人在说话之前，一定要多考虑考虑彼此的情感。

2. 多批评双方的错误

彼此之间产生了矛盾，肯定是两个人的问题。在说善意的谎言，调节两人矛盾的时候，一定要对两人进行适当的批评，让他们认识到自己是有错误的。然后你把善意的谎言说出来，这样才能起到一定的效果。如果对方的心里认为自己绝对没有错，那么你的善意的谎言说出来也起不到多大的作用。

3. 向双方说对方的好

当一个人明白了别人对自己好的时候，内心之中便会对对方产生感激，继而有回报的心理意愿。所以作为女人，你一心想帮助别人，要想调节双方的矛盾，就得让他明白，对方在关心他，对他好，为他付出了。这样即使有多大的怨恨，也会在对方对你好的事实面前烟消云散，并为自己制造了矛盾而感到懊悔。尽管你说的是假的，但是你的出发点是好的，所以是善意的谎言。

4. 要把谎言说得圆润

在你处心积虑地想要帮助别人的时候，要记住一定要把你的谎言说得圆润一些，不要让别人看出你的破绽。否则你的善意谎言就失去了作用。两人的矛盾化解是因为得知对方在关心自己、爱护自己，如果得知这是谎言，之后矛盾又会重现。因此，作为女人，要发挥逻辑思维强的优势，把话说得滴水不漏。

幽默的语言让女人的魅力大增

事实上，很多时候，大家需要的只是哈哈一笑。可是生活中，人们总是太严肃，太较真了。懂得幽默的女人，显得大智若愚，她们总是能巧妙地用幽默将尴尬和不舒畅的情境玩笑化，从而打开彼此的心结，构建和谐的人际关系。

生活中，女人会遇到意想不到的尴尬和窘境，抑或别人有久久打不开的心结，这时候如果能用幽默的语言巧妙地处置，则能迅速地让双方紧绷的神经得到彻底的放松，不但解放了自己，同时还解放了别人。反之，则有可能让自己陷入到紧张的人际关系中无力自拔。

阿明和小娜是同班同学，也是老乡。他们来自于同一个地方，而且两家相距不到5里地，但是他们在上大学之前并不认识。直到一次偶然的机会，阿明才无意间得知，在这个来自五湖四海的同学组成的班集体里，有这么一个老乡，因此他感到分外兴奋。

于是从那以后，他经常找小娜聊天，他觉得她是亲人。和阿明聊天，小娜也感觉到分外亲切。一来二去，阿明渐渐地对小娜有了感情。当他鼓起勇气向小娜表白的时候，却遭到了小娜委婉地拒绝。

从那以后，小娜都躲着阿明，即使有时候不得不接触的时候，两个人也是非常尴尬。一来二去，两个人由无话不谈的好朋友变成了陌生人。阿明也由之前的主动接近小娜变成了躲着对方。

时间很快过去了两年半，似乎彼此已经淡忘了那段往事。

一天，英语课上，阿明和小娜在无意间坐到了一起，等他们发现的时候，老师已经走进了教室。很显然，这时候再换座位势必会引起同学们和老师的注意。阿明想要和小娜打个招呼，可话到了嘴边，又咽了回去。小娜也感觉到阿明似乎有话要对她说。

这时候，窗外的阳光刚好照进了教室，照在了阿明的身上，小娜灵机一动，笑着说："老乡，你就这么喜欢做阳光男孩啊？"

阿明没有想到小娜会主动和他说话，不由得一愣，但是很快，他就被小娜逗笑了。两人相视一笑，尴尬气氛顿时被化解了。

那天，他们又像以前那样无话不谈，聊了很多。当天晚上，阿明还邀请小娜吃了饭。他们的关系又回到了之前，相互帮忙，相互信任，对于之前的不悦只字不提了。

故事中的小娜因为拒绝了阿明的追求，继而让双方的情感陷入了尴尬。关键时候，小娜用一句幽默的语言，化解了这份尴尬的情绪，继而缓解了和阿明的关系。由此可见，幽默的语言是一种润滑剂，能让尴尬的气氛以及人际关系得到迅速地缓解。这种幽默中包含着对生活的大度，包含着对人生的智慧，更让女人的魅力大增。然而，作为一个聪敏的女人，如何才能学会说幽默的话呢?

1. 要有积极乐观的心态

通常，一个幽默的人往往有乐观的心态。事实上，只有开心快乐的人，才能发现生活的快乐，才能在人际交往当中，把你的这种快乐情绪表达出来，继而影响别人的心情。很难想象，一个整天唉声叹气、悲观失望的人会懂得幽默，让别人开心地笑。所以作为女性，要想让自己的语言富有幽默感，积极乐观的心态是前提。只有你是快乐的，才能发现生活的快乐。生活中不是缺少幽默，而是缺少发现。

2. 懂得玩文字游戏

人类情感的表达往往是通过语言和文字。所以只有懂得玩文字游戏的人才能懂得幽默。如故事中的小娜将现实生活中的"阳光"和心里的"阳光"拉到了一起，这种双关语的使用带来了幽默。除此之外，还要学会应用落差带来的想象的幽默。比如，现实生活中，你犯了错误被老师批评，假如你把老师批评你的现场角色调换，想象会是多么滑稽的一幕。女性朋友，只有学会玩文字游戏，才能把握好各种情绪的表达，才能将幽默表达出来。

3. 要有丰富的知识

懂得幽默的人是有大智慧的人。而这样的智慧很大程度上是来源于丰富的知识。因此，要想让自己的语言幽默一些，就要掌握来自于书本和生活的丰富知识。比如，故事中的小娜既懂得了自然“阳光”的意义，又懂得了心理“阳光”的意义，这才用“阳光男孩”来联系二者，制造出幽默。所以，女性朋友要让自己的肚子里有点“墨水”才能创造出生活的幽默来。

4. 多和幽默的人交往

俗话说：“近朱者赤，近墨者黑。”要想让自己富有幽默感，那么就要多接触一些比较幽默的人。时间长了，耳濡目染，你会在不经意间发现，你也很有幽默感了。当然，在这个过程中，别只顾咧着嘴笑，在表达你快乐的情绪时，要注意留意和观察别人的言语和动作，要思考同样一句话，别人为什么说出来惹人发笑，而你说出来却没有那个效果。在和有幽默感的人在一起时，女孩子要学会学习他们的幽默，让自己也富有幽默感，以增加你无穷的魅力。

赞美之词能提升女人的人气指数

生活中，有的女人长得很漂亮，可是一张嘴就得罪人，因此身边没有多少朋友，人气指数相当得低。相反，有些女人相貌平平，可是却总爱说好听的话，懂得赞美别人，因此身边的朋友总是很多，大家对她的评价也相当好。因此，多发现身边人的好，多去赞美别人，可以提升女人的人气指数。

莲莲是某地产公司的售楼小姐，她来公司只有半年的时间，但是人气指数却很高。大家都愿意在工作中帮助她，这在一定程度上弥补了她能力上的不足，因此，尽管她对业务不是很熟悉，但是依然能在销售评比中占据优势。

莲莲之所以能赢得大家的喜爱，主要还是因为她的嘴巴比较甜。这天，同事小刘穿了一件非常时尚的衣服，莲莲看到后笑着说："刘姐，你今天真漂亮，这件衣服穿在你身上如同仙女一样。"

小刘穿了新衣服，内心深处渴望得到别人的认可和夸奖，可是别的同事谁也没有说话，只有莲莲在夸奖她，可见她心里是多么感激莲莲。她不好意思地笑着说："瞎说什么啊，我哪敢跟仙女比啊。"

莲莲接着说："本来就是嘛，刘姐就是会买衣服。下次我买衣服的时候，得叫上刘姐帮助我参谋参谋，我以往买的衣服总是不合适，穿起来没有效果。"

小刘心里美滋滋地说："行，下次你叫我，我跟你一起去。"

第二天，刚来一个月的新同事小王终于实现了零的突破，卖掉了一套房子。当她长长地出了一口气的时候，莲莲走过来对她说："王姐，恭喜你。你真棒！"

小王不好意思地说："棒什么啊，快两个月了才卖掉一套房子。"

莲莲笑呵呵地说："王姐，你已经很优秀了，我刚来的时候，三个月还没有卖掉一套房子呢。"

小王惊讶地说："你不是骗我吧。你现在的业务那么纯熟，怎么可能三个月没卖掉一套房子呢。"

莲莲："真的，我可笨了。哪像王姐你现在，学习能力这么强，仅仅一个半月就出效果了，加油，王姐。"

小王笑着说："谢谢你，莲莲。谢谢你的鼓励。"

这天晚上，小王邀请莲莲一起去吃饭。因为在所有的同事中，莲莲对她最好了，所以小王特意请莲莲吃饭，表示感谢。

故事中的莲莲，在小刘穿上新衣服之后，及时地把自己的赞美之情送了出去，满足了小刘内心的虚荣。当新同事小王取得了成绩之后，及时地表示赞美和祝贺，赢得了小王的心。可见，会说赞美之词的女人处处受欢迎，因为他们懂得欣赏别人，别人也会对她付出真心。那么，女人该如何说出赞美之词来提升自己的人气呢？

1. 赞美女人的形象和气质

女人都有虚荣心，总希望别人能说自己漂亮，气质好。即使是最丑陋的女人，也渴望听到别人的赞美和夸奖。所以女性在赞美女性的时候，要记得赞美她们漂亮，赞美她们气质好，当然包括她们会收拾打扮。这样，女人听了，心里就会像吃了蜜一样甜。她们自然喜欢你，自然给你好评了。

2. 赞美男人的能力和表现

相对于女人来说，男人更注重自己的能力和表现。因此，作为女人要明白，赞美男人要赞美他们的能力强，表现好。换句话说就是要夸奖他们能干，有本事。当一个男人听到别人，尤其是女人夸奖自己有本事的时候，是他们最值得骄傲的时候。因此，女人在赞美男人的时候，不要赞美他们的家世背景，也不要赞美他们的形象气质，而是要赞美他们的本领和能力。

3. 赞美老人曾经的辉煌和成就

对于老人来说，最值得他们骄傲的是他们曾经取得的辉煌和成就。因此，作为女人，在赞美老人的时候，不妨多提及他们的辉煌和成就，这会让老人感觉受到了极大的尊重。因为你承认了他这辈子的价值。如果你赞美他的现在，他不会感到高兴，因为他老了，对自己也不满意了。

4. 赞美孩子的聪明和懂事

对于孩子来说，让他们高兴的是你赞美他们的聪明和懂事，这在一定程度上说明了他们很有成就，未来一定很辉煌，这是他们最希望听到的。所以作为女人，在赞美孩子的时候，一定要赞美他们的聪明，赞美他们很懂事。如果你赞美他们别的方面，相对来说不会引起他们内心太大的兴奋。

说话要懂得留三分，聪明女人不说“绝话”

很多人觉得说话的时候“留半句”是不自信的表现，甚至觉得敢于把话说满的人才显得有气魄。其实不然，世上没有那么多绝对的事情，不要把话说得太满，给自己留条后路。以免出现意外，颜面无存。

对于女性朋友来说，总是喜欢在言语上计较，一时赌气，难免把话说得太满，这无疑给自己挖了个陷阱，给自己四处树敌。不要把话说得太满，给自己留下余地，留条退路，以免在失败的时候被人揪着小辫子挤兑。

江槐荫是楼盘销售员，平日里工作非常认真，业绩也非常突出。但是她有个非常不好的毛病，那就是嘴巴不好，到处树敌。

这天，公司里来了新同事，是一个非常阳光的女孩，叫做余宇。余宇很会为人处世，刚来办公室的时候，就给每个人带了礼物，主动和每个人套近乎。按照主管的话说，让她迅速地和同事打成一片，有助于工作的开展。

在和同事们的交谈中，她得知江槐荫是他们当中的销售冠军，业绩一直都是遥遥领先。于是这天下午，利用工作之余，她来到江槐荫的身边，对她说：“江姐，我听他们说你是公司里打不败的业绩王，我刚来，什么也不懂，以后请你多帮帮我啊！”

江槐荫白了一眼，笑着说：“别到处拍马屁，在我这不好使。”

被别人这么一说，余宇明显地感觉到脸上火辣辣的。但是她知道，江槐荫是销售冠军，有点脾气也是能理解的。自己以后还要多跟她学习呢。想到这里，她的情绪全然消失了，于是她又堆起满脸的笑容，说：“我没有说错啊，江姐确实是我们当中的销售冠军嘛！”

江槐荫冷笑着说：“谁跟你‘我们’呢？请你注意自己的身份。”

余宇再也忍受不了内心的愤怒，她说道：“别总拿自己当个角，我这么说是看得起你。”

江槐荫也针锋相对地说：“谢谢你的看得起，我看还是免了吧。你这个月卖不出房子去，一样滚蛋。”

余宇赌气地说：“你也别看不起人，我一定做给你看。”

江槐荫讥笑道：“你要是不走人，我立马走人。你还别不信。”

……

从那以后，余宇认真地向别的同事学习，很快掌握了工作的要领，再加上她的不断努力，终于在这个月的最后一天，成功打破了自己“零”的纪录。

江槐荫觉得很没有面子，她没有想到余宇真的卖出去了一套房子。那么按照当初的约定，她就得走人了。但是说实话，她不想走，在别处她不一定能有这么好的收入。好在这事，余宇并没有提及，同事们似乎也忘得干干净净了。但是，从那以后，江槐荫变了很多。再也不去指责这个，要求那个了，就连跟余宇说话的时候也是非常客气。

故事中的江槐荫仗着自己是销售冠军，瞧不起新来的余宇，并且说了大话，把话说得都快溢了出来。结果，把自己的后路给堵死了。所以说话的时候要多思考，不要一时冲动，就把大话说出去，把话说满。否则，等待你的只能是无路可退的窘境。那么，作为女性，如何才能做到不把话说满呢?

1. 多用“可能、差不多”等虚词

很多聪明的人在说话的时候，总要多带一些“可能”“差不多”“十有八九”等词语，这样，即使你说的话自己做不到，也没有人跟你较真。因为在这些词中包含了失败的可能性。否则你所说的话别人就会完全当真，如果做不到，那么无疑是给自己找麻烦。女性朋友在说话的时候加上这些虚词，即使你说满的话也会变得浅了很多。

2. 不要对人随口打保票，说绝对

不要把话说满，还要注意不能随便对人打保票，说绝对。要知道，世上没有绝对的事，你也不可能给任何人打保票。如果你一时冲动给别人拍了胸脯，打了保票，要是做到了，别人尊敬你，要是做不到，自然会被别人耻笑、羞辱，甚至把你逼上绝路。因此，作为女性，在说话的时候一定要注意，千万别因为一时的心血来潮，对人打保票，说绝对。

3. 说话的时候要学会谦恭、礼让

避免把话说满，除了自己不说大话之外，还要学会谦恭礼让。因为有时候，别人会给你强加上很多让你很“满”的话，如果这时候，不懂得谦恭礼让，无疑承认了别人强加的“满”，这样一来，你同样没有退路。因此，在人际交往当中还要提防别人的语言陷阱。作为女人，不但要学会不把话说满，还要学会避免别人把你说“满”。

4. 说话时把话说到八分就行

很多时候，说话的分寸拿捏是非常关键的，说得满了，容易被人抓住小辫子；说得浅了，达不到效果。俗话说：“酒饮微醉，花开渐半。”在表达自己的时候，把话说到七八分就完全可以了。这样既准确地表达了自己，又留了退路。对于女人来说，说话更要注意把握分寸，避免给别人留下口实来为难你。

学会说点客套话，令你迅速打开社交场面

生活中，人们都希望自己能够被人喜欢，被人接纳。可是很多时候，我们并没有做好这样的准备去热情地迎接和接纳别人。但是，如果让对方感觉到我们不热情，不真诚，那么势必会影响交往。这时候，我们就要说一些客套话，尽管你说的时候，没有包含多少真情，但是对方听了却能感受到其中的那份真诚和热情。

这天，王彤和丈夫大军在逛街，无意中碰上了自己的小学老师，这让王彤有些措手不及，但是很快她就镇定下来，笑着对老师说：“老师，您好。”

老师笑着说：“你是那个谁来着，我记着你呢，可是一时半会叫不上名字来了。”

王彤说：“老师，我是王彤啊，小学时候您是我的班主任啊。”

老师笑着："你那时候特别调皮，总是欺负同学们，为此还罚你打扫了一个星期的卫生呢！"

王彤说："老师现在一切都好着吧？总想着去看望老师呢，一直不知道老师的家住在哪里，所以一直未能遂愿啊。"

老师笑着说："好着呢，好着呢，我也很想你们的，尤其是你们那班同学，给我留下的印象非常深刻。我总是在闲暇时候想起你们啊。"

王彤说："前些天我碰上张彤呢，还说要把同学们约到一起好好地聚一聚呢。正愁没办法联系老师呢。今天真是赶巧了，在这里碰上老师了。"

老师："那真是太好了，大家一起聚一聚，我也能见一见多年未见的同学们，看看你们现在出息成啥样了。"

王彤说："老师，你的电话给我说一下，改天我们组织起来了联系老师。"

老师说："好，好，好。我的电话是1377754××××，联系好了一定给我打电话啊。"

王彤："一定的，老师，我去跟他们一说，他们肯定会高兴得发疯的。"

老师感慨地说："是啊，十几年不见了，确实很令人兴奋啊。曾经的小娃娃们，已经长成大姑娘、大小伙子了。"

故事中的王彤在无意间碰到了自己的小学老师后，这让她多少有些意外，但是她迅速地反应了过来。在和老师的聊天中，刻意说了很多客套话，强调自己对老师的想念之情，强调拜访老师却不知道地址的无奈，强调同学们聚会的渴望。事实上，这些都是她临时编的客套话，从而让老师觉得同学们是想念他的而内心愉悦。那么，作为女人，如何学会说点客套话，迅速地打开交际的场面呢？

1. 表达对对方的渴望和仰慕

或许你并不喜欢对方，更谈不上渴望和仰慕，但是在对方面前，要把你的这份真情表达出来，让别人感觉到你想要和他加强交往的迫切心情。

这样，便在心理上赢得了对方的心，让别人为你打开了交际的大门。至于你的真实感受完全可以隐藏起来，这就是客套话的妙处之所在。作为女人，要学会在对方面前表达你的渴望和仰慕，让对方记住你。

2. 表达对对方的欢迎和热情

如果对方突然出现在你的家里，这时候出于礼貌，就要说一些客套话，让别人感受到你对他很欢迎，你很热情。比如，“我早就想邀请你过来坐坐”，或者是“我们一直期待着您的到来呢”。尽管事实上并非如此，你对他的突然到访很反感，但是口头上这么一说，让别人觉得很高兴，觉得应该来拜访你。对于女人来说，这时候说点客套话，能给对方留下好印象。

3. 为曾经的疏忽编个好理由

生活中，每个人都在忙着做自己的事情，这样就在很多时候忽略了一些身边的朋友。当偶尔遇到的时候，总要为自己找个合适的理由，让对方的情感上能够接受。比如，“我一直想叫你好好聚一聚呢，无奈总是太忙了”，或者是“把你的电话号码弄丢了”等。尽管事实或许并非如此，但是却给自己、给对方找了个台阶下。对于女人来说，这样的谎言是有必要的，而且是必须说的。

4. 表达一个渴望交好的祝愿

当你和对方分别的时候，要表达一个渴望交好的祝愿。比如，“以后常联系”，或者是“欢迎常来”等。事实上，你或许不会再和对方打电话，或许你再也不渴望对方突然到你的家里来。但是你这么说，则表达了你的热情和渴望交好的心意，尽管对方也知道你并非如你所说的那样，但是这些话听上去却很温暖。作为女人，要表达你的“真诚”和“热情”的时候，一定要记得说些客套话。

用神态和肢体语言提高你的言语效用

人与人之间的交流除了口头言语外，肢体动作一样可以传情达意。甚至有些时候，肢体语言传递的情感和信息，是口头语言无法企及的。比如，拥抱给人温暖、拍拍肩膀给人安慰等。之所以如此，是因为肢体语言在一定程度上迅速地跨越了心灵间的鸿沟。

尤其是在与陌生人沟通和交流时，双方因为不熟悉，所以戒备心理很强，你的举手投足往往都能给别人传递不同的信息。事实上，别人也正是从你的肢体语言上判断你是友善的，还是敌对的。

小王和小李都是名牌大学的高材生，大学毕业之后，应聘到公司来做技术顾问。公司之所以会选择他们，除了看重他们的好学历之外，更看重他们俩在大学里获得的几次国家级的奖项。

尽管他们是同一时间来的公司，可是三个月之后，小王跟公司的员工打成了一片，混得特别熟；而小李却仍然是孤家寡人一个，没有人喜欢他，不管是工作中还是在业余时间，总是一个人独来独往。

小王很开朗，但是小李也很幽默，常常将同事们逗得哈哈大笑。可是不知道怎么的，同事们从来很少跟小李主动地交谈。而小王身边却总有三三两两的人，他们有什么活动也会主动叫上小王，这让小李羡慕不已。

原来，小王在和同事们聊天的时候，两只手是交叉相握的，在发表自己的想法和意见的时候，就打开双手且手心朝上。相比之下，小李在跟同事们说话的时候，总是背着两只手，在倾听别人说话的时候，还时不时地将两只胳膊抱在胸前，一副容不下任何人的模样。

当小李把自己内心的烦恼告诉小王的时候，小王笑着说："大家之所以不喜欢你，是因为你在和大家交谈的时候，弄错了一些肢体语言，让大家误会了你。"

小李一脸的无辜。小王接着说："比如，你和别人交谈的时候，老是背着手。你知道这个动作代表啥意思吗？"

小李摇了摇头。

小王说："你想想，摆这个动作的人会是什么人呢？一般只有领导或者是长辈才会在下属或晚辈面前摆这个动作，而你和大

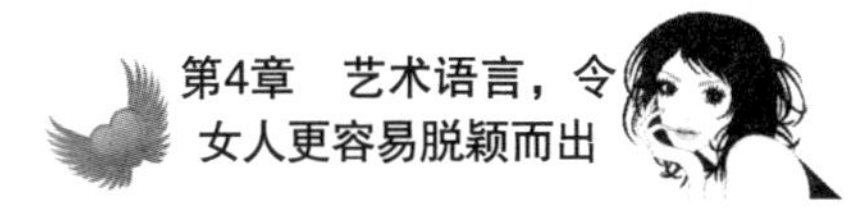

家都是同事，你总这样背着手，无意是把自己抬高了位置。”

小李很无辜地说：“不会吧，我没有这个意思啊。”

小王说：“你没有这个意思，但是别人却不这么认为。还有你老把两只胳膊抱在胸前。你明白吗，这意味着拒绝、挑衅和不服气。你这样没弄明白肢体语言的意义就乱摆谱，难怪大家不喜欢你。”

故事中的小王在与人接触的时候，注意用肢体语言传达了友善和包容，尽管他言语上并没有说什么，但是别人却感觉到了这份真诚，因此，和他交好。相反，小李由于不注意肢体语言传达的特殊意义，结果因为自己的一些错误动作，把别人拒之于千里之外了。由此可见，在人际交往当中，肢体语言能起到意想不到的效果和作用，完全可以弥补口头语言的不足，甚至可以代替口头语言传情达意。那么，在人际交往当中，如何用肢体语言来表达想法，以达到无声胜有声呢?

1. 手部的动作

在跟陌生人接触和交流的时候，手部的动作最最直接、也是最能传达意愿的。两手交叉和相握，表达的是谦虚的情绪；相反，背着手，或者是抱着两个胳膊放在胸前则表示拒绝、蔑视和挑衅；两手插在腰上表示对抗和敌视；与之相反，两手伸开，手心朝上，则表示你愿意接受对方。除此之外，单手抬起，不管是手心朝上还是朝下，向自己摆动，表示欢迎，向远处摆动表示拒绝等。

2. 头部的动作

在身体语言中，头部动作所表达的语言相对来说比较丰富。在人际交往的时候，如果你肯定对方，要不断地点头确认，但是不要太快，点头太快就有了否定的意思。当然，摇头就是否定的意思了。低着头的时候，往往表达一种不满意或者是有成见的情绪，只是这种否定的表达没有摇头那么直接，一般是不方便拒绝对方，又不愿意妥协。头部倾斜则表示你在认真的地倾听。在人际交往的时候，要区分清楚头部动作的含义，适当地用头部动作来表达你的意愿。

3. 眼睛的动作

眼睛是传达感受的焦点，瞳孔的运动是独立的、自觉的、不受意志控制的。事实上，一个人的眼睛所传递的信息是最准确的，同时也是最有价值的。当一个人对别人不屑一顾的时候，往往会眨眼睛，而且频率非常慢，以此来表达蔑视和嘲笑。注视着对方，眉毛轻轻上扬或者面带微笑，说明认可和肯定。眉毛压低、眉头紧缩或者是嘴角下拉，则表达不信任或者是心存敌意。

4. 腿部的动作

腿部是用来行走和站立的。同样，腿部的一些动作则有摆位置的暗示。比如，双腿开叉站立，表示高高在上，表达一种蔑视和看不起的情绪，一般领导人或者是长辈在教育下属的时候就是这种姿势。同时，跷二郎腿也有自以为是、高高在上的意思。因此，在人际交往的时候，要注意这些腿部的动作。

言语委婉，批评或拒绝也会让听者易接受

很多女人人缘好，心肠软，总觉得拒绝对方是一件令双方都很尴尬的事情，总觉得将“不可以、不行”这样的字眼放在对方面前不合适，会伤害彼此之间的感情，会拉远彼此之间的关系。但是承诺下来又做不到，从而陷入深深地自责当中无法自拔。这时候，要表达你的拒绝之情，就尽量把话说得委婉一些，含蓄一些。

对于女人来说，要想把你的拒绝之情表达清楚，而又不伤害彼此之间的和气，不妨把话说得委婉一些。人们在被拒绝之后，心里都会有落差，这时候，含蓄委婉的表达可以在一定程度上减小受伤害的程度，至少能表达出你拒绝别人而感到不好意思。对于女人来说，把话说得含蓄一些，则更能让别人感受到你的善良。

张宇和李艳是大学同学，而且她们还是班里的文艺委员。班里的文艺活动一直都是李艳负责组织，张宇负责实施，所以每次

李艳都会把自己的想法拿出来和张宇商量，最后才会定下来具体的实施方法。

最近，又到了举办元旦晚会的日子，学校要求各班准备一个节目，然后再由系里进行筛选，最后选出前三名，参加元旦晚会。

李艳心里很清楚，这次的文艺节目一定具有很大的竞争力。为了准备节目，李艳费了很多心思，最后她决定准备一个藏族舞蹈。

像往常一样，李艳把这个想法拿去和张宇商量，同时她还邀请张宇参加自己的舞蹈。听完李艳的想法后，张宇觉得有些不太合适，但她也很清楚李艳为这个节目所花的心思，所以也就不好意思直接拒绝了。

想了半天，她对李艳说："李艳，你真的太有想法了，能够想出运用男女二重唱，并伴有舞蹈的节目这么好的点子，也许全学校就你一个吧。不过，你不觉得这样做会很不好管理，而且也不好协调吗？如果把男女二重唱换成女生独唱，把藏族舞蹈换成现代舞，效果会不会更好呢？"听完张宇的话，李艳连连点头。

如果听完李艳的想法，张宇直截了当地告诉她，自己不同意李艳的想法，那李艳肯定心里会很不好受，无法接受这个结果。毕竟李艳为了自己的这个想法也费了不少心思。而张宇没有这么做，她保留了李艳辛辛苦苦的功劳，又很好地表达了自己拒绝接受对方想法的意愿。想要拒绝对方，又想保留自己的绅士风度，那就不要直接表达自己"不情愿、不接受"的本意，因为这样做会在一定程度上打击对方的积极性。那么，究竟如何才能委婉地表达拒绝，又让对方容易接受呢？

1. 拒绝对方的时候，多肯定他人

在拒绝别人的时候，如果一开始就告诉对方："我不同意，我不愿意。"那么对方一定会接受不了，而且会非常生气。因此，作为女人，在拒绝别人的时候，要多肯定对方，让对方心里觉得美滋滋的，即使之后被拒绝了，也会让别人觉得你善解人意。同时，对方也会感觉到你要拒绝他，从而做好心理准备。对于女人来说，尤其要注意这一点，在拒绝别人的时候尽量保护对方的情感免受伤害。

2. 尽量少用否定词

一般情况下，否定词直观地表达了否定的意思，比如，“不行”“不允许”等。在使用了这些词以后，会给对方一种接受命令的感觉。事实上，谁也不喜欢别人高姿态的命令自己，尤其在被拒绝的时候会更加反感。所以作为女人，要想含蓄地表达拒绝的意思，又尽可能不伤害到对方的自尊心，就少用甚至不用否定词。故事中，张宇基本上没有用否定词，说出来的拒绝话语温暖人心。

3. 站在对方的角度说话

在拒绝别人的时候，一般情况下，我们都是站在自己的角度上看问题。这样无形之中就和别人形成了一个对抗体。所以作为女人，要想委婉一些拒绝别人，不妨站在对方的立场上看问题。让别人觉得你是在真心实意地关心他、对他好。这样一来，彼此对抗的情绪就会迅速化解。故事中的张宇就是站在李艳的立场上，分析她的方案不可行，同时又提出了自己解决问题的方法，从而很好地解决了问题。

4. 多用客观事实来强调无奈

当你身边的人有求于你，而且盛情难却的时候，很多人为了维护彼此之间的情感，选择委曲求全。事实上，作为女孩子，你没有必要直接地告诉别人你不愿意帮助他，而是找出客观事实，来告诉别人你能力有限，帮不了他。这样可以避免直接拒绝别人带来的伤害，又维护了彼此之间的情感，可谓一举两得。当然在强调自己能力有限的同时，还要对别人表示歉意，因为你没有帮助他，这对于别人来说，多多少少是种伤害。

5. 拒绝别人的时候找好出路

在拒绝别人的时候，要适当地提出新的建议和意见。这样，对方也能接受这个被拒绝的事实。否则被拒绝了，别人会觉得你是存心不帮助对方。你在伤害对方的感情，因为你否定了他。因此，作为女孩子，在你拒绝别人的时候，一定要找好出路，让别人心服口服。这样，尽管你拒绝了他，但是你依旧在为他着想，在对方的心里，你依旧当他是朋友，依旧在为他着想。尽管为你不能帮助他而感觉到难受，同样也会因为你的关怀而深受感动。

第5章　讲究策略，懂得掌控与人交往的主动权

很多时候，女人在与人交往当中都很被动，似乎主动和人交往的女人就显得很不矜持。如果你这么想，就大错特错了。我们知道，在交际中，谁主动，谁就是主人，而另外一方无意之中则要受你驾驭。由此可见，女人主动一些，可以掌握交往的主动权。如果你总是等着别人来接近你，那么你会慢慢地陷入被动当中。那么，作为女人，在交际当中，如何做到主动呢？在本章，会有一些值得你学习的方法和策略。

慧眼识人，擦亮双眼选择真朋友

在生活中，每个人的身边都有属于自己的朋友，或者是同学，或者是同事，闲暇时一起娱乐，有事情的时候互相帮助。同样，女人的身边也会有一些姐妹，偶尔说说私房话。但是作为 女性，交朋友的时候就要慧眼识人了，擦亮双眼选择那些真正的朋友，避免被一些别有所图的人所利用和伤害。

19岁的段红今年已经上高中二年级了，她有个从小和她玩到大的发小叫做余香，两人感情非常好，可是最近却因为一件小事情闹翻了脸。两人当时都放下狠话，老死不相往来。

少了余香的陪伴，段红不管是学习中还是生活中都顿时孤单了很多，在班里一个绰号叫做“小妖精”的坏女孩的带领下，常

常出入电玩城和酒吧，在那里段红学会了喝酒，而且也将头发染成五颜六色的，浑身沾满了太妹气息。

由于整天混在灯红酒绿之下，身上的零花钱总是不够用，因此段红向身边的亲戚朋友借了很多的钱，但还是没有办法满足她的消费需求。“小妖精”得知后，笑着说：“你怎么这么老土啊，出门也不带钱。要不这样吧，我给你介绍两个朋友，和我关系也不错，他们是男的，跟他们玩几乎不用我们掏钱。”

一听说不让自己掏钱，段红笑着说：“好啊，既能玩高兴，又不用花钱，这样的朋友当然要交了。”

第二天，在“小妖精”的介绍下，段红认识了整天混在酒吧的小流氓郑某和张某，这天晚上，他们灌她喝了很多酒。郑某和张某见段红喝醉了，便起了歹心。

段红尽管脑袋发晕，浑身没劲，但是脑子里还算清楚，她意识到自己有了危险，因此，趁他们不注意，东摇西摆地向路灯下跑去。两个小流氓见段红要跑，随即追了上去，抓住了她。

恰巧那天，余香上完晚自习之后，由于和老师探讨了会儿学习心得，所以回去得比较晚。她选择了绕道走大路，这样安全一些。她走到这里的时候，刚好看到了这一幕，于是她大喊一声：“住手，你们在干什么！”郑某和张某被吼叫声吓了一跳，转身一看，是一个小姑娘，两人根本没有把余香放在眼里，而是一步一步地向她逼近，余香大声地叫道：“来人啊，抓流氓啊！”

由于此时行人还比较多，余香的喊叫引来了很多人的注意，两个小流氓一见，撒腿就跑。余香走过去扶起了段红，看到余香之后，段红一下子扑到她的肩膀上哭着说：“你怎么才来啊。”

那晚，余香把段红带到了自己的家里，两人聊了整整一个晚上。从那以后，余香抽时间就帮助段红补习这段时间落下的功课，而且还帮助段红还了欠下的同学们的钱。两人又恢复了往日的友谊，一起学习，一起玩耍。

故事中的段红由于和好朋友闹了别扭，继而选择错了新朋友，走错了路，差一点受到流氓的伤害，幸亏余香及时出现救了她。由此可见，女孩在交朋友的时候，一定要慧眼识人，要交那些真正的好朋友，避免交上坏人，给自己带来伤害。那么，女性在交朋友的时候究竟该如何识别对方是真朋友，还是别有所图呢？

1. 要想清楚，对方为什么接近你

人与人之间相互接近是因为你身上有对方需要的东西。真正的好朋友是因为你的品性和气质相互吸引，才走到一起的。而别有用心者则有各种各样的目的。有的贪图你的钱财，有的贪图你的美色。因此，作为女孩子，对于身边的朋友，一定要多想一想，哪几个是你真正的朋友，哪几个是假朋友。当你想明白了他们接触你的目的之后，你就明白了哪些是真朋友。

2. 仔细观察，对方是否为你付出

真正的友谊是相互之间的付出，相互之间的回报。如果你发现你的朋友只懂得在你身上索取，却不懂得为你付出，这样的人，你就要多加小心了。他们接近你不是为了和你发展友谊，而是别有所图。不愿意为你付出，是考虑到和你翻脸后自己的损失。因此，对于女孩子来说，这样的朋友绝对不能交。

3. 看清对方是否为了你委屈自己

当你和对方相争的时候，是朋友就会相互礼让，如果不是真朋友，那么对方就会处心积虑地和你争夺。因此，女孩子在交朋友的时候，不妨观察对方是否愿意让着你，是否委屈自己而成全你。如果对方有这样的意愿，那么就是你的真朋友，因为他心里在意你；如果不是，那么就是假朋友，因为对方更在乎利益。当然，并不是要求对方总是这样受委屈。

4. 在最需要别人帮助时他在那里

生活中，当我们最需要别人帮助的时候，往往留在我们身边的是朋友。因此，当你遇到人生的危机，遇到困难需要帮助的时候，看有谁愿意真心实意地帮助你。自然帮助你的是你的真朋友，而销声匿迹的自然是假朋友了。对于女孩子来说，要擦亮眼睛，选择真正的好朋友。

学会倾听，让女人变得聪明

倾听是理解的前提，学会倾听别人的人，才能被别人接纳，才能掌握住交往的主动权。你给别人的尊重必然会换回别人对你的肯定。生活中，女人总是喜欢表达，总是在别人面前说个不停，但是喋喋不休的表达，会让别人觉得你心里急躁，不成熟。这样，尽管你掌握着说话权，却失去了交往的主动权。

如果这时候，你安静一些，认真地去倾听别人，这样不但让别人受到了尊重，而且在倾听的过程中，也能搜集到更多的与对方有关的信息，在和对方的交往中也会占据更大的主动权。

一次，张婷去拜访一个客户。据说这个客户非常难缠，很多销售员都灰溜溜地被他赶出来了。

所以，张婷这次去也没有抱太大的希望。当她敲开了这位客户的办公室大门之后，客户对她非常热情，又是端茶倒水，又是嘘寒问暖。这反倒让张婷有些不习惯。但是毕竟客户是热情的关心她，因此张婷的内心非常感动。

坐定之后，还没等张婷介绍产品呢，客户就开始说了，说自己的家庭生活，妻子多么贤惠，孩子多么懂事。说到高兴处，客户眉飞色舞、手舞足蹈。而张婷只是静静地听着，偶尔点点头微笑一下，以表示认可和肯定。

一个小时过去了，两个小时过去了，客户说完了家庭，说事业。说这些年自己如何一步步地走来，经历了多少的艰难和困苦，如何将公司一步步地做起来。说到难过处，客户黯然泪下，张婷适当地说了几句安慰的话。

整整三个小时，客户一直都在不停地说，张婷只是静静地听着，偶尔问几个简单的问题。最后，客户说不动了，该倾诉的都倾诉了。转过头来问张婷："你这次来的目的是什么啊？"

于是张婷将产品的介绍放到了桌子上，客户看了，二话没说就下了订单。

从这个故事中，我们可以了解到客户需要的只是你的认真聆听，而不需要你说多少。事实上生活在这个世界上的人，谁没有故事呢？遭遇了太多生活的磨难，总希望能够说出来，有人分担；获得了成功的喜悦，总希望有人来分享。任何人都有想要表达的欲望，只要你满足了对方的这种心理需求，别人就会觉得你善解人意，在交往当中，无疑为你赢得了对方的心，占据了主动。那么作为一个女人，如何才能做一个好的倾听者呢？

1. 要把说话权让给别人

在生活中，别人貌似在和你交流，其实是想满足自己的表达欲望，只是希望你能充当一个倾听者。这时候你一定要保持沉默，即使你不想听对方的那些陈芝麻烂谷子的事情，也要假装在倾听，这样对于别人来说就是莫大的尊重。因此，对于女人来说，要想掌握交往的主动权，那么就要把说话权让给对方，让对方的表达欲得到最大限度的满足。

2. 用点头来表达肯定

交流的双方都希望对方能倾听自己、肯定自己。即使在对方表达的同时，也希望能获得你的认可和肯定。尽管对于你来说，可能并不赞同他的一些想法和看法。但是对于他来说，因为你没有反驳和辩解而认定你是支持和肯定他的，因此将你认同为自己人。所以对于女人来说，要通过不断地点头来肯定对方的说法是有一定的合理性的。

3. 眼睛要注视着对方

人与人之间的交流是从心开始的，而眼睛又是心灵的窗户，所以交流的双方基本上是用眼神的。作为女人，在倾听别人说话的时候，一定要用眼睛注视着对方，这样会让对方觉得你是在认真地倾听，从而感受到你内心的那份真诚。当然还要注意，当对方高兴的时候，一定要用眼神将快乐表现出来；当别人哀伤的时候，也要把那种悲伤表现出来。这样才会让对方觉得你是在陪着他快乐和哀伤。

4. 时常重复并得到对方确认

人与人之间的交流是个互动的过程，同样，别人在倾诉的时候，也希望你能够参与进来。所以作为女人，在倾听别人说话的同时，要时不时地重复对方的话，并求得他人的肯定。这样不但能表达出你在认真地倾听，而且还可以借着这个机会把自己没有听明白的话弄明白，以免对方突然间问你的意见，你回答不上来，或者是回答错误，让对方心情大受影响。

表露真诚，先敞开心扉接纳他人

通常，我们在接触陌生人时，由于双方都不了解对方，所以彼此之间内心深处的防备感很强，这就给进一步交流和接触带来了一定的障碍。尤其女人，总害怕和担心被人欺骗，所以总是小心翼翼地不愿意相信对方。

对于女人来说，要想掌握交往的主动权，那么就要让对方明白你的真诚，敞开心扉接纳别人，让别人感觉和你交往和接触是安全的。当对方感受到了你的真诚之后，自然也会降低心理防备，把心门向你打开。

华阴一个人去旅游。当她坐在火车上百无聊赖的时候，突然发现对面的一个年轻人在不停地偷看她。华阴看着他，善意地笑了笑。

华阴微笑着说：“到哪里啊？”

年轻人抬起头，回答说：“我到北京。”

华阴接着问：“是旅游，还是……”

年轻人说：“我是旅游，我一直想到北京天安门上去看看，工作忙，一直没有机会，最近刚好在休假，所以想去看看。”

华阴笑着说：“我去看望我妈妈。多次邀请我去呢，一直太忙了，没顾得上，这次刚好有时间，所以去看望看望她。”

年轻人说：“怎么，你妈妈没有跟你一起生活啊？”

华阴笑着说：“没有，我妈妈在北京，我在西安。”

年轻人说：“你家在北京啊？平日里多回回家，看望看望老人是应该的。”

华阴说：“不是的，我是西安人，从小在西安长大的。这也

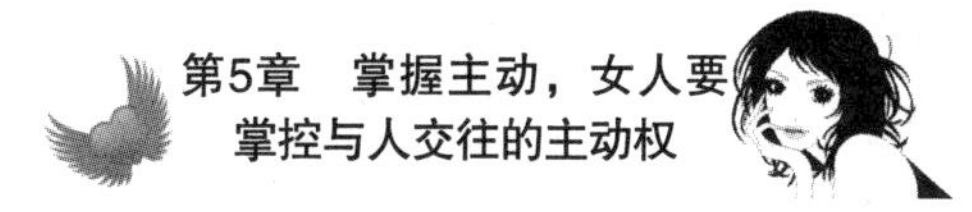

是我第一次去北京。”

年轻人不解地说：“你妈妈在北京定居，你却是第一次去北京，这……”

华阴说：“我妈妈在我很小的时候，就离开了我和爸爸，几十年都没有任何音讯，前年突然回来了，她说她想念我和爸爸了。你说这是多么可笑的事情啊。本来我是不打算再见她的，可是她也那么大岁数了，毕竟生了我，再大的怨恨也不能让她带到下辈子去啊。于是我和爸爸决定原谅她了。听说她最近身体一直不好，所以我去看望看望她。”

年轻人听了，不好意思地说：“抱歉，我不是故意提及你的伤心往事的。”

华阴摇了摇头，没说什么。

年轻人说：“其实，我妈妈对我也不好，小时候，总是爱打我，那时候穷啊，我们家兄弟三个，我是老大，所以很多时候，她把爱都给了弟弟，这让我感到非常不满。有一次，她给弟弟买了好吃的蛋糕，却没有给我，那时候我特别想吃，就抢了弟弟的蛋糕。妈妈知道后，狠狠地将我打了一顿，还罚我两天不能吃东西，当时，我心里特别恨我的母亲，觉得她对我太不好了。现在想想，那时候真是太不懂事了，现在老人家已经离开了，想见她都见不到了。”说着，年轻人的眼睛湿润了。

华阴伤感地说：“是啊，时间过得真快，转眼间她们都老了，还有什么放不下的呢。”

年轻人接着说：“我北京也没有朋友，要是旅游完方便的话，我和你一起去看望看望她老人家。你不介意吧。”

华阴笑着说：“当然不介意了。”说着就把自己的电话号码留给了年轻人。

故事里的华阴在和年轻人接触的时候，首先将自己的故事说了出来，让年轻人感觉到她很真诚，继而谈了自己的故事，并引起了情感的共鸣。在这个过程中，事实上华阴已经完全地掌握了交往的主动权。可见，女性在与人交往的过程中，要发挥自己情感丰富的特点，敞开心扉先去接纳别人，这样别人才会把你当成朋友，继而接纳你。那么，对于女人来说，如何才能敞开心扉，以此来表露自己的真诚呢？

1. 主动说出自己的故事

由于彼此之间的陌生，我们都会害怕别人伤害自己，所以防备心理特别强。因此，要想进一步沟通和交流，那么就要化解掉这种心理防备。作为女人，这时候不妨主动说出你的故事，表达出你对对方的信任，这样，对方内心的防御堡垒垮塌了之后，才会对你付出同样的真诚。这样，交往的主动权便牢牢地掌控在你的手里了。

2. 在对方面前暴露缺点

一般情况下，只有在相互特别熟悉的人面前，我们才能做到无所顾忌，才能还原真实的自己。如果你在一个完全陌生的人面前暴露自己的缺点，无疑是告诉对方，你对他不设防。尤其是女人，当表现出来对别人的信任的时候，往往能迅速地拉近彼此心灵间的距离。因为你对对方敞开了心扉，对方便没有理由再防备你了。

3. 要真诚地去关心对方

如果你身边的一个陌生人表达出了对你的关心，很多时候，我们会觉得她是我们的朋友，因为关心中传达着爱。对于女人来说，把你的关心和爱传达给陌生人，这无疑是告诉他，你很真诚和友善，想要和他进行进一步的沟通和交流。这样，无疑是敞开了自己的心扉，接纳了对方。别人也会因此慢慢地靠近你，接纳你。

4. 和别人分享你的快乐

通常，和你分享快乐、分担痛苦的人自然是你的朋友。因此，当你面对一个陌生人的时候，愿意把自己的快乐和他分享，无疑是告诉别人，你已经把他当成朋友了，你已经向他完全敞开了心扉，接纳了他。当对方有了这种感觉的时候，也会向你表达他的真诚。这样，进一步的交流和沟通才能顺利地进行。

从对方的兴趣入手，迅速获得好感

在生活中，我们不得不承认，当有人表现出和你相同的爱好时，你会关注他。比如，对方和你穿相同的衣服，对方和你有同样的口音，对方和你去办同一件事情。即使是不认识的陌路人，你也会和对方聊上两句。一般情况下，有了相同的爱好，才觉得有了安全感。

“物以类聚，人以群分”，相同的兴趣爱好，是成就友谊的前提。如果对方表示出和你一样的喜好，在你的心里就会有知己的感觉，因为你明白只有对方才能体会到你的快乐和痛苦。因此，你也会很自然地向对方靠近，分享那份快乐。

因此，作为女人，当你想要和别人结交的时候，不妨从对方的爱好和兴趣上入手，继而迅速地获得对方的好感。因为有相同的爱好，对方也会注意你，靠近你。你和他是同一类人，这是双方产生共鸣的前提。

王月大学毕业后，找到了一份不错的工作。可是由于自己初来乍到，生活也不宽裕，所以选择了和别人合租。

刚搬进新家不久，王月就发现隔壁的李爽是个不善言辞的人。对方爱看电视，而且总是看韩剧，喜欢着装打扮。而对于王月来说，她更喜欢看国内的都市剧，更喜欢朴素淡雅一些。两人没有共同的兴趣爱好，所以尽管住在同一个屋檐下，但是却很少交流。

时间久了，王月感觉非常难受。她试图和对方交朋友。可是接触了几次之后，因为话不投机而不得不放弃。但是她真的想和对方像朋友一样交流。

一次，王月打开电视刚好是韩剧，她找遥控板想换台，可是找来找去就是找不着，不得不看韩剧，几分钟之后，觉得还挺有意思。那晚，她没有再换台，一直在看韩剧。第二天，李爽主动找她说话：“昨晚，我听你也在看韩剧《大长今》，我都感动得哭了。”

王月笑了笑说：“是啊，情节挺感人的。”那天，李爽还表示出了对王月的关心。王月渐渐地明白了。要想获得李爽这个朋友，那么就要向她的爱好靠近。这样双方有了共同的话题，才能交流感情。

从那以后，王月也每天盯着看韩剧，而且有时候叫李爽一起看。她也慢慢地喜欢上了打扮自己，隔三差五地拉着李爽一起去逛街买衣服。

就这样，王月和李爽成了形影不离的好朋友，后来成了好姐妹。在这个陌生的城市里，王月再也不是孤单一人了。

其实，最后王月和李爽之所以成为了好朋友，是因为她从李爽的兴趣入手，拉近了彼此之间的距离，获得了对方的好感。如果王月不是主动地从李爽的兴趣爱好着手，那么她可能没有办法让李爽接纳自己。所以想要和某人结交，先要了解对方喜欢什么，厌恶什么，然后从对方的兴趣爱好入手，跨越两人之间交流的鸿沟。那么，作为女人，如何做到这一点呢?

1. 细心观察，发现对方的兴趣爱好

每个人都有自己的兴趣和爱好，有的人喜欢看书，有的人喜欢踢球。不管是谁，只要你细心观察，就一定能发现他的兴趣爱好。因此，对于女人来说，要想获得对方的好感，打开交际的大门，就要捕捉到对方的兴趣所在，这是靠近对方的前提和条件。

2. 花点心思，多了解相关知识

当你了解了对方的兴趣爱好之后，就要花点心思去了解和掌握相关的知识。因为别人喜欢它，对它的了解和掌握一定很多。如果你不掌握相关的知识和信息，在别人和你进行交谈的时候，就会露出马脚，引起对方的不悦。所以作为女人，要细心一些，尽可能地多掌握一些对方兴趣所在的信息，为赢得好感做准备。

3. 将对方的兴趣爱好表现成自己的

在了解和掌握了别人的兴趣爱好之后，要想办法培养自己对这种爱好的兴趣。比如，对方爱踢球，那么要想获得对方的好感，就要培养对踢球的极大兴趣，这样，别人才会觉得你是真的喜欢。否则就会被别人看穿，因为喜欢与否不是嘴上说的，而是从表情和言谈举止中表现出来的。

4. 要表现卓越，再谦虚地和对方交流

如果你处心积虑地想要结交一个人，那么不但要了解对方的兴趣爱好，学习对方的兴趣爱好，关键还是要在这方面有卓越的表现，让别人打心眼里喜欢你。这样，你才能有机会获得对方的好感，赢得交往的主动权。否则，别人不欣赏你，不愿意和你交往，那么你的付出只能是枉费心机了。

言多必失，适时沉默反能掌握主动

在人际交往当中，如果你表现得沉默寡言，会让别人觉得你社交能力欠缺，但是，如果你絮絮叨叨地说个不停，则更危险，保不准你的哪一句话说得不到位，或者是不合适，让别人听着不舒服。言多必有失，在关键时候，要紧闭你的嘴巴，让别人自娱自乐，以静制动。

事实上，在双方交谈中，如果你保持安静，无意之中，在姿态上保持了高调，尤其是双方在表达不同意见的时候，谁主动就将会失去优势。对于女性来说，千万不要抢着多说话，适当的时候要保持沉默。

王先生是一家广告公司的经理，由于经常开车在外东奔西跑，所以他给自己买了一份人身保险。天有不测风云，这天，在他外出商谈业务回来的路上，出了严重的车祸，命虽然保住了，但是却遗憾地失去了一条腿。王先生的不幸遭遇，给家里带来了沉痛的悲伤。

保险公司得知这个消息之后，迅速进行了取证调查，因为王先生巨额的医疗费用需要保险公司来支付。

很快，保险公司派出代表和王太太来谈索赔的事。

起初在王先生投保时，并没有说具体怎么赔偿，只是约定如果发生意外，根据造成的伤害程度来定索赔金额。

当保险公司的代表找到王太太，和她谈判的时候，王太太没有任何表情，只是冷冷地坐在一边一句话也没有说。

保险公司的代表说："王太太，根据我们的调查，王先生身受重伤，也失去了一条腿，由于之前王先生买过人身保险，所以我代表保险公司来跟您商谈具体的赔偿事宜。"

王太太表情冷漠，依旧没有说话。

公司代表问："王太太，根据王先生受伤害的程度，我们作了一个评估。公司一致决定赔付王先生10万元。您觉得怎么样啊？"

王太太转过头，看着窗外并不清晰的建筑，什么也没说。

保险公司的代表见王太太没有表态，觉得是不满意公司开出的条件，只好改口说："您要是不满意的话，我们再加10万，20万您觉得怎么样呢？"

王太太没有一点儿反应，依然表情冰冷地望着窗外，沉默着。

保险公司的代表急了，继续加价，30万，40万……

王太太始终没有说话，最后保险公司的代表将赔付的价格提高到了100万。

这时候，王太太依然没有说话，只是拿起笔签了字。

事实上，故事中的王太太对保险公司提出的最初的赔付，并没有不满意。只是她依旧沉陷在悲痛之中，思想有些走神，再加上不愿意说话，无意中让自己站在了高姿态的位置上。致使保险公司的代表为了让她满意，一再地加价。当最后一次加到之前的10倍时，刚好王太太回过神来。由此可见，言多必失，在关键时候要学会用沉默使自己及时地处于高姿态的位置上，不管对方有什么样的表态，也不管对方做什么，你记得要用沉默来应对。那么，作为女性，用沉默应万变的时候要注意哪些方面呢？

1. 言语沉默的时候，表情表达也要到位

很多人虽然嘴上不说，但是眼神和表情已经将他的心思暴露了。嘴角的微笑，以及眼神的下视等，都能代替言语。如果对方从你的表情中掌控了你的心思，那么你的沉默也就失去了意义。所以在沉默的时候，表情要严肃一些，不要随便对对方微笑。这样，对方得不到任何消息，在你严肃的面孔下，为你的高姿态所折服。女性的情绪相对丰富一些，这时候更要学会在表情上掩饰自己。

2. 沉默时做好准备，应对可能出现的情况

在用沉默来应对万变的时候，一定要做好充足的心理准备，随时准备应对各种各样有可能出现的状况。说白了，这时候，是双方之间进行的心理较量。稍微一不留神，就有满盘皆输的可能。嘴上虽然不说，但心里要做好决策。如果你没有想法和打算，很容易顺着对方的意思走。这时候你的沉默就成了顺从和肯定了。那么，掌握整个谈话进程的便是别人了。对于女性来说，更要做到未雨绸缪，细心认真一些。

3. 掌握好沉默的度，避免对方撂挑子

在你保持沉默的时候，要掌握好沉默的度。在什么程度上才可以说话，在什么程度上不能随便表态，都要把握好。否则，表态的时候早了，让对方看透你的心思，那么你就会处于被动状态；表态的时间晚了，对方可能撂挑子。因此，对于女人来说，一定要细心感觉，找到对方内心深处的底线，进而审时度势，让沉默的效果发挥到最佳状态。

细心聆听，从对方的话语中抓住重点

俗话说："牵牛要牵牛鼻子。"也就是说要把重点抓住，才能解决问题。同样，在人际交往当中，要学会聆听，在别人的说话中，抓住对方所说之话的重点。这样，让别人觉得跟你沟通比较容易，不会出现障碍，才能促使别人和你进行进一步的接触和沟通。

如果你抓不住重点，连别人在说什么都不知道，那么就会给人留下一种话不投机的感觉，一定程度上抑制了对方交往的热情。所以对于女人来说，要细心聆听，认真捕捉对方谈话的重点，领会别人的意思，从而相应地把握交往的主动权。

画眉和梦宇相恋已经有半年多的时间了。本来两人商量好圣诞节那天举行订婚仪式，可是不知道怎么的，梦宇突然变卦了，这让画眉和她的父母非常郁闷。于是，这天，画眉找到了梦宇，想知道他究竟是怎么想的。

见了梦宇之后，画眉开门见山地问：“这不是就要订婚了吗。你怎么突然变卦了啊？能告诉我究竟是为什么吗？”

梦宇说：“恋爱和婚姻是不一样的，我还没有想好呢。”

画眉接着问：“没有想好，那你究竟在想什么啊？”

梦宇不耐烦地说：“结婚是一辈子的大事，我总不能什么也不想吧？”

画眉有些丈二和尚摸不着头脑，她说：“那你究竟在想什么啊？”

梦宇说：“没想什么。”

梦宇的回答让梦画眉更加迷惑了，她说：“既然你没有想什么，那么为什么又变卦了呢？”

梦宇生气地说：“你烦不烦？！我不是你的犯人，用不着这么审问我，你要是觉得着急，那你重新去找你的幸福啊！我又没有拦着你！”

一看梦宇生气了，画眉赶紧给他道歉，她说：“行，行，行，我不催你，你慢慢考虑。但是你也得让我知道你究竟在想什么？是我的表现让你不满意了。还是你喜欢上别人了？”

梦宇说：“结婚的事情，我真的没有想好呢，你也别再问了，让我好好想想，毕竟结婚是一辈子的大事，我不能不考虑现实的问题。”

画眉更加迷惑了，她说：“你所说的现实问题究竟是指什么啊？”

梦宇说：“婚姻对于一个男人来说，就是第二次生命，如果这时候翻不起身，那么这辈子就全完了。”

画眉急了，她说：“你究竟想要什么，直接和我说，我能满足的，一定会满足你的。”

梦宇气呼呼地说：“你自己动脑子去想！猪脑子！真没想到和你沟通起来这么费劲！”

说完，转身气呼呼地离开了。

画眉始终没听明白，梦宇究竟是因为什么原因而拒绝订婚的。

就这样，他们两人的婚事耽误了下来，后来闹到了分手的地步。分手后，画眉从梦宇的朋友那里得知，梦宇是嫌弃她没有正式工作，家庭背景不好。

故事中，梦宇在表达自己想法的时候说了很多，而画眉却没有听明白梦宇究竟是要什么，这导致他们的恋情一度陷入了危机。可见，在倾听别人说话的时候，一定要抓住对方的重点，这样才能明白别人的真正意图，从根源上解决问题。那么，对于女人来说，如何从对方的谈话中抓住重点呢?

1. 听懂对方不经意间的暗示

在人际交往当中，很多时候话都说得比较隐晦。那么这就要求听话的人能明白他们不经意间流露出的暗示。如果你反应比较慢，没有抓住对方的暗示之语，那么你肯定不知道对方究竟在说什么。就像故事中的画眉，没有抓住重点，不明白梦宇所说的“翻身”所暗示的含义，所以才一头雾水。对于女人来说，要细心去感悟，否则会让别人觉得你不开窍。

2. 听懂对方话里的弦外之音

有些时候，把话说得太明白了，往往担心对方的面子上下不去。所以适当的时候，总是在说一些弦外之音。对于别人的这些弦外之音，女人一定要能够明白。比如，对方上门做客，肚子饿了，可能会说及一些与食物有关的话题。别人想向你借钱，就会说自己的窘境。这时，如果你觉得对方只是在跟你聊天，那么你就大错而特错了。

3. 理解对方谈话中的双关语

生活中，很多人为了表达自己的想法，总是会用到一些双关语提醒别人。比如，别人看到你家里有西瓜，想吃，但又不好意思说出来，这时候他可能会说：以后看来我还是少登门了，避免“瓜田李下”。作为女人，这时候你就要明白对方的意图在“瓜”上，以便及时地满足对方。如果你这时候听不懂他的话，则会让别人觉得你拒绝了他的请求，觉得你很小气。

4. 洞悉别人出现频繁的词语

尽管有时候别人没有明说自己的想法，但是你要在他的说话中捕捉出现最频繁的词语，继而进行分析思考，你一样会明白对方的意图所在。比如，故事中的梦宇一再地强调“现实”，那么你就要分析了，对于男人来说，婚姻中的现实究竟是指什么。对于女人来说，如果你连这一点都不明白，那么你就有些太笨了。

把握交往距离，适当保持神秘更有魅力

在人际交往当中，每个人都有自己的空间，如果你在交往的时候，把握不住交往的距离，跟对方靠得太近，那么就会挤压别人的私人空间，让对方觉得喘不过气来，继而逃避你。同时，也会因为你了解别人的太多，让对方觉得没有了安全感。

因此，对于女人来说，在人际交往当中，一定要保持好交往的距离，给对方一定的空间，让你们的交往保持一定的神秘性，这样的交往才会更加有魅力。你在其中也完全可以游刃有余，掌握主动。

红晕和大力是在一次朋友的聚会中认识的，两人初次见面，就对对方有好感。后来在朋友的撮合下，牵手了。按理说，他们应该能有结果，可是刚刚相处不到半年，两人的感情就亮起了红灯。

大力经营着一家店铺，平日里生意非常忙，有时候他正忙得焦头烂额时，可是红晕的电话却一遍又一遍地打来。这着实有点让他受不了，更何况自己朋友多，晚上应酬也会多一些，所以红晕的要求，让他觉得压力倍增。

这天，他正忙着招呼顾客呢，红晕又打来了电话。他看到后挂了电话，专心地和顾客谈生意。可是他刚挂，红晕又打了过来，这一次，他没有挂，也没有接，一直在忙生意，直到顾客满意而去。

顾客走了之后，大力拿起电话一看，足足10个未接来电，全是红晕打过来的。于是他拨了过去，红晕一接电话，就怒气冲冲地说："你什么意思啊？挂我电话，还不接！你在干吗？是不是又和哪个野女人在鬼混啊？"

面对红晕的质问，大力压抑住内心的愤怒，笑着说："刚才有顾客，我在忙着照顾顾客呢！"

红晕说："是我重要，还是你的顾客重要啊？你忙着照顾你的顾客，那么谁来照顾我啊？"

大力再也压抑不住内心的愤怒，吼道："我要赚钱，要生活，不能每天什么事都不做，跟你谈情说爱吧。你怎么这么不懂事呢？！"

红晕说："说我不懂事，我就是孤独寂寞，想要和你说说话，难道这个要求也过分吗？你还是不是我男朋友啊？！"

大力生气地说："你觉得是就是，你觉得不是就不是！"说完，挂了电话，并关了手机。

晚上，有个生意上的朋友邀约大力。大力从商场走出来准备去赴约，看到红晕站在门口。红晕走上去问道："你什么意思啊，挂我电话，还关手机？"

大力说："我真的是在忙。"

红晕说："那么现在呢，现在不忙了吧？"

大力说："晚上我有个应酬。"

红晕说："我也要去，我就是要看看是谁这么重要，霸占了你的约会时间。"

大力耐着性子说："是个生意上的朋友，在这个圈子里不能得罪的。"

红晕说："那你带着我嘛，我是你对象，你带着我去也是合情合理的。"

大力无奈地说："这种场合不合适，你先回去，回头我给你打电话。"

红晕哭丧着脸说："大力，你不能这么对我，你知道吗，我从早上打电话那会一直等你等到现在了。”

大力气得吼道：“你给我滚！”说完，径直走了，再也没有搭理身后的红晕。

故事中的红晕在和大力的交往当中，没有把握住交往的距离，过度黏人，严重地挤压了大力的空间，让大力喘不过气来，最终导致了两人分手的结局。可见，在人际交往的过程中，作为女人，一定要控制住自己的情绪，保持好交往的距离，让双方的关系保持些神秘感。这样，事实上你已经占据了绝对的主动。那么，对于女人来说，如何把握交往的距离呢？

1. 不要太主动，保持些矜持

在与人交往的过程中，尽管你很想加强彼此之间的接触，但是也不要太主动，保持些矜持，这样两人的交往距离就不会靠太近。尤其在恋爱的时候，作为女人，更要注意这一点，即使你再喜欢对方，再想对方，也不要太主动。你太主动，对方就会退缩，就会想办法逃避你。这样，在交往中你就被动了。

2. 电话要适量，不宜太频繁

双方的关系越亲密，联系的频率越高。如果你总是不停地给对方打电话，无疑迅速地拉近了和对方的关系。关系近了，就会承担的多，同时对对方的要求也会增加。这样，无疑是增加了你的负担，同时也给别人增加了压力。当双方感觉压力太大的时候，便会退缩。这会让你的心受到伤害。因此，对于女人来说，电话联系要适度，切忌太频繁。

3. 勿入别人太隐秘的区域

每个人都有自己的隐秘空间，当你闯入了别人的隐秘空间的时候，无疑一下子站到了对方的眼前，这便增加了对方的不安全感，别人也会本能地收缩自己，寻求安全，因此而刻意拉远和你的距离。这样无疑对你们的交往产生了负面影响。所以对于女人来说，一定要保持好交往的距离，不要挤压别人的私人空间。

4. 热情要适度，情感勿泛滥

很多人在与人交往的时候非常热情，诚然你的热情能迅速地拉近和对方的距离。但是热情一定要适度，因为人需要一个绝对的心理安全距离。你太主动，太热情，往往让你的情感刹不住车。当遭到对方的逃避和拒绝之后，你的情感就会完全失去控制，泛滥成灾，让别人迅速逃离。这一点，对于女人来说，尤其要注意，否则受伤的总会是女人。

交际有“度”，人情不能过分给

生活中，我们总会给别人面子，满足他们的一些要求。但是你会发现，当你满足了他的一个要求之后，他继而会提出更高的要求，这就让你压力倍增。如果你拒绝了他，他便因此和你结下了仇怨，觉得你太不够意思，驳了他的面子。而实际上你已经委曲求全，在尽量维护这份交情了。这就是人际交往当中“一杯水养个恩人，一碗水养个仇人”的道理。

王阿姨今年已经六十多岁了，由于她和老伴都有退休金，而且家里也小有积蓄，所以老两口的日子过得还算不错。

一次，王阿姨的一个侄子上门来做客。由于侄子住在偏远的农村，生活相对艰苦一些。当侄子谈及自己生活非常艰苦的时候，王阿姨动了恻隐之心，觉得可以适当地帮助他们。于是将自己穿过的一些过时的衣服让侄子拿回去，给他的妈妈穿。

尽管这些衣服已经过时了，但是王阿姨买了也没有怎么穿过，看上去还是新的，再加上买的时候价钱高，质量好，对于生在农村的侄子来说，可真是难得的很。于是他千恩万谢的拿着这些衣服回去了。

可是，过了不到半个月，侄子再次登门拜访。除了表达他母亲对王阿姨的感激之情外，又在王阿姨耳边说，自己的两个孩子上学非常困难，买不起好衣服，受人歧视等。王阿姨听了后，又打电话给儿子和女儿，让他们把孙子孙女不穿的衣服带过来给侄子。很多都是孙子孙女现在正在穿的，但是侄子在屋里坐着，又不好意思不给。

那天侄子走后，王阿姨被儿子女儿狠狠地说了一顿，这让她心里很不舒服。她本是好心，想帮助侄子，可是没想到侄子会提出这样的要求。这是她万万没想到的。

侄子走后不到一个月，再次登门拜访。这次感激的话没有多说，而是开门见山地说，自己和媳妇也没有像样的衣服，希望王阿姨能把儿子和儿媳以及女儿女婿不穿的衣服给他。这一次，王阿姨没有答应他。

侄子的脸色顿时变了，走的时候连个招呼也没有打，打开门就出去了。从那以后，侄子再也没有登过门。而且在亲戚们面前说了很多王阿姨的坏话。这是王阿姨万万没有想到的。她很后悔，她说："我当初要是不给他第一次，可能现在和我们家还挺亲，我这倒好，帮助别人却帮来了个仇人。"

故事中的王阿姨本是出于好心，想帮助侄子，可是没有想到，当侄子得到了王阿姨的帮助之后，觉得她应该加大力度帮助自己。当他第二次的要求再次得到满足之后，他就觉得王阿姨不帮助他就是伤害了他的感情。可见，在人际交往当中，交际一定要有度，人情绝对不能过分给，否则别人便会变本加厉，将你逼得走投无路的。那么，对于女人来说，如何做到交际有度，不过分地给人人情呢？

1. 不要随便动善心

很多人本来是出于好心，动了善念，想要帮助别人，想要让对方念你的好。可是往往到最后，你却成了别人的仇人，让你伤心不已。因此，不要随便动善念，尤其是女人心地善良，心肠软，看到别人有困难，便想去帮助他，最后往往还得罪了人，给自己带来很多麻烦。所以对于女人来说，一定要心肠硬一些，不要随便动善心。

2. 要懂得及时拒绝

当别人向你提出要求的时候，如果你觉得能满足他，那么就满足他；如果你觉得不能满足，那么就要明确地告诉他。千万不要一而再，再而三地满足他的要求。否则，对方在登门槛效应的作用下，便会对你提出更高的要求，一旦满足不了，别人就会觉得是你在故意不帮他，便会对你产生憎恨。对于女人来说，一定要及时地表达你的拒绝。

3. 面子要照顾有度

很多人总是碍于别人的面子，害怕驳了别人的情分，伤害了彼此之间的感情，所以一再地满足对方的要求。可是你越是这么想，别人越是拿面子说事，一旦你拒绝他，不再满足他的要求的时候，便觉得你伤害了他，伤害了这份情谊，因此憎恨于你。如果当初拒绝了他，或许这份情谊还在。因此，作为女人，照顾面子也要有个“度”，否则你就会陷入人际关系的泥塘中不能自拔了。

4. 勿随便委屈自己

有些时候，觉得对方和你关系不错，于是你便会委屈自己成全别人。尤其是很多女人心肠软，别人一说便动了心。可是，你没有预料到后面还有别人更大的要求，你能委屈自己一次，总不能每次都委屈自己吧！所以当你满足了别人一次的要求之后，对于别人更高的要求再提出拒绝的时候，就会让别人觉得你伤害了他。作为女人，一定不要随便地委屈自己。

学会分析，挖掘对方的真实需求与感受

生活中，每个人都有各种各样的需求，如果你不分析和挖掘，可能你就失去了和对方深交的机会。在与人接触中，如果你能分析和挖掘别人的真实需要，学会体会别人的真实感受，无疑就能迅速地俘获对方的心，在彼此的交往和沟通中占据绝对的主动。对于女人来说，更要细心观察你的交往对象，揣摩他们的所思所想，用好女人的第六感觉，在彼此的交往当中游刃有余。

王洪想买一个带钟表功能的收音机。这天，他来到商场的电器专柜。

销售员叫做戴琪，刚刚来商场里工作不到两周，尽管业务上不是很熟，可是在销售的技巧上却有她独到的一套。因此，她总能绝处逢生，把一些卖不动的商品巧妙地推销给客户，因此赢得

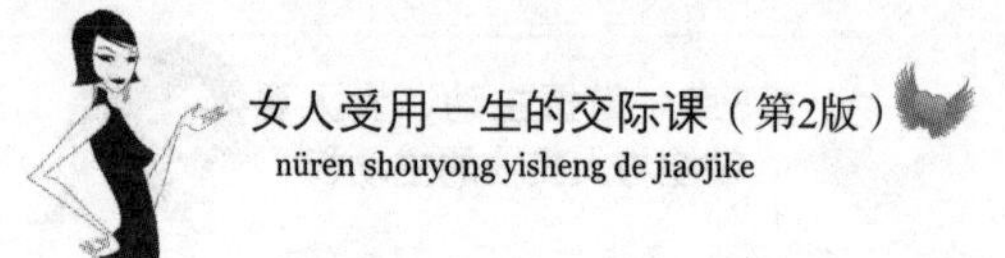

了商场销售总管的好评。

这天，她一上班就看到王洪走了过来。于是她走上前来，热情地招呼说：“您好，先生，您需要点什么？”

王洪点了点头，笑着说：“请问你们这里有带钟表的收音机吗？”

戴琪微笑着说：“当然有了，请跟我来。”戴琪领着王洪走了过去，戴琪随即问：“问您个问题可以吗？”

王洪微笑着说：“当然可以了，你问吧。”

戴琪：“您怎么想买一个带钟表的收音机呢？有什么特殊的原因吗？”

听销售员这么一问，王洪有些惊讶，他用奇怪的眼神打量着戴琪。

戴琪也感觉到问的有些唐突了，不好意思地说：“我只是随便问问，感觉很好奇。”

王洪点了点头说：“我刚搬到这边来住，房子里空荡荡的，由于是一个人住，早上总是无法按时起床。”

戴琪笑着说：“这倒是，有个钟表能按时叫你起床。”

说话间，戴琪带着王洪已经到了卖收音机的柜台。在她的介绍下，王洪经过认真地挑选，选了自己喜欢的一款。

这时候戴琪说：“您平时一个人住，一定很孤单，我们这里有最新款的液晶电视，而且价位也不高，很实惠的，我建议您考虑一下。”

王洪点了点头，说：“是个好主意。”随后王洪跟着销售员去了电视专区。销售员顺便跟王洪介绍了微波炉、加湿器等商品。

最后，在王洪离开的时候，除了买了带钟表的收音机之外，还购买了一台液晶电视、一部无线电话。

故事中的戴琪在向客户介绍商品的同时，了解清楚了王洪的基本情况，随后分析他一个人居住一定需要很多的小家电，于是不断地建议和介绍他去购买。王洪只是来买一个带钟表的收音机，可是最后却买了液晶电视等更多的商品。由此可见，在与人接触的时候，要通过对别人的了解和把握，来分析和挖掘对方的真实需要和感受，这样才能更好地帮助别人，你也才能在交际中占据绝对的主动。那么，对于女人来说，如何分析和挖掘别人的真实需要呢？

1. 尽可能详细地掌握对方的情况

要想对对方进行分析和挖掘，那么前提就是要对对方有个详细的了解。如果你对别人连基本的了解都没有，那么根本就谈不上分析和挖掘。因此，对于女人来说，在洞悉对方内心的真实想法的时候，要尽可能地想尽一切办法，详细地了解对方的情况。了解得越详细，对分析和挖掘他的真实需要就越有帮助。

2. 变化角色，如果你是对方会怎样

当你感到迷茫，拿不准对方内心的真实想法的时候，不妨变换角色，问一问自己，如果你是对方，你会有怎么样的心理和情感？尽管你不是对方，但是对方也是人，这样，在一定程度上便会接近对方内心的真实想法了。因此，对于女人来说，要聪明一些，多去变换角色，去体会和感悟别人的感受。

3. 对对方进行适当的引导和建议

当你明白了对方内心的真实想法之后，这时候千万不要直接说出来，以免让对方感到恐慌。因为自己内心的想法被别人看穿之后，往往我们会觉得失去了安全感。这时候，你要给予对方适当的引导和建议，以此来让对方内心深处的愿望得到实现。对于女人来说，这一点一定要做得滴水不漏，天衣无缝。

4. 巧妙地让对方觉得是自己的想法

在把你的建议植入对方的心里的时候，一定要注意不要替对方做决定，也不要强迫别人接受你的建议和引导，这会让别人对你产生反感。别忘了，你给的是建议。如果别人觉得受你的遏制和诱导了，便会反其道而行之，因为没有任何人喜欢受人控制。这一点，对于女人来说非常重要。

第6章 洞悉他人，懂得观察的女人善交际

作为女人，在与人交往的时候，要学聪明一些，要懂得察言观色、看客上菜。通过一些外在的表情、动作来揣摩别人的心思。这样，当你洞悉了别人的心思之后，你在交往中便能游刃有余，占据绝对的主动。但是，察言观色并不是一件简单容易的事情，很多时候需要一定的技巧和方法。作为女人，如果你不想在社交中处处被动，那么不妨适当地学习本章的一些策略和技巧吧。

透过他人双眸获知对方心思

俗话说："眼睛是心灵的窗户。"你的嘴巴可能会骗人，但是眼睛却骗不了人。这也就是为什么人与人之间交流的时候，需要眼神的接触。因为眼神的碰撞可以让你检验对方是否在说谎。同样，女人在与人交往的时候，也要学会读懂对方的双眸，洞悉对方真实的内心世界，以便在交往当中占据主动，游刃有余。

黄娜娜和杨郁相恋整整有五年的时间。可是由于杨家父母的强烈反对，两人不得不分手了，但是杨郁的心中还是想着黄娜娜。分手后没多久，在亲戚的撮合下，杨郁交了新的女朋友，女孩叫邓艾，是个非常活泼开朗的人。

接触了两个星期后，两人感觉都不错。这天黄昏，邓艾主动

约了杨郁，两人逛了公园，邓艾深情地揽着杨郁的脖子，轻轻地吻了他。正当杨郁要抱紧邓艾的时候，却遭到了邓艾的拒绝，她突然推开了杨郁，然后看着他说：“杨郁，我们分手吧。”

杨郁有些莫名其妙，他问道：“为什么啊？是不是我对你不好啊？”

邓艾低着头说：“你问你自己啊，这个还要我明说吗？”

杨郁想了几分钟，摇了摇头。

邓艾认真地看着杨郁说：“你心里有别人，还要跟我逢场作戏，你不觉得可耻吗？对我公平吗？”

杨郁的心头猛然一惊，实话说，他的心里确实想着黄娜娜，可是他没有对任何人说起过，邓艾怎么会知道呢？或许是邓艾在诈他呢，也有这个可能。

想到这里，杨郁狡辩说：“邓艾，你冤枉我，我是你男朋友，你为什么说我心里想着别人呢？我的心里只有你。”

邓艾突然笑了起来，她说：“‘我的心里只有你’？你不觉得脸红吗？你心里装着另外一个女人，却要对我说你的心里只有我。你不觉得恶心吗？”

杨郁站在那里，没有任何的表情和言语。

几分钟之后，邓艾走过来说：“杨郁，其实你对我真的不错，我也实话跟你说，我很喜欢你，可是我不允许你心里装着别人来跟我逢场作戏。”

杨郁望着邓艾，说：“你是怎么知道的？”

邓艾接着说：“你从来没有认真地看过我，每次我在寻找你的眼神的时候，你总是在逃避我，如果你心里装着我，你为什么要逃避我？即使你还没有爱上我，我们拥抱的时候，接吻的时候，你的眼神也不必那么冷漠啊！可是你知道吗，你总是满眼充满了冷，似乎要把我的心冻结似的，我受不了。”说着邓艾流下了眼泪。

杨郁走过去，说：“邓艾，你说的都是真的，我心里确实有别人，但是请原谅我，我不是诚心欺骗你的感情的。我和她已经分手了，只是我还没有从阴影中走出来。请给我点时间，让我恢复，等我恢复好了，我们重新再来，行吗？”

邓艾流着泪，望着杨郁，摇了摇头，转身走了。

故事中的邓艾在和杨郁的相处中，在他的双眼中洞察到了他的内心还装着别人，因而含泪提出了分手。如果不是她捕捉到杨郁的一些眼神，那么或许她永远也不知道杨郁的真实情感。他们谈情说爱，接吻拥抱，甚至还有可能走进婚姻，这对于她来说将是多么残忍的一件事。由此可见，人的眼睛骗不了人，内心中有怎样的想法，只要你足够仔细，从眼神中都能洞察出来。那么，对于女人来说，如何通过眼神来洞察别人的内心呢？

1. 当对方说谎的时候，会逃避你的眼神

一般情况下，当一个人诚实的时候，敢于接触别人的眼神，这样互相在交流信任，传递真诚。而当你的心里有鬼的时候，便会逃避别人的眼睛，因为你怕别人从你的眼睛里看出端倪。而恰恰就是因为你逃避别人的眼神，让对方对你才会起了疑心。因此，对于女人来说，如果你发现有人在和你交流的时候，躲避你的眼神，那么他的内心之中一定说了谎话，或者是做了对不起你的事情。

2. 当别人质疑的时候，会盯着你看

在生活中，我们发现当一个人的眼睛一眨不眨地盯着你看时，你的心里就会乱起来。因为这种眼神让你感受到了别人的质疑，同时传递着冷漠和对抗以及挑衅。对于女人来说，当你和别人交流的时候，发现对方一眨不眨地盯着你看，这时候你就明白了，你并不受对方的欢迎，相反别人很反感你。当然，如果一个男人眼神温柔地直勾勾地盯着你看，则说明他对你有兴趣，很喜欢你。作为女人，这一点要区别开来。

3. 当别人对你蔑视时，会不停地眨眼睛

我们知道，通常在我们很厌烦身边的人的时候，眼睛会不停向上乱转，并不停地眨眼。因为这表达着痛苦和无奈，以及渴望早点摆脱对方的心愿。因此，对于女人来说，当你发现和你交谈的人的眼睛不停地向上乱转，并不停地眨眼时。就要明白，对方在蔑视你，要想和他取得进一步的交谈，要么立即停止说话，要么转换话题，想办法让他安静下来，不厌烦你，这是前提。

4. 对方对你不感兴趣时，眼神会到处游离

当一个人对你感兴趣的时候，眼里会有光，而且对方的眼睛始终在你的身上游走，并且露出会心的微笑。相反，当一个人对你不感兴趣的时候，他的眼神会四处游走，眼神空洞，表情呆滞。对于女人来说，如果你发现对方的眼神一直在你的身上，那么你就要清楚，对方对你很有兴趣，可能喜欢你；如果你发现别人的眼光在四处游走，那么就要知道，他对你的谈话已经没有兴趣了。

看笑容分析对方的特质

生活中，身边的朋友总是对我们保持着微笑，可是并不代表着他们永远都是以一颗真诚的心来面对你。有的人可能正谋划着和你展开一场竞争，有的人可能处心积虑地在给你设置圈套，有的人可能在等着看你的笑话，但是也不排除有人是真正地为你祝福。

因此，对于女人来说，要正确地观察你面前的笑，分清楚哪些是友善的笑，哪些是奸诈的笑，哪些又是邪恶的笑。只有区分开了这些，在交际中你才会少很多的麻烦，多很多的朋友。

殷殷大学毕业之后，被一家玩具销售公司招聘为业务员。刚来报到的时候，大家都对她非常热情。尤其是一个叫做艅艎的女孩，见到殷殷后总是笑呵呵的。她给殷殷留下的印象最为深刻，因此，殷殷觉得她应该算自己交的第一个朋友。

可是，有一次，殷殷好不容易拿下来的一个客户，眼看着马上就要签合同了，却突然之间不和她联系了，这着实让殷殷百思不得其解。当她把疑惑和不满告诉艅艎的时候，艅艎笑着说："这种事情很常见，或许有别的厂家和他们取得联系了呢？对方的产品质量更好，价格更便宜等，这些都是有可能的。"

经过艅艎的开导之后，殷殷就没有把这件事情放在心上。

过了几天，殷殷在无意间发现，她之前联系的那个客户现在在和艅艎合作，而且他们签合同的时候正是突然不理她的时候。她顿时明白了，原来艅艎以微笑来获取她的好感和信任，继而接近了她，盗走了客户的信息，抢走了她的单子。更可恶的是艅艎竟然装作什么事情也没有发生过，还安慰她呢。

从那之后，殷殷对艅艎也多了个心眼。平日里尽管和她保持着较好的关系，可是涉及工作上的事情，她守口如瓶，从来不多说一个字。艅艎也渐渐地感觉到了殷殷的这种变化，总是想方设法地让殷殷放松对她的戒备。她又是给殷殷送礼物，又是请殷殷吃饭。还经常邀请殷殷到她家里做客。还说很多好听的话哄骗殷殷。要是换做刚开始，殷殷还真的会被她所蒙蔽。可是，现在她的脑子里清楚得很，艅艎是什么人，为什么对她这么好。

做了这些努力之后，艅艎期望的殷殷的回报总是迟迟不来，殷殷表面上和她关系很好，可是从来没有放松对她的警惕，因此艅艎明白了从殷殷身上已经得不到任何有用的东西了。之后，两人的关系也就慢慢地疏远了。

故事中的殷殷，因为刚到一个陌生的环境中，艅艎的笑便让她觉得遇到了好人，可是她没有弄清楚这个笑容后面隐藏的危机，因而吃了大亏。之后，当她看穿了艅艎的阴谋之后，便加强了戒备，让艅艎再也没有得逞过。由此可见，尽管大家都在给你笑容，可是每一个笑容的意义却是不一样的。当然，对于女人来说，如果你足够细心的话，就一定会洞察别人笑容后面的真实心理的。那么，女人如何才能做到这一点呢？

1. 从别人的眼神中判断

当别人给你笑容的时候，你不能都当成是友善。这时候，不妨注意对方的眼神，因为人的眼睛骗不了人。如果他是真诚的，那么眼神中流露出来的是欣赏和肯定；如果对方的眼神中流露出来的是质疑和蔑视，那么他的笑容就是虚假的，是等着看你的笑话，是看不起你的意思。当然，如果对方的眼神很冷，那么他的笑就是冷笑，心里或许藏着不可告人的阴谋。

2. 从笑的声音中斟酌

人在笑的时候发出的声音不一样，心态也是不一样的。一般情况下，真诚地微笑的时候，声音会很轻微，很友善；但是在冷笑的时候，声音则会很低沉，很冷酷；在狂笑的时候，声音中充满着奸诈和阴谋。所以对于女人来说，要学会从别人笑的声音中判断对方的真实心理，以便在交际中占据绝对的主动。

3. 留意笑时的肢体语言

一般情况下，当一个人在微笑的时候，如果给你鼓掌，或者是做一些胜利的动作，那么表示对方是为你鼓励，为你加油，对你是友善的；如果在给你笑容的时候却叉着腰，或者是握着拳头，那么这时的笑就有了嘲笑和恐吓的意思；同样，当一个人双臂抱在胸前，对你笑的时候，他的笑是冷笑。当然，如果笑得过了头，就成了喝倒彩了。

4. 关注笑时的面部表情

通常，生活中，我们在给予别人真诚的笑容的时候，面部表情会非常和谐，比如，眼神是善意的，嘴角是上扬的，眉梢也是上扬的，这说明对方很开心。但是，如果对方的眼神在闪烁，嘴角在下拉，眉梢也在下坠，那么说明对方给你的笑不真诚，有可能是冷笑和嘲笑，这一点，作为女人也要留心注意和观察。

注意，微表情才是内心的真实写照

很多时候，人内心的所思所想，往往会在一些细小的表情上呈现出来。由于表现得不明显，所以很多人都注意不到，因而也就无法洞察对方了。但是，对于女人而言，要发挥自身感觉灵敏、仔细认真的特点，观察和留意你身边的人的细微表情，你会发现，他们的心思你可以摸得一清二楚。因为，当你对对方的心了解得非常透彻，而别人对你却一无所知的时候，你在交往当中就能占据很大的优势。

过年了，美仑和丈夫凯瑞一起去拜访远在首都的舅舅。坐了

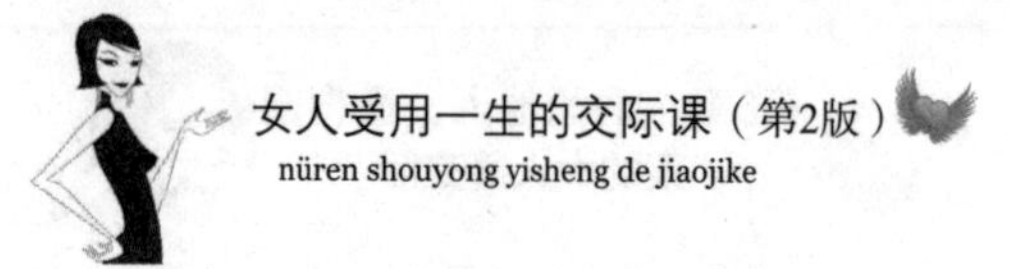

一天的火车，他们已经是筋疲力尽了。当他们出现在舅舅家门口的时候，舅妈非常兴奋，一边把他们往屋里拉，一边说着：“真是想死你们了，一直说要来，可又始终见不到你们，今天终于见到了，我真是太高兴了。”

舅妈在收拾他们带来的礼物时，嘴里说着：“你看看你们，这么大老远的，带什么礼物啊，这不是见外了嘛！”可是就在这时候，美仑不经意地一个转头，看到舅妈皱了一下眉头。

美仑明白了，尽管舅妈嘴上说了很多的客气话，可还是嫌弃他们带的礼物不够好，不够贵重，嫌弃他们的情意不够深。

当晚，他们在酒店里住了下来。等他们舒舒服服地休息了一个晚上之后，第二天一大早专门找了礼品专卖店，买了非常高档的礼物，来到了舅舅家。这一次，舅妈笑得嘴都合不拢了，可是嘴上还是在一个劲地埋怨他们乱花钱。

舅妈又是端茶，又是倒水，态度明显不一样了。同时，还给在外出差的舅舅也打了电话，当天晚上，舅舅就从外地赶了回来。其间，舅妈还给儿子女儿打了电话，到了晚上他们在外聚餐的时候，一家人才陆续地聚到了一起，大家互相客套着，寒暄着。

酒足饭饱之后，大家表现出了对美仑和凯瑞的关心来，询问他们的工作和家里老人的身体状况，关心他们的孩子的学习表现等。舅妈一直坐在一边，言语不多，这让美仑有些不解，舅妈那么热情的人，这时候怎么沉默了呢？突然之间，她想明白是怎么回事了。于是她悄悄地来到了酒店的柜台处，将账结了。

一会儿，舅舅叫来了服务员，询问花销的费用，服务员微笑着说：“你们的账已经有人结过了。”舅舅满脸疑惑地询问究竟，舅妈脸上的阴云立刻不见了，转而布满了善意的微笑。

故事中的美仑如果不是在不经意地转头间看到舅妈皱了一下眉头这个细微的表情，就没有办法得知舅妈是这么势利的一个人，之后的礼物如果跟不上，可想而知，舅妈一家表现出的热情也就不可能出现了。可见，一个人的嘴巴能欺骗别人，笑容可以欺骗别人，但是不经意间流露出来的微表情却能将对方真实的内心展现出来。那么，作为女人，如何从别人的微表情中洞察对方的内心世界呢？

1. 突然间出现的皱眉

很多时候，当我们对别人不满意的时候，我们往往会紧皱眉头，当然这只是瞬间完成的一个细微表情。作为女人，如果你在和人接触的时候足够仔细，从对方的脸上捕捉到这个表情，那么你就要想了，你什么地方让别人不满意了。如果你能解决掉对方内心深处的这个疙瘩，你们的接触和交往相信会很愉快，否则，对方的心里不舒服，就有可能拒绝和你继续接触下去。

2. 眼神瞬间有了光泽

当一个人的眼睛里突然有了光泽，那说明他从你的身上看到了他渴望看到的东西。比如，对方特别势利，看到你表现阔绰，那么他的眼睛就会突然有了光泽。因为他在你的身上看到了钱。同样，当一个人在自己喜欢的人面前，眼睛也会不自然地露出光泽。相反，如果他对一个人失去了兴趣，或者是找不到他想要的东西，那么眼神就会迅速地失去光泽。可见，作为女人来说，要注意别人的眼睛来揣摩对方的心思。

3. 眉毛开始轻轻上扬

生活中，我们发现，当一个人内心高兴的时候，尤其是兴奋的时候，眉毛会轻轻地上扬。相反，如果内心抑郁的时候，眉梢会下压。因此，对于女人来说，在与人接触和交流的时候，要多注意观察对方的眉毛。如果对方的眉毛开始上扬，那么说明对方的内心很兴奋，你们的接触和交往也会很顺利。否则，对方的内心不高兴，交往也会受到影响。

4. 嘴角开始慢慢下拉

同样，嘴角也能反映出一个人内心的情绪变化。嘴角上翘，说明这个人心情很好，很高兴，有微笑的倾向。如果嘴角下拉，则说明他的内心不高兴，或者很生气，有哭泣或者发怒的倾向。因此，对于女人来说，要多留意对方的嘴角，当对方嘴角下拉的时候，及时地采取措施来补救，以保证彼此之间的交往正常地进行下去。

坐立行的姿态透露出真实的状态

生活中，不管是在坐着、站着还是行走的时候，人的心情都不一样，姿势也会有所差异。很多动作看起来没有什么特别，看起来是自然而为，但就是这些没有经过刻意雕琢的动作，却能清楚明了地展现他们的不同心理和心情。尤其是对于女人来说，她们更加敏感一些，更加情绪化一些，那么在这些动作幅度上就会大一些。只要你细心观察，就一定能清晰地洞察别人的心思。

刘云是某初中的班主任，她所带的班里的学生都很优秀，但是同样也有很多毛病。尤其是一些男孩子，管理起来特别困难。好在刘云懂得一些基本的心理学，所以相对来说，还是可以应付的。

这天早上，有两个男生突然逃课了。第二天，当他们出现在教室里的时候，刘云询问说："你们两个昨天干什么去了？"

学生A抬着头，一副无所谓的样子，根本没有把刘云放在眼里。学生B不好意思地低下了头。看到这些，刘云说："你们两个到我的办公室来一下。"学生A大踏步而来，早早地站在了刘云的办公室门口，而且双手插在裤兜里，一副吊儿郎当的样子。学生B则低着头轻轻地来到了办公室门口。

刘云进了办公室之后，先把学生B叫了进去，她问："你昨天为什么会逃课啊？"

学生B说："我昨天那会儿不舒服得很，一时半会儿来不及请假，就先去看医生了。"

刘云说："你情有可原，但是你逃课就是不对，以后要注意。我看你态度也挺好，那就先这样吧，以后有事一定要请假，要是我忙的话，跟班长说一声也行。"

学生B说："刘老师，我知道错了，以后绝对不会随便旷课了。"

于是她让学生B回到了教室里。

之后，她把学生A叫了进来。问道："你昨天为什么会逃课啊？"

学生A没有说话。

刘云接着问："你觉得逃课是对还是不对？"

学生A望了一眼刘云，说："我知道逃课是不对的。"

刘云接着说："既然知道是不对的，那么为什么还要逃呢？逃课了之后还一副正义凛然的样子，似乎你不逃课就对不起人民、对不起党似的！你是谁啊？你是学生，不是社会上的二流子！"

学生A渐渐地低下了头，将手也从口袋里拿了出来。

刘云严肃地说："说，为什么逃课？干什么去了？"

学生A说："我实在不喜欢上那节课，所以出去玩了会儿游戏。"

刘云态度缓和了一些，说："那你是对那门课不感兴趣，还是不喜欢那个老师？"

学生A说："我是真不喜欢那门课。"

刘云缓缓地说："看来你真不喜欢，但是也不能逃课，这是不对的，明白吗？"

学生A点了点头。

故事里的刘云在管教学生的时候，根据他们站立和行走的姿态，清晰地把握了他们当时的心态。对于知错能改的学生B，她只是问明了情况，并没有指责。而对于学生A，则进行了严厉的批评，因为他犯了错误还不知错。在处理同一个问题上，由于洞悉了两种不同的心态，所以采用了两种不同的方法。可见，人的情绪和心态往往会在站立、行走或者是入座的时候一览无余地展现。对于女人来说，如何通过观察别人的坐立行来洞悉不同的心理呢？

1. 坐姿不同，展现的心态不同

一般情况下，入座后身体直立，说明对方这时候心态很积极，也很严肃，这时候一般不宜开玩笑。如果伴随着将两手放在扶手上，没有什么特别的表情。这时候你与对方的交谈就要严肃一些，认真一些。如果你发现别人入座后两腿开叉，或者是躺靠在后背上，或者是翘着二郎腿，那么这时候表明别人很放松，你和对方谈话的时候，可以随意一些，不要太过拘谨。对于女人来说，要学会通过不同的坐姿来揣摩别人不同的心态，从而调整自己来适应他们。

2. 站姿的差异体现不同的心理

有的人站立的时候两脚之间的缝隙不大，两手放在两侧，这时候，说明他愿意和你平等交谈，对你也很尊重。如果对方站立的时候两腿开叉很大，而且抱着双臂，那么说明对方有些敌视你，对你不够友善，因为他在表现自己的大气，用气场来震慑你。如果你看到别人背着手，或者是叉着腰，那么你就要清楚，他对你很敌视，而且情绪很强烈。对于女人来说，要学会通过别人站立的姿势来揣摩他们不同的心理，在人际交往中这是非常重要的。

3. 走路也能看出人的不同情绪

有的人平日里走路很平稳，却突然加快了速度，那么毫无疑问，他的内心之中一定有了让他值得焦急的事情；如果突然之间奔跑了起来，如果不是锻炼身体，那么指定发生了十万火急的事情；如果对方走路的时候突然慢了下来，那说明对方的情绪可能受到了影响，遇到什么难受或者是尴尬的事情了；如果有人连蹦带跳，那么说明对方的内心很兴奋，很开心。所以对于女人来说，要学会通过别人不同的走路姿势来洞悉他人的情绪。

不经意的小手势暗藏对方的真心

在社交的时候，手部的动作往往能代表一个人的真心。比如，你想要表达友善，你会伸手和对方相握；表达支持，你可以鼓掌等。可以说，手在人际交往当中扮演着十分重要的角色。因此，在洞察别人心思的时候，千万不要忽略对手部的观察和注意，因为人的嘴巴可能会骗人，但手是绝对不会骗人的。对于女人来说，要细心留意别人手部的一些动作，以此来揣摩别人的心思。

大学毕业之后，黄娜没有像别人一样拿着简历四处去找工作，而是回到了家乡，准备自己创业。经过多方打听了解，她决定开一个时尚女装店，投资不大，利润丰厚。说干就干，黄娜迅速地行动了起来。

可是在选好了店址之后，资金却成了问题。她刚从大学毕业，手里没有积蓄，家里为了供她上大学，几乎把所有的钱都花尽了。空着两只手，该如何去做呢？黄娜陷入了两难的境地。要想让自己的店迅速地开起来，当下唯一的办法就是向亲戚们借钱了。

这天一大早，黄娜带着礼物前去看望做生意的舅舅。舅舅开着好几个家具卖场，平日里对黄娜非常好。借几万块钱应该没有什么问题，黄娜当时想。舅舅见了黄娜之后非常热情。

一番寒暄之后，黄娜说："舅舅，我有个事情需要你的帮助。"

舅舅一拍胸膛说："什么事情，你说，只要是舅舅能帮到的，一定帮助你。即使舅舅帮助不了你，也会想办法帮助你的。"

黄娜不好意思地说："你知道，我毕业之后回来，找不到合适的工作。"

舅舅喝了一口茶，慢吞吞地说："你是想让我帮助你找个工作啊？"

黄娜抬起头，看了舅舅一眼，说："不是的，我打算自己开店，但是手头有点紧。"

舅舅紧跟着问："需要多少钱，你说。"

黄娜看着舅舅的脸，说："全部下来大概八万块，我自己找了三万，还差五万呢。"

几秒钟之后，舅舅在嘴上摸了摸，然后说："行，舅舅给你准备，你啥时候要呢？”

一听舅舅答应了帮助自己，黄娜高兴得差点跳起来，她拉着舅舅的手说：“舅舅，你真的愿意帮助我啊？”

舅舅勉强地笑着说：“那当然了，谁让我是你舅舅呢。”说这话的时候，舅舅的眼神在飘。

黄娜并没有注意到舅舅不经意间表现出来的一些小动作，笑着说：“还是舅舅对我好。”说完，又问道：“舅舅，你什么时候把钱拿给我啊？”

舅舅低着头说：“就这两三天的事情吧。”

过了三天，黄娜再次找舅舅的时候，舅舅已经出差去外地了，电话也打不通。舅妈表示自己并不知道这事，而且做不了主。

事实上，故事中的舅舅在一开始表示要帮助黄娜的时候，说的就是违心的话，只是当着外甥女的面不好直说，但是他手部的小动作已经暴露了他内心的真实想法，只是黄娜借钱心切没有注意而已。由此可见，一个人的嘴巴可能会骗人，但是他的手却不会骗人。对于女人来说，在和别人沟通的时候，要多留意对方的一些小动作，以此来发现对方的真实意图。那么，一般情况下，手部的一些动作都分别表达着什么样的意思呢？

1. 总是摸着鼻子

当一个人摸鼻子的时候，往往表明对方对你的话题不感兴趣，不会和你有更深层次的接触和合作。所以作为女人，当你和别人谈话时，如果发现对方说话的时候，不断地触摸自己的鼻子，那么很显然，他在撒谎，或者是说客气话敷衍你。所以这时候不管对方的嘴上怎么说，你一定要明白，他说的是假话，不能随便地相信他。

2. 用手捂着嘴巴

如果在交流的时候，别人下意识地用手捂着嘴巴，那么你要明白，他要撒谎了。这时候，作为女人，你不妨直接地询问：“有什么问题吗？”或者问：“你觉得有什么不合适的地方吗？”要么你直接说：“我觉得你有不同的想法和见解，你说说，我们交换一下想法，看问题出在哪里。”这样一来，对方把自己的想法说了出来，你才能了解他们的想法。

3. 用手揉眼睛

一般情况下，当你的谈话对象开始揉眼睛的时候，那就说明对方对你的谈话一点也不感兴趣。同样，对于女人来说，如果在你和别人的交流当中，发现别人时不时地有揉眼睛的动作，那么，就要赶紧转换自己的谈话主题，因为他对你的表达已经很厌烦了。如果这时候你还喋喋不休地说个不停，那么就会给对方留下很坏的印象。

4. 用手挠耳朵

当对方用手摸耳朵的时候，说明对你还是不放心，对你还没有信任。这时候你要做的便是想办法和对方迅速地建立信任。你可以把你的一些秘密说出来，也可以把你的快乐和他分享等，让别人觉得你对他没有设防，这样别人对你也就会放松内心的戒备，继而信任你了。

由穿衣打扮了解对方的性情

在生活中，只要我们稍加注意就会发现，人的穿衣打扮跟性格有很大的关系。一般情况下，性格豪放之人，穿衣服的时候也比较大气，不会太注重细节。而心思细腻的人则比较喜欢精雕细琢，总喜欢把自己收拾得精致一些。

由此可见，人们的性情完全可以从穿衣打扮上看出来。对于女人来说，只要你仔细一些，用点心，就完全可以从别人的穿着上洞悉他的性情以及对方的内心世界，从而在交际中占据主动和优势。

雨花是个非常讲究的女人，对生活的要求也很高。也许是因为比较挑剔吧，所以一直以来没有找到合适的另一半。去年，在朋友的介绍下，认识了一个非常不错的男人，可是因为对方性格太过大气，最终雨花还是选择了分手。

这不，在朋友的帮助下，又为她介绍了一个帅气十足的男生。男生叫做陨施，是一家杂志社的执行主编。第一次见面的时候，雨花的注意力全在对方的穿着打扮上了。陨施尽管个头很高，但是身材却保持得很好，没有像很多男人那样臃肿。

紧身的紫色衬衣外面套着一件时尚的黑色风衣，风衣的排扣下面紧紧地压着一条黑白相间的围巾，下身穿一条麻纱布的咖啡色裤子，再配上那双系上鞋带的棕色皮鞋，看起来时尚、个性，又不失精心雕饰。

这正是雨花渴望的那种精致而又细腻的男人，因为精致，所以不会大大咧咧不注重细节，因为细腻，所以会对生活比较讲究。因此，她选择了和陨施牵手。看着这个精心雕饰的女人，陨施觉得她和自己是一类人。

事实上也是如此，陨施和雨花都是对生活要求很高的人。他们一起去吃饭，不会去选择一些小吃店，而是选择比较有特色的餐厅，而且就吃特色菜。他们约会经常去一些高档的酒吧或者是咖啡馆。尽管他们的收入也不是很高，但是按照雨花的说法，他们就是喜欢这种感觉。

一次，陨施和雨花去附近的公园里闲逛，走得累了，想坐一会。陨施找了两张很大的纸铺在水泥台阶上，然后邀请雨花过去小坐。要是换做以前，男生什么也不做，要么就是用袖子蹭一下。从这个细节上，雨花更加觉得陨施和自己是一类人。

因此，两人的感情发展很快。一年后，他们牵手走近了婚姻的殿堂。结婚那天，他们没有装扮婚车，而是通过各种途径找了一辆皇家马车，然后找了8个小孩为他们拖着婚纱……

故事里的雨花在选择朋友的时候，总是通过对方的穿着来揣测性格。也正是因为这个原因，她选择了穿着细腻、精心雕饰自己的男人陨施，因为她觉得这是个对生活比较讲究的男人。事实上也正是如此。可见，人的穿着体现着一个人的性格倾向，体现着对方对待生活的态度。那么，作为女人，如何通过一个人的穿着去判断他的性格呢？

1. 穿着随意的人，性格比较散漫

生活中，有一些人总是喜欢穿得很随性，他们穿衣服追求的是舒服，自己喜欢。这样的人性格比较散漫，做事情没有紧迫感，而且比较拖拉，效率也不会很高。因为他们不会在乎别人怎么看，怎么想，而是以自己喜欢的方式做自己喜欢的事。因此，作为女人，与这样的人接触的时候，要遵循他们认为的价值观念，尊重他们，切不可随便地加以议论。

2. 穿着大气的人，胸怀也很旷达

一般情况下，穿着比较大气的人，性格往往很豪爽，很大气。他们与人相处的时候不会斤斤计较，同时，他们在生活中也不大爱讲究，往往比较粗枝大叶。他们总是穿得很宽松，这在很多女孩子中间也很常见。因此，对于女人来说，和这样的人接触和交往的时候，不用担心自己犯错而引起他们的不高兴，但是也要注意一些细节问题，虽然他们比较粗心。

3. 穿着讲究的人，性格比较细腻

穿着很讲究的人，性格往往比较细腻，他们特别注重细节，对待生活比较挑剔，不会随便妥协。同样，他们对朋友也要求很高，不会轻易地和别人做朋友。因此，对于女人来说，只有让自己保持足够的精致，打心眼里赢得他们的好感，这样才能在接下来的接触和交往当中占据主动，否则你根本没有机会与他们接触和交谈。因为他们可能会因你的一个音发得不标准而对你有看法。

4. 穿着保守的人，性格也很保守

生活中有一些人，相对来说比较保守，他们穿衣服的时候，不管是款式还是颜色，都比较保守，不敢越雷池半步。这样的人往往循规蹈矩、按部就班地生活，不敢有自己的想法，对于一些新鲜事物比较抵制。对于这样的人，女人在和他们交往的时候，一定要把握住尺度，中规中矩，要是让他们觉得你的一些行为突破了传统，那么，和他们接下来的接触会非常麻烦。

说话的方式表达着对方的性格

我们不得不承认，在我们接触不认识、不了解的人的时候，总是通过对方的说话方式来对别人的性格进行基本的判断。对方的脾气性格怎么样，是柔和型的，还是强悍型的？对方的涵养素质怎么样，是包容性的，还是对抗性的？

这些基本的信息，都可以从说话的方式上判断出来。作为女人，如果你能细心留意和关注别人的说话方式，就一定能清晰地洞悉别人的性格，在和他们的交往和接触中，你就能游刃有余，占据绝对的主动。

韵语这次找的工作是在一家杂志社做编辑。这天，她一大早做好了准备前去面试。结果路上堵车堵得非常厉害，等她到杂志社时，已经比约定的面试时间整整晚了半个小时，当韵语走进杂志社之后，大家都投来奇怪的眼光。

过了几分钟之后，一个戴着眼镜、看起来非常和蔼的男人走了过来。他把韵语带进了一边的面试间。韵语入座后，一个劲地道歉："实在是不好意思，今天路上堵车堵得太厉害了，我来晚了半个小时。"

男人递过来为她倒的水，笑呵呵地说："没关系的，这是常有的事情。"

本来韵语紧张得要命，担心自己因为迟到而给对方留下不好的印象，结果，这些担心，在男人的一句"没关系"中顷刻间变得多余了。

接下来，男人和蔼地说："你有带自己的简历吗？"

韵语拿着随身带的简历递了过去。

男人大概地看了看，然后笑呵呵地说："你是河北师范大学毕业的啊？我也是在那里毕业的。"

听到男人这么说，韵语心头一喜，也轻松地说："是吗？这么看来，咱们还是校友啊，师哥要多照顾照顾我啊。"

男人笑了笑说："我们师大的人的能力我是相信的。这样吧，我觉得你挺适合做我们这个编辑的。"

韵语有点不敢相信自己的耳朵，她惊讶地问道："真的吗？我没有听错吧？"

男人说："是真的，一般情况我们是要试写的，师大的学生我很清楚他们的实力，所以免了。"

韵语笑着说："谢谢师哥了。"

男人说："对了，你对我们这边的待遇有什么要求啊？"

韵语笑着说："没啥要求，只要饿不死就行。"

男人笑了笑说："饿是肯定饿不着的，只是也不是很高，每个月4000块钱。双休日，朝九晚五上下班。怎们样，能接受吗？"

韵语说："没问题，已经很不错了。不过我有个问题，那就是我能不能9点半到啊，因为住得比较远，有时候可能遇到堵车啥的，就很麻烦。"

男人有些为难地说："这个……要不这样吧，你总之尽可能地赶过来，如果要是堵车，迟到几分钟也没有关系的。"

故事中的韵语在面试的时候，因为自己迟到了，所以很紧张，但是，具体负责的男人并没有因此而对她有意见，跟她说话依然很和蔼。由此，她断定对方是个极有涵养的人，不会随便和别人计较，因此，她才会在面试结束的时候，提出自己的小意见，并取得了对方的认可。由此可见，人的性格不同，说话的方式也会不相同；受的教育不同，和别人相处时的方式也不相同。那么，作为女人，如何通过谈话方式来推断别人的不同性格呢？

1. 说话和颜悦色的人，性格温和

一般情况下，和你说话的时候，总是保持着微笑，和颜悦色的人，性格都比较温和，他们不会轻易地批评别人，即使要批评人，也是指出对方的错误，叮嘱对方要改正。这样的人心地善良，和人能够和睦相处。因此，对于女人来说，在和这样的人交往和接触的时候，可以放松一些，不必为此而感到紧张。

2. 说话横冲直撞的人，脾气很大

有些人说话横冲直撞，动不动就要发脾气，骂人。这样的人一般能力很强，他们之所以骂人，是因为看着别人犯错误，他们会很生气。这样的人不是心情不好，而是因为他们的脾气不好，撞到他们的枪眼上，就算你要倒霉了。因此，作为女人，在与他们接触的时候，就要小心一些，说话做事的时候多考虑一些，最好不要犯错。

3. 说话干脆利索的人，注重效率

生活和工作中，我们总能遇到一些人，他们和别人说话的时候，干脆利索，不允许你去说一些没有边际的理由来反驳他们。这样的人生活很有规律，也很注重时间效率。与这样的人交往的时候，尽量少说你的想法和意见，更多的是遵从他们的意见。因此，作为女人，与这样的人接触时，要留点神，尽量少说话。

4. 说话平和的人，涵养很高

有些人在和你说话的时候，没有气场，也没有架子，就好像跟朋友聊天一样，这样的人往往受教育的程度很高，涵养很高。他们更加注重关注对方的情感，交流的时候更希望互动。因此，对于女人来说，跟这样的人接触交往相对来说会轻松一些，大可不必担心因为自己的一个小错误而惹怒对方。同时，还可以提一些自己的想法和建议。

由陈列摆设，看穿对方的喜好

或许很多时候，我们很难将家里的摆设和陈列跟性格联系到一起来考虑，事实上，他们之间却有着很大的联系，不同性格倾向的人，在摆设和陈列家具的时候是完全不一样的。就是在选择家具的时候，也都是不一样的。

这就是为什么很多家庭的空间布局和陈设是不一样的，除了相互所需要的设计是不同的，就是人与人的性格不同，喜好不同。因此，对于女人来说，可以多注意观察家具的摆设和陈列，以此来看穿对方的喜好。

杨欣虽然踏入销售行业只有两年的时间，但是在这个岗位上却运作得游刃有余，追问其中的原因，关键就在于她是个聪明的销售员。

这天，他去拜访一家文化工作室的经理王某。进了王某的办公室，她被深深地吸引住了，尤其是办公室的环境布置，可谓是别出心裁。偌大的落地窗户，将阳光大面积地引进了房间，在阳光的落点处，摆放了一些折射装置，将太阳光通过不同的角度，全部映射到一个雕塑上，将雕塑照得富丽堂皇。

看见杨欣对着摆设发呆，王某笑着说："这是我自己设计的，怎么样？白天引进来太阳光，晚上装上灯光，那感觉完全是不一样的。"

杨欣惊讶地说："不是吧，王总还有这方面的爱好啊？"

王某谦虚地笑了笑说："献丑了，不过我很喜欢。"

杨欣很快就做出了判断，王某性格中自由的成分很多，不喜欢接受别人的安排，喜欢自己作决定。于是她试探性地问道："王总，你看我们之间怎么合作比较合适呢？"

事实上，之前有很多销售员找王某合作，他们一来就是滔滔不绝地说个没完没了，然后拿出他们的合作方式游说着，让王某接受。这让王某非常反感，随便找个理由便把他们打发走了。杨欣的话让王某的耳边一震。于是他说："你先说说你的建议。"

杨欣说："我们的广告是按所占版面的大小收费的，一个平方厘米每天50元，这是我们的价格，王总您看合适不？如果您觉得不合适，再谈谈您的想法。"

王某想了想说："这样吧，我选择一种新的合作方式，你们的杂志不是每天出吗？能不能这个星期双日登，下个星期单日登？"

杨欣疑惑地说："王总说的我有些不明白，你能不能说得清楚一些啊？"

王某说："比如，今天是头一个星期，二、四、六刊登我们的广告，下个星期一、三、五、七刊登，这样交替着进行啊！"

杨欣点了点头，说："完全可以。广告费方面你看是……"

王某说："还是按以前的算吧，算多少我付多少，怎么样？"

杨欣点头同意了。

故事中的杨欣在拜访客户的时候，发现他办公室的陈设非常独特，后来得知这是他自己动手设计的。由此推断，对方喜欢自己动手，喜欢推陈出新，喜欢个性特色。因此，在合作方式上让对方自己来选择，因而赢得了最终的合作。由此可见，摆设和陈列完全可以将一个人的性格和喜好展现出来，如果你多留意一些，自然就能明白和掌握对方的喜好和性格倾向。那么，作为女人，如何才能从摆设和陈列中看穿对方的喜好呢？

1. 摆设有条不紊的人做事情很认真

不管是在家里还是在办公室里，很多人总是将自己身边的家具或者办公用品摆设得有条不紊。这样的人做事情非常认真，一丝不苟，对待生活和工作都能严格要求自己。但是他们却因为太过规矩而往往缺乏生气，与他们交往你会觉得有点呆板，放不开手脚。因此，对于女人来说，和他们交往的时候，要有所收敛，不要太张扬。

2. 陈列错落有致的人喜欢跟着感觉做事

还有很多人总是把身边的东西错落有致地摆好。事实上他们在摆设的时候，并没有规章遵循，完全靠的是感觉，怎么和谐，怎么好看就怎么放。这样的人往往做事情的时候依靠自己的感觉行事。作为女人，和这样的人接触和交往的时候，不要随便破坏他们的感觉，否则引起他们的不悦，会给你的进一步接触带来障碍。

3. 胡乱摆放的人不喜欢被人约束着

有的人喜欢随心所欲，总是把屋子里搞得很乱，看上去好像他们不爱收拾。事实上，他们喜欢的就是这种感觉，有生活的痕迹，才觉得真实。这样的人做事情完全靠心情，只要自己喜欢，怎么做都行。因此，女人在和他们的接触和交往当中，要首先接受他们的这种生活理念，否则，他们是不会轻易接纳你的。

4. 陈列有点个性的人喜欢推陈出新

有的人总是喜欢摆出点小个性来，以显示自己的与众不同。这样的人往往不喜欢循规蹈矩的生活，他们喜欢新鲜事物，总是喜欢推陈出新。因此，作为女人，如果你发现和你接触的人总是喜欢摆出点个性，那么就要明白，和他们交往的时候要变换场所，变换方式，让他们有不一样的感觉。

第7章　玩转心理，女人要学点交际心理学

很多女人都非常善良，但是过于善良的女人往往在交往当中容易被别人操控，处处被动挨打，因此，在形容女人的时候，总有人说："很傻很天真。"其实，女人并不是天生头脑简单，只要你学会一些简单的心理知识，你就能很好地揣摩清楚别人的所思所想，继而作出相应的对策，赢得交往的主动权。那么，这些基本的心理策略有哪些呢？对于女人来说，如何才能掌握它们，并熟练地应用呢？这正是本章的重点之所在。

女人运用首因效应，留下完美第一面

在人际交往当中，当别人给你留下的第一印象良好时，在接下来的接触中你会觉得他什么都好；如果别人给你留下的第一印象不好，你就会觉得事事看他不顺眼，这就是心理学上所说的首因效应。作为女人，要想在人际接触中被人接纳和肯定，那么就要给别人留下完美的第一印象，这在很大程度上影响着你的交际。

大学毕业之后，明溪也像别的大学毕业生一样，带着简历四处寻找工作，可是都没有合适的岗位。在朋友的建议之下，她在网上试着寻找机会。无意中，她看到一个非常大的企业在招聘秘书，于是满怀信心地投了一份简历。

第二天一大早，明溪接到了该企业人力资源部的面试电话。

这着实让她兴奋不已。按照跟对方约定的面试时间，明溪早早地就赶到了。面试在一个小会议室里举行，参加面试的一共有10个应聘者，公司的大小领导10余人坐在一边倾听。

面试开始后，对方给每个面试者5分钟的时间，让他们做一个竞聘演讲。明溪心里暗暗窃喜，因为她在学校就是学生会的主席，演讲对于她来说是轻车熟路。因此，当轮到她的时候，她自信满满地走了上去。

5分钟的时间，她简单地介绍了自己的概况，然后又聊了自己对秘书这个职位的理解和认识，最后说自己如果能赢得这个职位，将如何把这项工作做好等。等她昂首挺胸地走下去的时候，在场的领导频频点头。

再看看别的面试者，要么就是紧张得语无伦次，要么就是气若游丝，如蚊子叫。看到这些，明溪相信自己一定会赢得这个职位。果然不出她所料，面试后的第三天，她接到了上班的通知。

如愿以偿地当上了这家企业的秘书之后，明溪尽职尽责，将公司的事务打理得井井有条，深得总经理的青睐。可是上班才刚刚两个月，她的秘书生涯就结束了。原来她被董事长调到总部去做行政总监了。

在那次面试的时候，董事长也在，明溪的卓越表现给董事长留下了极其深刻的印象，董事长觉得以明溪的才华和能力做一个秘书实在是屈才了。所以当总部的行政总监离开的时候，董事长第一个想到的就是明溪。

就这样，没有多少工作经历的明溪就这么稀里糊涂地当上了知名企业的行政总监，而且她在这个岗位上也做得有声有色。这一切完全得益于她在面试的时候的卓越表现，给董事长留下了美好的第一印象。

故事中的明溪因为在就职竞聘中的卓越表现，给董事长留下了非常美好的第一印象，因此被董事长破格提拔为行政总监。可见，第一印象往往能影响一个人的生存和发展，在职场或者人际交往当中更是如此。那么，作为女人，如何才能给别人留下美好的第一印象呢?

1. 注意穿着打扮，塑造美好的气质

对于女人来说，良好的气质是给别人留下美好第一印象的前提。因为引起别人关注的首先是视觉。所以女人要注意穿着打扮，将自己的气质塑造出来。当然，选择衣服的时候一定要选适合自己整体形象的，衣服的肥瘦长短要适合自己的身材，还要适合自己的整体形象，化妆的时候也要显得淡雅一些。这样当你的穿着打扮到位之后，你的美好气质自然就显露出来了。

2. 适度体现矜持，展现女性含蓄美

如果女人在别人面前表现得尺度过大，那么就会在别人的心里留下不好的印象。因此，对于女人来说，表现一定要适度，要体现出你的矜持，这样你的含蓄美便显现出来了。别人因此也会对你产生好感，觉得你这样的女人有大家闺秀的气质，你给别人留下的印象自然会很深。作为女人，一定要注意这一点，不管是做什么，都要矜持一些。

3. 不要矫揉造作，表达大方而自信

很多女人总是很谦虚，需要她表现的时候，扭扭捏捏，让人觉得矫揉造作，这样的女人往往难登大雅之堂，也会给别人留下极不好的印象。所以女人在展现矜持的同时，也要大方一些，自信一些。让别人因为你的大方和自信而对你充满好感。很多时候，人都很欣赏大方自信的女人。

4. 懂些社交礼仪，更显知书达理

在人际交往的时候，作为女人要懂一些基本的社交礼仪，让别人看到你知书达理的一面。不可否认，人是欣赏女人的美丽、矜持和大方，但是女人的知书达理更能赢得别人的青睐，赢得别人的好感。因此，对于女人来说，一定要懂礼貌，把你的知性美展现在别人的面前，并因此而让别人印象深刻。

光环效应，将你的优点无限放大

一般情况下，当一个人因为某方面的优点获得别人的欣赏的时候，往往会给其贴上标签。这时候，你要把自己的这种优点无限放大，将它神圣化，让自己成为这方面的权威和专家。这样，就会形成一个光环，就会让别人更加欣赏你、崇拜你。这就是心理学上所说的光环效应。当你被套上这种光环之后，你所说的话就会像真理一样被大家所遵守和认可。因此，对于女人来说，要学会运用光环效应，来实现对别人意念的操纵和控制。

玮琦是个非常善良的女人。一次，她下班后去买菜，看到在不远处有一个小女孩站在那里东张西望，眼神中充满了惊恐。于是她走过去，关切地问道："小朋友，你叫什么名字啊？你妈妈呢？"

小女孩说："我叫小花，我妈妈刚刚把我放到这里，坐车走了，说让我在这里等她。"

玮琦说："你妈妈说了吗，啥时候来接你啊？"

小花咬着嘴唇，摇了摇头。

玮琦意识到这可能是别人故意将小女孩丢在这里的。眼看着天色渐渐地暗了下来，于是她说："小花，天黑了，要不你先到阿姨家去，阿姨在这里给你妈妈留个电话，她回来的话会打电话找你的，好不好？"

当晚，玮琦把孩子带回了自己的家里。可是一连几天过去了，始终没有接到小花的妈妈打来的电话，小花白天也去等，可是始终没有结果。那就意味着玮琦要抚养这个孩子。玮琦的丈夫因此跟她大吵了一架，还动了手。

一天，一个同事看到玮琦悄悄地在一边抹眼泪，于是关切地问道："玮琦姐，没事吧？"

玮琦擦掉了眼泪，勉强露出微笑说："没事。"

同事接着说："玮琦姐，你就别骗人了，没事你哭啥啊？说出来，看看我能不能帮帮你。"

于是玮琦将事情的原委一五一十地告诉了同事，尽管同事没有帮到她，但是玮琦倾诉了出来，心里感觉舒服多了。第二天，公司所有的人都知道这件事情了，大家都为玮琦的善良和好心竖起了大拇指，同事们都对她特别热情。

刚好最近公司在提拔一个副总，董事长得知了玮琦的事情之后，被她的善良深深地感动了，于是他亲自找到了玮琦，跟她谈了提拔她当副总的想法。玮琦觉得受宠若惊，她说：“董事长，这个玩笑可开不得，我只是一个小员工，怎么可能去做副总呢？我也没那个能力和魄力啊！”

董事长笑着说：“自然会有人帮助你的。我们需要的不是你的能力和魄力，我们更需要你那一颗善良的心，更需要你的影响力和号召力。”

就这样，玮琦当上了企业的副总，她的主要工作就是负责员工的福利和待遇问题。有了她，员工和公司之间很多非常棘手的问题得到了解决。

故事中的玮琦救了一个被人遗弃的孩子，而让别人看到了她一颗善良的心。也正是因为她的善良，才获得了董事长的认可，提拔她做了公司的副总。事实上，她因为善良而被人得知，她的优点便被夸大，她变成了善良的化身，这样便赢得了别人的青睐。由此可见，当一个人的优点被放大之后，便会有了光环效应。那么，作为女人来说，如何用光环效应放大自己的优点，从而赢得别人的欣赏和认可呢？

1. 将你的优点表现得绝对卓越

要想用光环效应将你的优点放大，来吸引别人更多的关注，前提是你在某一方面足够优秀，是大家眼中的佼佼者。因此，对于女人来说，要审视自己，看自己有哪方面的爱好和天赋，然后将你的爱好发展到极致，将你的优点表现得绝对卓越，成为大家眼中的佼佼者。如果你没有特别的爱好，那么不妨把你手头的工作做到最好，一样可以赢得别人的欣赏和认可。

2. 让更多的人欣赏、认可你的优点

如果你的优点确实足够优秀，那么别人自然会看到的，也会为你做宣传的。但是很多时候，你根本没有表现优点的机会。这时候，作为女人，得有点心思，要想办法为自己创造机会，让你的优点被大家知道。说白了这就是现在的很多事件性广告，当大家知道了你的优点之后，便会一传十，十传百，你的光环自然就戴到了头上。

3. 适当地夸大优点让你成为权威

就像很多武侠剧里演的一样，说某个人有多么大的能耐，实际上他也许没有传的那么历害。在人际传播当中，很容易将别人神话化，这也是无法避免的事情。反过来说，适当的夸大也正好可以将你神化，让你成为权威。这样，便更有利于你的光环扩大化。对于女人来说，如果你的光环不大，没有起到效果，不妨适当地夸大你的优点，让自己成为权威。

4. 注意言行，别往自己脸上抹黑

既然你有了光环，那么你的一言一行都会受到更多人的关注。因此，一定要注意自己的言行，不要做一些有负面影响的事情，说一些不好的话，损害自己在别人心目中的美好形象。俗话说："好事不出门，坏事传千里。"作为女人，对于你的优秀来说，你的不良信息传播得将更为迅速。因此，要想让更多的人关注你，那么你就要注意自己的言行，不要破坏自己的形象。

学会适时满足对方的虚荣心

生活中，很多人都有很强的虚荣心，尤其是女人，总觉得自己要比别人漂亮，自己的衣服比别人好看，自己的收入比别人高。或许，实际上她们并没有那么漂亮，也没有那么优秀。可是，如果你在别人面前不断地迎合她们的这种心理，不断地夸奖她们，她们便会飘飘然起来，实际上这时候你已经牢牢地操纵了她们。

刚从大学毕业，小马就应聘到一家大公司做管理工作。刚加入公司时，小马一个人要管理100多人，可想而知压力有多大。由于刚从学校毕业，小马的工作经验严重不足，面对这么多人的管理工作，她慌了手脚。她每天都是在尽力地做到最好，可是结果却不尽如人意。

无奈之下，小马想从公司找个帮手。这天，她假装若无其事地来到前台，对前台负责接待的同事小青说："小青，你看我们两个年龄差不多，可你看起来比我年轻多了，你是怎么保养的呀，教教我呗！"听完小马的话，小青不好意思地说："哪里，马姐过奖了。"可是心里却美滋滋的。

小马说："你不但人长得漂亮，工作能力也比我强。你每天面对那么多人都可以应付自如，还有这些资料，经你整理之后从来没有出过错，我太佩服你啦！"这时候，小青笑得嘴都合不拢了。

小马接着说："哎，我和你真是没法比呀，你整理这么多东西，都可以做得井井有条，可是我连个拆分信件都做不好，每次都张冠李戴。"听到这话，小青笑着说："要不我来帮你弄吧，反正每天的信件都会先送到我这里。"

听到小青这么说，正合小马的意，她谦虚地说："你这么忙，我怎么好意思让你来帮助我呢！"

小青拉着她的手说："马姐，你就别跟我客气了，帮助你分忧解难是我的荣幸啊，而且可以借此机会锻炼锻炼，反正每天我也有大把的时间。"

小马笑着对小青说："那实在太谢谢你了，改天我请你吃饭啊。"

就这样，小马成功地拉到了前台接待小青来帮助自己。之后，小马又用了同样的方法，成功地争取到几个普通职员的帮助。虽然他们能够帮助小马做的都只是一些简单的工作，但是在一定程度上大大地节约了小马的时间。

故事中的小马在想得到小青的帮助的时候，并没有直接说，而是通过恭维满足了她的虚荣心，让她觉得自己的能力强，因而主动来帮助小马。事实上，这是小马事先预料到的。由此可见，在适当的时候满足别人的虚荣心，可以在交际中掌控别人的意念，那么，作为女人，如何才能更好地满足他人的虚荣心呢？

1. 多肯定对方的能力

在通过满足别人的虚荣心来实现操控他人的时候，要多赞扬对方的成就，多肯定对方的能力，以此来暗示对方是个有本事的人。谁也不希望自己可有可无，不希望听到别人说自己没有能力。因此，作为女人，恭维别人的时候，多肯定对方办事能力强，无疑正中对方的下怀。既然自己的能力得到了你的肯定，对方自然会慷慨相助，以证明自己确实办事能力强。这样一来，就成功地达到了寻求帮助的目的。

2. 利用对比向对方示弱

一般情况下，只有弱者是需要别人帮助的。因此，在满足对方的虚荣心来操控他人的时候，除了恭维对方的能力强之外，还要用对比来向对方示弱。这样就能更好地达到驱使别人的目的。如果对方的能力强，而你不及时地示弱，那么对方会觉得你不需要他的帮助，因此而放弃帮助你。这样一来，你的求助也就失去了意义。所以作为女人，一定要及时地向对方示弱，让对方把帮助你变成自己的责任。

3. 要把握住对方的性格

把握住别人的性格，才能更好地激发他们的情绪。有的人特别爱慕虚荣，有的人却很实在。因此，在通过恭维别人来满足他们的虚荣心来实现对他人的操控时，要选对人。如果对方淡泊名利，那么你的恭维根本就不起作用。因此，对于女人来说，在操纵他人之前，要对对方的性格有大致的把握。

4. 要看准对方在乎什么

有的人很在乎自己的相貌，有的人很在乎自己的能力，还有的人很在乎自己的背景。因此，在恭维对方的时候，要把话说到点子上去。比如，一个女孩很在乎自己的相貌，希望别人说她漂亮，可是你一直说她的家庭背景，试想，这样能让她满足内心的虚荣吗？因此，对于女人来说，要想满足对方的虚荣心，那么就要弄明白别人究竟在乎什么。

巧用近因效应，改变他人对你的偏见

我们不得不承认这样一个事实：空间距离能拉近人的心灵距离。即使两个不认识的人待在一起时间久了，也会觉得很熟悉。同样，两个关系非常铁的人相隔的距离远了，也会慢慢地陌生了，这就是近因效应。

同样，生活中，你和别人产生了矛盾和隔阂，如果你在对方的身边待的时间久了，对方也就慢慢地原谅你了。相反，如果你离别人的空间距离很远，那么，对方原谅你可能需要更长的时间。对于女人来说，如果别人对你有偏见，那么不妨主动接近他，慢慢地偏见也就消失得无影无踪了。

安莲和启兵是通过朋友介绍认识的。刚开始见面的时候，启兵给安莲留下的印象并不怎么好，后来觉得启兵这个人还是不错，于是安莲决定跟他试着交往。就在他们接触了两个星期之后的一天下午，启兵和安莲约会的时候恰巧碰上了安莲的一个女朋友和她对象。

于是四个人一起去吃了饭。其间，启兵和安莲朋友的对象非常投缘，于是两个男人要了一瓶白酒。于是这天，当他们吃完饭出来的时候，启兵已有几分醉意了。那天，天也不早了，于是就各自回家了。

到了家里之后，启兵彻底醉了，他给安莲打了电话，电话中将安莲狠狠地骂了一顿，当然这些启兵根本不知道。第二天，醒过来之后，启兵给安莲打电话的时候，安莲不接电话，启兵不知道究竟发生了什么事情。后来，在启兵的一再追问下，安莲才道出了实情。

启兵知道自己做了错事，伤害了安莲。于是这天下午，他精心买了一束玫瑰花，在安莲所在的单位门口耐心地等着安莲。安莲下班后出来的时候，见到了启兵，她什么话也没有说，自己打车回了家。

启兵并没有放弃，第二天一早他在安莲路过的路口静静地等待着。当他看到安莲的时候，迎了上去，安莲望了他一眼，什么

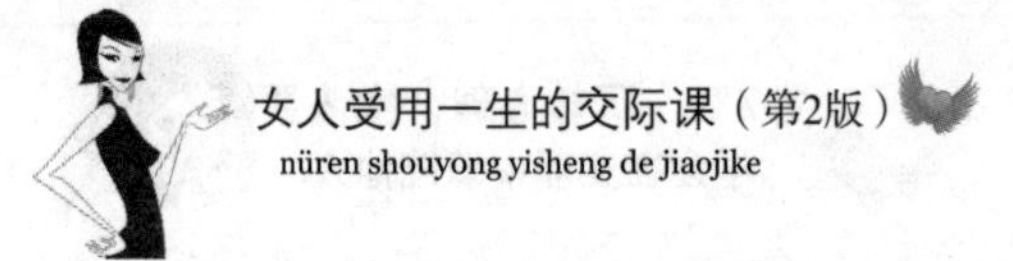

话也没有说。就这样，启兵每天早晨等，下午等，一直坚持了一个星期。

这天早晨，当安莲再次见到启兵的时候，她认认真真地看着启兵，然后接过玫瑰花，扔在了路边的垃圾桶里，随即走过去紧紧地抱住了他。那一刻，启兵哭了，安莲也哭了。他们为对方擦干了眼泪，然后和好如初了。

故事里的启兵因为醉酒说了胡话，伤害了安莲，让安莲对他产生了极大的偏见。后来启兵一直持续不断地出现在安莲的生活里，让安莲感觉到他就在身边，慢慢地这份偏见也得到了解除。由此可见，人与人的空间距离往往能拉近心灵的距离。要想消除隔阂，那么你不妨总是在对方的身边出现。时间久了，你们之间的误会也就慢慢地解除了。那么，作为女人，如何才能利用近因效应改变他人对你的偏见呢？

1. 适当的时候要学会软磨硬泡

如果对方对你有了偏见，而又不肯轻易地原谅你，那么这时候你就要拉下面子来，学会软磨硬泡。你和对方在一个空间里待得时间久了，慢慢地误会也就解开了。当然也要注意，是让你软磨硬泡，而不是让你去跟踪对方，挤压他的私人空间，否则，对方会感觉到被压得喘不过气来，会觉得你是在逼迫他。这样，造成的矛盾和隔阂就更加深了。

2. 要经常出现在对方的周围

要想利用近因效应化解彼此之间的误会和偏见，那么前提是你得和对方近距离接触。因此，对于女人来说，你适当地出现在对方的周围很有必要，但是走得过近，原因很简单，谁都需要私人空间。就像故事里的启兵一样，及时地出现在安莲的身边，但是却给她留了足够的空间，最终获得了安莲的原谅。

3. 不要因为对方拒绝而放弃

既然对方对你有偏见了，那么这种念头会留在对方的脑子里一定的时间，所以你利用近因效应让对方消除和你之间的误会也需要一定的时间，因此遭到对方的拒绝也是再正常不过的事情，但是即便遭到对方的拒绝之后，也不要随便地放弃努力。因为有很多隔阂如果不及时解决掉，那么就会成为无法解决的矛盾了。

4. 或许你不需要说太多的话

因为对方对你有很大的偏见，所以你需要接近对方才能让这种偏见得到消除。但是因为对方对你有偏见，所以这时候如果你一味地解释，势必会和对方发生争吵，这样可能会让你们之间的误会更加加深。因此，对于女人来说，可以适当地保持沉默，不需要说太多的话，只要让对方感觉到你的诚心就可以了。

利用心理暗示，将想法渗透给对方

生活中谁也不希望受到别人的驾驭和控制，可是很多时候，你又希望别人能够顺着你的意见或者建议来做事情。这时候就要对别人进行心理暗示，把你的想法巧妙地渗透给他，让他在做决定的时候受你的影响，顺着你的意思来做决定。当然，这对女人来说，需要一定的技巧和方法。

阿玉的姑姑得了严重的风湿病，花了很多的钱总是治不好，于是阿玉想要把姑姑接到城里来治疗。可是，阿玉知道，家里突然多一个人，老公大彪肯定是不会同意的。

这天下午，阿玉早早地下班回家后，用姑姑带来的红豆精心熬了一锅粥，等大彪回家后，尝到美味可口的粥后非常开心。

吃完饭后，大彪问道："老婆，这是哪里买的红豆啊？熬出来的粥这么香，你给我说一下，我多买点去。"

阿玉趁机说道："这个红豆可是世上独一无二的，花多少钱也买不来的。这是姑姑上次看我的时候带的。"

大彪说："也确实难为她老人家了。等下次见到姑姑，我一定得好好谢谢她老人家。"

阿玉说："是啊，老人挺不容易的。"说着，阿玉又说起以前的伤心往事，只说得大彪心里酸酸的。

想想妻子这么多年来，过得实在太辛苦了，多亏了姑姑的尽心照顾。他问道："姑姑最近生活都还好吧？"

阿玉说："生活起居都还行，就是她那病，治疗了这么久也不见起色，而我这个做侄女的，却什么忙也帮不上，想想心里就难受得不行。"

大彪不假思索地说："那就让姑姑来城里治疗吧，城里的医院设备好，有好大夫。而且，到时候住在我们家里，也让我们有机会好好伺候伺候她老人家。"

听了大彪的话，阿玉感动得握住了他的手，点了点头。

故事中的阿玉想要让姑姑住到自己家里来治病，她没有直接跟丈夫谈，而是通过姑姑带来的红豆，把丈夫的情感和姑姑联系了起来，再顺水推舟，谈到了自己和姑姑的深厚情感，继而谈到了姑姑的病，把想法渗透给了丈夫，结果让丈夫顺着自己的意愿行事。可见，把自己的想法暗示给别人，那么就要想办法做到巧妙而又不露声色。那么，对于女人来说，如何利用心理暗示把自己的想法暗示给别人呢?

1. 告诉别人你是为他着想

我们在生活中，要是希望别人按着我们的意思办事，那么你首先要考虑，别人为什么要这么做呢? 尽管这些事情按着我们的意思走，可以获得更多的支配权，但是我们一定要告诉对方，我们完全是站在对方的角度上考虑的，一定要告诉对方完全是为了他才这么做的，要让对方的心理上欠着一个情。记得，不要用我们自己的嘴说出来，但是却要把意思表达明白。不是要求对方怎么怎么去做，而是要让对方觉得不这么做就是对不起你。

2. 暗示对方是最好的选择

有时候，我们在作抉择的时候，往往会综合分析，选择最优的方案。因此，我们在暗示别人的时候，不妨利用对比，用事实让对方看到听从你的建议和意见是最优的选择。这样不用你多说话，对方就会明白最后该怎么办。因此，作为女人，要想让你周围的人按着你的意图来行事，那么就要利用对比，暗示对方顺从你是最好的选择。

3. 利用好对方曾经的观点

任何人都喜欢遵从自己的意愿，而不喜欢受别人控制。因此，当你费尽心思说服对方接受你的想法的时候，往往会引起别人的反感。这时候，如果你能拿对方曾经做过的事情，说过的话来说服对方，往往能起到很大的效果。因为他要是反对你就是反对他自己。这样，顺从你也就是自然而然的事情了。

4. 利用逆反心理使对方入局

有些人，你希望他向左，他偏向右走，你希望他向上，他偏向下走。如果不要求，对方还能直走，要求得越强，对方偏离得越厉害，让你无可奈何。事实上，对于女人来说，如果你想操纵对方的决策，不妨利用对方的逆反心理。把你的愿望反着说，让对方在偏离你的“期望”的同时，进而接近你的目的。

5. 巧设悬念适当地加以诱导

人有好奇心，当你想要了解的这种念头被调动起来之后，便会千方百计地满足自己。因此，在人际交往当中，当你想要影响别人的决策，或者是让别人按照自己的意愿做事的时候，不妨巧设悬念，让别人在好奇心的驱使下追逐你的思路。因此，对于女人来说，要通过设置悬念的方法，把你的想法巧妙地灌输到对方的脑子里，让其受你的操纵和控制。

出其不意，让对手措手不及

生活中，往往我们在遇到突发事件时会显得手忙脚乱、六神无主，这时候如果有人给你提建议，你会毫不犹豫地接受。同样，要想让对方受你的驾驭，不妨出其不意，让对方措手不及，来不及思考，即使你的想法和建议是错误的，对方也会顺从你。因为这时，对方根本没有时间来思考，智商通常为零。

小艾是肿瘤医院的一名护士，平日里工作尽管很苦很累，但是她并没有觉得有多大的压力。可是最近她却感到压力很大，因为她所照顾的一名病人快不行了，可是他却求小艾帮他一个忙。

原来老人在年轻的时候为了自己的生意，抛弃了妻子和孩子。后来到他年老的时候良心发现，回来找妻儿忏悔。可是等他回来才知道，他的妻子已经在前几年去世了。找到了儿子之后，儿子却死活不肯认他。老人眼看着就要咽气了，可是还苦苦地等着儿子叫自己一声“爸爸”。

小艾从老人那里要来了他儿子的电话号码打了过去，同样遭到了对方的拒绝。这让小艾非常为难，一时半会儿竟然不知道怎么办了。后来，她想了一个好办法，打算演一场戏，带他来见老人。

于是这天，得知老人的儿子正和女朋友在公园里游玩的消息后。小艾嘱托几个朋友装扮成流氓去寻仇。小伙子撒腿就跑，可是后面的人紧追不舍。后来小伙子没路可逃了，眼看着后面的人越追越近，就在这个时候，小艾从旁边跑出来拉着小伙子的手，说：“快跟我走。”于是小伙子不假思索地跟着小艾一路狂奔，跑到了医院。

当老人见到自己的儿子之后，咽下了最后一口气。小伙子得知父亲为了见自己，所做的一切之后，深深地被感动了，他伏在老人的身边，哭着喊了一声“爸爸”，此刻的老人已经带着微笑上了天堂。

故事中的小艾用出其不意的方式，将小伙子带到了医院，满足了老人临死前的最后一个愿望。如果小艾去劝说小伙子，对方未必会来。可见，人在遇到突发事情的时候，往往六神无主。这时候，如果你提出自己的建议或者意见，那么对方会不假思索地接受你。那么，对于女人来说，如何出其不意，让对方措手不及，最终顺从你、接纳你，以达到你的操控和驾驭呢？

1. 你出现的时候一定要及时

当发生了出其不意的突发事件之后，人一般情况下都表现得非常慌张，不知道该怎么办。这时候，你一定要及时出现，把你的想法说出来。由于在无所适从的情况下，对方会不假思索地顺从你。因此，对于女人来说，在发生突发事件的时候，一定要及时出现，这样才能有机会驾驭对方，并让对方顺从于你。

2. 故作慌张，制造紧张气氛

当发生了突发事件的时候，人的内心往往比较恐惧。一旦有一个人表现出慌张，大家立刻都会慌张起来，因为这种恐惧和无助会传染。所以当发生意外的时候，要想驾驭和控制别人，那么就要在他面前表现得慌张，这样，可以制造紧张的气氛，让别人跟着你慌张和恐惧起来，这时候，对方的智商通常是零。对于女人来说，要学会用点心思，适当地表现出你的慌张来。

3. 口气坚定，不容对方质疑

当别人六神无主的时候，要说出你的想法和建议，当然说的时候口气一定要坚定不移，不容许任何人质疑。这样别人会觉得你的建议和意见就是真理，会毫不犹豫地顺从你。如果你说得有气无力，那么另外的人如果嗓门够大，大伙就会顺着他的办法行事了。所以对于女人来说，这时候说话一定要斩钉截铁，不容任何人质疑。

4. 行动迅速，别让对方思考

行动的时候一定要迅速，要以迅雷不及掩耳的速度在对方措手不及的时候驾驭他，操控他。如果你不够迅速，对方一旦冷静下来，就会想出其他的办法，作出他的决策，那么你也就驾驭不了他了。因此，对于女人来说，这时候行动一定要迅速，不要给对方分析和考虑的时间，这样他才会盲目地跟从你。

5. 强化意志，让对方听从你

在这个过程中，一定要坚定不移地让对方相信你的意见和建议，以及所做的决定是正确的，这样，别人才会听从你的建议。如果你允许别人对你产生质疑，那么对方随时都有可能反驳你的意见，逃出你的驾驭。所以作为女人，在这时候一定要强化意志，让对方毫无保留地顺从你。

顺水推舟，棘手的事不如“借力打力”

生活中，遇到一些特别棘手的事，我们总觉得别人做不好，或者说困难太大，想方设法地去劝阻，可是不但没让别人放弃，还可能惹恼对方。

这时候，作为女人，要学聪明一些，不妨转变态度，顺水推舟，支持对方去做，用事情本身的难度这个“力”来打击对方想要做这件事情的想法这个“力”，当他遇到困难和挫折之后，自然就会退缩放弃。

胜男是个非常要强的女孩子，正如她的名字一样，任何事情都想做到最好，尽管她很自信，但是有时候却自信过了头。

在大学里，她就表现得非常出色，因此毕业后就来到了一家著名的设计公司。刚来公司不到一个星期，就做出了一个非常不错的策划案，因此赢得了领导和同事们的一致好评。就连公司那些老设计师都给她三分薄面。

最近，公司接到了一个大客户的楼盘设计方案，客户给的时间非常紧，可是偏偏善于做楼盘设计的那个资深设计师有事请假了，这可难坏了经理。正当他一筹莫展的时候，胜男来到了经理的办公室。

她说：“经理，把这个设计案交给我吧，我一定不会让你失望的。”

经理笑着说：“这个案子很重要，也非常难做，我们公司就一个设计师能做，也只能做个马马虎虎，你现在刚来，根本不可能把这个案子做好，你还是做你手头的那个案子吧。”

胜男说：“他们做不好，并不代表着我也做不好，像之前我做的那个案子，他们刚来的时候，一两个月才能做好，我用了一个星期就做好了，这也不正好说明我能力强吗？经理，相信我，我一定能做好的。”

经理一本正经地说：“胜男，不是我不相信你的能力，只是你对这种案子一点也不了解，也没有见过，你怎么可能做好呢？听我的，别再争了。我们宁可不做这个案子，也不能把它做坏了，毁了我们的声誉。”

胜男不依不饶地说：“经理，你为什么不相信我呢？我真的能做好，我相信自己。你为什么不相信我能创造奇迹呢？”

经理拗不过她，只好把这个案子给了她，心想：或许给她，挫挫她的锐气也能让她谦虚一些。她做不好，自然也就不再坚持做下去了。

尽管胜男费了九牛二虎之力，可是案子还是没有做出个眉目来。胜男也累得快爬不起来了。这天，她垂头丧气地走进了经理的办公室，说："经理，这个案子实在太难了，我做不了了。"

经理笑了笑，没有说话。

故事中的胜男非常自负，总觉得自己非常了不起，硬是逼着经理将她根本无法解决的案子给她做。经理劝了很多，可是她仍一意孤行，于是经理顺水推舟，让她去做，最后胜男终因压力太大知难而退了。可见，当你无法改变一个人的想法，让他放弃你认为不该做的事情的时候，那么不妨顺水推舟，支持他去做，当他无法做到的时候，自然就放弃了。那么，对于女人来说，如何做到顺水推舟，巧妙地做到"借力打力"呢?

1. 不要和对方争吵，因为没用

很多人意志非常坚定，自己想好的事情，一定要坚持去做，谁的意见也听不进去。就算你的劝阻是正确的，对方一样不会听。这时候，你就要妥协，千万不要再坚持，否则就会使别人出现对抗的情绪。即使你真的是为别人着想，但是和对方对抗后，你的一番好意也就失去了意义。所以当你劝阻没用的时候，不要和别人发生争吵，因为没用。

2. 及时地表示支持，缓和情绪

当你明白劝阻不了别人的时候，不妨转变你的态度，表示支持对方去努力。这样，在一定程度上会缓和你们之间的情绪对抗。即使之后，事情做失败了，也没有理由责怪你。所以作为女人，当你的意见不被采纳的时候，不要再去做无谓的努力，而要转变态度支持他，即使是错误的，也要支持他，这时候你的支持远比做无谓的争辩更有用。

3. 对方失败后，要注意你的言辞

即使对方在坚持做自己根本做不到的事情，那么失败是早就注定的。当对方失败后，千万要注意你的言辞。很多人在这时候，埋怨指责对方，为什么当初不听劝阻。这样，往往会惹怒对方。事实上，对方这时候已经很后悔了，作为女人，你说话的时候，一定要注意自己的言辞，千万不要嘲笑和讽刺。

4. 及时地把你的安慰表达出来

当一个人遭遇失败之后是非常痛苦的，因为他被自己所否定了。尽管你之前在想办法劝阻，但是对方一意孤行导致了失败，这时候你应该给予他安慰和鼓励，让他重树信心。这样，你对对方的价值远远要胜过你的劝阻。很多时候，人在没有经历的时候，并不知道自己一定会失败，所以只有自己亲身经历了才会相信。

施展“柔情大法”，学会以柔制刚

生活中，很多人都“吃软不吃硬”，喜欢听你求他，听你劝他，却不喜欢听你威胁他、强迫他。因此，作为女人在驾驭和控制别人的时候，最好不要和别人硬碰硬，那样闹僵了，更不可能实现你的驾驭。这时候，你不妨说软话，以此缓和对方的倔脾气，说不定在你的一番晓之以理、动之以情的说服下，能让对方顺从你。

25岁的月琴最近谈了个男朋友，男生叫做怀爱，是一个个体经营者。可是，当她把这个消息告诉爸爸妈妈的时候，却遭到了他们的强烈反对。理由很简单：月琴上过大学，至少要找个同样上过大学的才算配得上她。

但是，月琴似乎对于父母的反对不屑一顾，依旧每天去和怀爱约会。这天，怀爱又来到楼下找月琴了，月琴高兴地准备要出去，可是等她收拾好后，却发现爸爸站在门口，命令道：“哪儿也不准去！！”

月琴生气地喊道：“爸，你干什么啊？”

爸爸拿起手里的水杯，狠狠地砸在了地上。

月琴气呼呼地回到了自己的房间里。

晚上，妈妈回来得知了这件事情后，赶紧把门打开了。只见月琴坐在地上，面无表情。她突然站起来，狠狠地瞪着爸爸说：

“你听好了，我这辈子非他不嫁，不信你就试试！”

爸爸脸色铁青，抬起手狠狠地扇了月琴一个耳光。这时候妈妈走了过来，将月琴带到了她的卧室里。

第二天，妈妈没有去上班，而是一大早坐在沙发上等。等月琴起床后，她说：“孩子，妈妈有话对你说，来，坐到我身边来。”月琴坐了过去。

妈妈说：“月琴啊，你已经是大人了，按理说爸爸妈妈不该再管你的事情了。尤其是谈朋友的事情上。”

月琴委屈地靠在妈妈的肩膀上哭了起来。

妈妈接着说：“你别恨你爸爸，他是爱你的，希望你的后半辈子能轻松一些。实话说啊，你跟了怀爱，谁都能看出来中间的问题。你爸爸一大把岁数了能不明白吗？”

月琴说：“妈妈，他真的很爱我。我……”

妈妈拍了拍她的肩膀说：“妈妈知道，当初妈妈也跟你有同样的经历，也跟你有过同样的选择，可是后来我知道错了，爱根本就不是那么回事。生活是现实的，这个谁也改变不了。就说你跟他吧，看起来也没有什么不合适，但是你上过大学，看问题的想法和角度就不一样了。而他呢，和你沟通起来肯定会有障碍的，难道你和他谈了这么长时间就没有发现这个问题吗？”

月琴低下头不说话了。

妈妈说：“孩子，不是爸爸妈妈势利，也不是爸爸妈妈老顽固，是因为我们经历的事情太多了，看得比较透。你好好再想想，如果你执意要和他好，那么，妈妈支持你。”

当天，月琴和怀爱就分手了。

故事中的月琴在谈朋友的问题上，遭遇到了父母的强烈反对，爸爸用强硬的态度阻止她，可是她的意志却更坚决了，而妈妈跟她好好聊了聊，却让她放弃了原先的决定。可见，强硬并不能让人屈服，关键时候还是要用缓和的态度来以柔克刚，最终实现驾驭和操纵别人的意愿。那么，对于女人来说，究竟如何用以柔克刚的方式让别人屈服呢？

1. 站在对方的立场上表示理解

对方之所以坚持自己的抉择，并不是说他的决定是错误的，而是说他考虑得不全面，他的决定后面有很多的负面问题。由于对方的阅历少，见闻少，可能看不透。所以要想对方顺从你，那么就要站在他的立场上去想，承认他的想法和决定有一定的合理性，这样可以在一定程度上减缓对方的对抗情绪。

2. 要找到否定对方的事实

别人之所以坚持自己的决定，是因为他觉得自己的选择是最好的。那么，你要想让他听从于你，就要让他亲眼看到，亲耳听到，他的决定是有问题的，这样他便能相信你说的是对的，才会听从你的意见。比如，故事中的妈妈说到了他们之间沟通的问题，事实上也是存在的，这就在一定程度上证明妈妈所说的是正确的。

3. 表达你对对方的“良苦用心”

在劝说别人的时候，除了晓之以理之外，关键时候，还要学会用动之以情的方法。毕竟人是有情感的，当你知道别人为了你，付出了多少艰辛之后，你的心里就会酸楚，就会适当地考虑别人的意见和建议，否则你的良心就会受到谴责。因此，作为女人来说，这时候不妨流几滴眼泪，或者把你的埋怨之情说出来，当然是在表达了为对方的付出之后，目的就是让对方顺从你。

4. 千万不要去和对方发生争吵

无论如何，不要和对方争吵。一旦发生争吵，对方就绝对不可能再顺从你。即使对方明明知道自己是错的，也会坚持下去，就是为了给自己争口气。事实上，这样对你来说是最得不偿失的。所以不管对方的情绪多么激烈，都要克制自己，不要和对方发生争吵。尤其是女人，遇到这种情况往往容易着急。

萝卜加大棒，经典的交际法则

生活中，有些女人在驾驭别人的时候，总是和颜悦色，这样时间久了，你的脾气就被对方摸透了，对方便会反过来要挟你。而有些女人则是用强硬的态度去要求别人，时间久了，一样会让别人产生反感，继而对抗你。因此，要想让别人顺着你的意思去做事情，那么就要学会用“萝卜加大棒”的策略，简单地说就是要恩威并用。

赛扬是个能干的女人，别看她是个女流之辈，可是却将一大群男人管理得服服帖帖的，公司里没有人不佩服她的。

这天，技术部的小鱼在装电脑系统的时候，不小心将公司的财务报表系统给毁坏了，顿时公司上下陷入了瘫痪状态。这让赛扬大为恼火，她把小鱼叫到了办公室里，劈头盖脸地骂道：“你是干什么吃的！公司要你还有什么用！你说你装个系统都能出错，我还敢把别的事情交给你干吗？”

小鱼低着头，说：“经理，我错了，是我疏忽大意了！”

赛扬愤怒地拍着桌子吼道：“错了就能解决问题吗？你知道这将给公司造成多大的损失吗？平日里我是怎么给你们说的，细心！细心！你的心用到哪里去了？公司给你每个月发那么高的薪水，就换来这样的结果啊？！”

小鱼一声不吭地站在那里，像个犯错的小学生。

赛扬骂累了，然后说：“你尽快给我把毁坏的软件恢复了，不管你用什么办法，否则明天就不用来上班了。”

小鱼一声不吭地走出了办公室。那天，他一直在那里忙活，连中午饭也没有吃，甚至连下午饭也没有顾得上吃，一直忙到晚上十点多才弄好。

得知这个情况后，第二天中午，赛扬特意请小鱼以及技术部的部长一起吃了个饭，饭桌上，赛扬笑呵呵地说：“小鱼真不错啊，一天就把问题给解决了，来，我敬你，以表我的心意，对你为公司做出的贡献表示感谢。”

小鱼喝了经理的敬酒，憨厚地笑着说：“谢谢经理。”

故事中的赛扬在小鱼出现了工作失误之后，给予了严厉的批评，后来在小鱼排除了故障，为公司做出了贡献之后，赛扬又邀请他吃饭，表示了对他的感谢。可见，在驾驭和驱使别人的时候，要学会恩威并用，这样才能更好地驾驭别人。那么，作为女人，如何用恩威并用的方式驾驭好别人呢？

1. 犯了错误一定要严肃地批评

当别人犯了错误之后，一定要严肃地批评，让他明白自己做错了事情，让他明白你很生气。这样对他心理上也是种震慑，让他以后多加注意，少犯错误。是对你的负责，也是对他自己的负责。如果这时候，你总是姑息养奸，那么就会给他传递一种你很好欺负的信息。这样，别人就更加有恃无恐了。对于女人来说，这并不是好事，尤其是你的对方是男人的时候，这就是个麻烦。

2. 做出了贡献要表扬并作奖励

既然犯了错误要受到批评，那么做出了贡献自然要受到表扬了。这样，让别人觉得你也是赏罚分明的。事实上，这也是对他的一种肯定和认可，这样可以激励他继续努力。如果这时候不给予表扬和奖励，那么无疑是忽视他的突出，这样对他的自信心也是一个打击，或许对方会因此而放弃努力。因此，作为女人，要明白这一点，在别人做出突出表现的时候要给予及时的表扬和鼓励。

3. 不要随便原谅犯小错误的人

不管别人犯的错误大还是小，都要提出来批评，大错误批评得重一些，小错误批评得轻一些。千万不要觉得对方只是犯了一些小错误没多大影响，这样会让别人觉得你在暗示他犯更大的错误，从而给你的驾驭带来麻烦。因此，对于女人来说，如果对方犯了错误，就要提出来批评他，杜绝任何人多犯错误。这样一来，别人才会重视你，才会尊重你，你才能更好地驾驭别人。

4. 不要遗忘哪怕是有小贡献的人

同样，不管对方做出的贡献有多小，都不要忘了提出来表扬他，奖励他。让别人感受到你是个奖罚分明的人，这样才能服众。事实上，别人做出的小贡献，或许对你来说好像微乎其微，对别人来说就意义非凡了。及时地表扬他们或许会让他们高兴一整天，对他们也是一种激励。

第8章　心明眼亮，女人与领导相处有智慧

在职场当中，由于人与人之间的关系罩上了利益的光环，所以变得复杂了很多。每个人心里所想的你都不知道，即使是平日里要好的同事，或许日思夜想的都是取代你的位置。所以，作为职场中的女性，一定要处处留意，时时提防，尤其是在与领导相处的时候，要有点智慧，千万不要做头脑简单的傻大姐，否则，往往最受伤害的那个人便是你。那么，究竟如何才能有些城府呢？如果你不懂，那么就在本章认真地学习一下吧。

表现可嘉，向领导展现你的赤诚忠心

对于员工来说，如果自己想要成为团队中最优秀的一员，那么就必须学会对自己的组织忠诚。可是怎样将这份对公司企业忠诚的心传达给自己的老板，似乎又成为了一个难题。这时候，作为女人，不妨把你的工作做得绝对出色，以此来向老板暗示你对自己的工作充满信心，充满希望。那么，要想实现这个希望，就只有死心塌地地忠诚了。

佳洁是公司新聘的会计，她对自己的这份工作非常喜欢。公司老总王某也对佳洁印象良好，所以放心地把公司的财政大权交给了她。也许是王总的信任和重视，所以佳洁在同事们中间也相当受尊重。

王总对佳洁的信任引起了一个老员工冯梅的不满。她在公司里待了整整六年的时间，才赢得了王总的信任，而佳洁刚来不到两个月，就取得了王总的信任，而且有时候还对自己指手画脚。这些让冯梅感到极为不平衡，因此，她处心积虑地想要把佳洁挤走。

这天，她和几个姐妹在咖啡屋里聊天的时候，突然看到佳洁跟一个小个子的男人在一起，仔细一看，那个小个子男人叫做黄浪，是王总的死对头。由于生意上的关系，两人一直是宿敌。佳洁怎么会跟黄浪在一起呢？难道她是黄浪派来的卧底？想到这里，她悄悄地拿起相机，拍下了两人在一起聊天的照片。

第二天一大早，冯梅悄悄地溜进了王总的办公室，将她所看到的事情一五一十地告诉了王总。起初王总也不相信，但是看到冯梅的相机里的照片，他非常生气，立即将佳洁叫进公司，严厉地盘问。

原来，黄浪是佳洁的表哥。那天也刚好得知她回到了老家，所以约她出来聊天呢。尽管佳洁一再强调，自己并没有把公司的机密透露出去，可是王总还是对她表现出了极大的不信任，收回了管理财务的权利，而且不允许她再随便踏入自己的办公室。

佳洁并没有因此懈怠自己的工作，把账目总是做得非常精细。一次，她在查账的时候，无意间发现客户从中钻了空子，把本应该10万元钱的款子，悄悄地利用小数点，写成了1000元，而这个客户正是以前和黄浪合作过的，后来主动找来的。如果不是她及时发现，那么时间久了，这笔账就成了死账。

佳洁迅速地把这个消息告诉了王总，王总及时追讨，剩余的款子终于追回来了。这时候，王总诚恳地对佳洁表示了歉意。就这样，佳洁重新获得了王总的信任，重新掌握了公司的财政大权。

故事里的佳洁遭到了同事的陷害，失去了老总的信任。后来，她通过认真地工作，及时地发现了纰漏，替公司挽回了一笔巨大的损失，重新获得了王总的信任。可见，把你的手头工作做好是获得老板信任的好办法。那么，作为女人来说，如何通过优秀的表现来向领导展现你的赤诚忠心呢？

1.在工作中表现出你的热情来

如果一个人对自己的工作表现得没有一点热情，那么说明他对自己的工作不满意，这样的人很容易跳槽。相反，一个人对工作表现出极度的热情，废寝忘食地工作，那么说明他对这份工作很满意，一时半会儿绝对不会离开。所以，对于女人来说，要想获得领导的信任，那么就要表现出对工作极度的热情来，从而让领导觉得你是绝对不会离开的。

2.表现优秀，彰显对工作的信心

一个在工作上表现优秀的人，他必定对工作也很有信心，对自己也很有信心。同样，这样的人也是不会随便离开公司的，对公司是绝对忠诚的。相反，如果一个人对自己的工作不满意，没有信心，那么离开的可能性就很大。因此，作为女人，要对自己的工作表现得信心十足，自信一些。这样，给领导的感觉便是你是一个非常忠诚的人。

3.优秀表现表示长期投身其中

通常，如果下属想要在公司里长期地待下去，那么势必会对自己的职业发展有一个计划。很难想象，一个平日里在工作上表现平平的人能升职。所以当你在你的岗位上表现得非常卓越和突出的时候，无疑是告诉领导你有长期投身企业的想法。既然如此，那么作为领导又有什么理由不信任你呢？

4.表现卓越，暗示出你绝无二心

商场如战场，难免被对方的人混进企业里盗取机密，这种事情也是常有发生。因此，不管别人怎么怀疑你，只要你做得正，行得端，兢兢业业地去工作，用你优秀的工作表现来换取对方的信任就可以。领导不会不明白，一个敬业的人与盗取机密的人之间的差异和区别。慢慢地，领导自然就会对你重新建立起信任来。

学会挺身而出，成为团队的骨干

生活中，谁也无法预料将要遇到的困境和尴尬，当陷入其中的时候，总是希望能得到别人的帮助。生活中如此，职场中亦是如此。作为女人，要想做一个被领导喜欢和欣赏的下属，那么就要替领导排忧解难，让领导真正地觉得你帮了他的忙，他需要你，这样的下属才能被重用，被提拔。当然，这就需要你平日里多注意观察和留意领导，在领导危难之际，及时地挺身而出。

咏梅是刚刚招聘来的销售员，尽管是新人，但是却很勤奋，而且脑子也特别灵活。因此深得经理的喜欢。这不，刚刚来三个月就被提升为公司的销售主管了。不但薪水待遇比以前高了，也有了一定的身份和地位。

当然，咏梅被提升并不全是因为她的业绩突出，还与上个月发生的一件事情有很大的关系。那天，一个大客户突然找到了公司，要求经理作出答复。原来不知是谁之前在经办这个大客户的业务的时候，以次充好，发出去的货大多数都有质量问题，结果投放市场后被客户投诉了。

经办这件事情的销售员事实上此时已经离开了公司，很显然这个“雷”经理得扛着。尽管经理在一旁一再地赔不是，但是看起来客户并不买这个账。非要公司做出解释，并赔偿他们的所有损失，这着实让经理非常为难。

咏梅得知后，来到了经理办公室，对客户说：“实在对不起，您的货是我发的，由于残次品和好的产品的包装是一模一样的，在发货的时候我给搞混了，实在是太抱歉了。”

客户厉声斥责了咏梅，咏梅除了一个劲地赔礼道歉之外，并没有做过多的狡辩。最后客户的情绪慢慢稳定下来。咏梅趁机说道：“您看这样吧，您把残次品给我们返回来，我给您重新发货，途中所有的费用我来承担。”

客户没说什么，表示默许。当天晚上，咏梅叫上了经理，一起陪着客户吃了个饭。第二天花了整整一天的时间，陪着客户好好地游山玩水。

客户满意地离开了。经理拍着咏梅的肩膀说：“好好努力吧，我很器重你。”

就这样，一个月之后，咏梅被提升当上了销售主管。

故事中的咏梅非常机灵，在领导陷入困境之后及时地出现，把所有的责任都揽在了自己的身上，替经理解了围，赢得了领导的认可和欣赏，最终在自己的职场生涯上迈出了坚实的一步。由此可见，在职场上并不是你有能力就能出类拔萃，就能有所作为。更多的时候还要看你是否能察言观色，替领导解决棘手的问题。只有领导认可你了，你才能有所发展。那么，作为女人，如何替领导解围，成为团队的骨干呢?

1.将责任全揽在自己的身上

领导也是人，很多时候也会犯一些错误，当这些错误发生之后，势必会陷入尴尬和困境。这时候，作为下属，要及时出现，将全部的责任揽在自己的身上。因为很多事情，追根溯源都是由下属在做。对于女人来说，将领导的错误拉到下层，扛在自己的肩上，无疑是明智的选择。尽管当时你可能会受一些委屈，但是领导会因此而感激你，并寻找机会重用你。

2.替领导找个及时离开的理由

陷入困境之后，最好的解决办法便是迅速地离开，但是又不能让别人觉得领导是在逃避。这样，作为下属就要机灵一些，为领导找个及时离开的理由。比如，公司要开会，或者是有什么更重要的事情需要领导去做。如果找不到，在你及时登场的同时，不妨给领导拨个电话，让领导以接电话的名义离开。这样，领导就迅速地逃离了困境，而你不过是个配角，自然也会全身而退。对于女人来说，在这一点上要多动脑筋。

3.替领导做出合情合理的解释

很多错误和失误，如果有了一个合情合理的解释，那么问题自然就会迎刃而解。因此，当你的领导因为一些不经意间的错误和失误陷入困境之时，作为下属，一定要及时出现，为领导做出合情合理的解释。有了这个解释，尴尬自然就会解除。当然，作为女人，要充分发挥你的逻辑思维能力，让你的解释有逻辑，能说服别人。否则，不但不能为领导解围，还会陷领导于更大的被动之中。

适时推功，让领导为此感到欣慰

作为下属的你，如果取得了骄人的成绩，领导自然会为你高兴，因为在别人面前他会觉得是自己的功劳。但是，作为女人，一定要注意，如果你把所有的功劳全揽在自己的身上，那么不就是向别人说明，你比你的领导有本事吗？这无疑是给领导狠狠地抽了一记耳光。试想，哪个领导还敢提拔你、重用你？打压你，给你穿小鞋自然而然也就避免不了了。

科研所的王逸是名牌大学毕业，非常有才华，所里的领导也非常器重她，刚工作不久，就让她带领同事们主攻一个有一定难度的科研项目。王逸凭借着扎实的基本功，在所里同事的大力配合下，短短几个月的时间，就拿下了原计划要一年时间才能完成的科研项目。她的卓越表现着实让领导们刮目相看。

在庆功宴上，领导安排王逸讲话，她站在台上，一个劲儿地说自己如何废寝忘食地加班，如何牺牲业余时间查资料，讲了整整半个小时，把领导和同事们完全抛到了九霄云外，一个人独揽了所有的功劳。

讲话还在继续，同事们就在下面开始窃窃私语，连所里的领导也在一边说："王逸这样做真不合适，这让我们当领导的脸往哪里搁啊？她这么有才，那我们全是饭桶了？"

庆功宴结束之后，王逸的朋友就劝她："你怎么可以那么说呢？你之所以能迅速地成功，同事们和领导给了你多少帮助，你怎么连个感谢的话也没说呢？同事和领导对你都会有意见的。"

王逸不以为然地说："他们帮了我什么忙，要不是我，怎么会有这个成果呢？我付出了汗水，自然要收获果实。"

渐渐地，王逸觉得同事们都在有意无意地和她作对。她让小李打印东西，小李给她冷冷的一句："大功臣，你是干大事的，我哪里配给你打下手啊。"她让小刘去发个传真，说了好几遍了，小刘就是不去。无奈，王逸去找领导诉苦，领导不冷不热地说：“你是有功劳的人，连你都使唤不动，我就更管不了了。”

事实上，从那之后，王逸再也没有研发成功过项目。

故事中的王逸在科研项目上取得了骄人的成就，但是她却把所有的功劳全揽在了自己的身上，让领导颜面尽失，让同事们觉得一无是处。结果，造成了领导不支持、同事们不配合的糟糕局面。这也导致了她后来的失败。由此可见，在取得骄人成绩的时候，一定要把功劳归在领导和同事的身上，这样，领导受到了尊重，才会器重你、重用你。那么，在归功于领导的时候要注意哪些方面的因素呢?

1.要多说些感谢领导的话

当作为下属的你取得了骄人的成绩之后，一定要记得对领导的帮助和教诲，表达出你的感谢来。尽管领导对你并没有太大的关心，但是你也要这么说。因为领导没有阻止你，没有打压你，实际上就是变相地帮助了你。事实上，作为女人，你要明白，你这么说了，领导会心花怒放，即使你的领导曾经为难过你，你对他表示感谢，他也就不好意思再和你作对了。

2.把功劳落到领导的实处

很多人在把骄人的成就归功于领导的时候，往往说了一大堆空话、套话，并没有向别人说明领导究竟给了他什么样的帮助。这样很容易让人感觉到是在借机拍马屁，在讨好领导。事实上，对于女人来说，你要清楚，你的归功并没有让领导感觉到高兴，反而让他们感觉到你在抱怨、在控诉。试想，他们还会高兴吗?

3.表达跟随领导走的期望

在说完了成就之后，千万不要忘了，还要及时地表达你以后想要跟着领导走的愿望。这样会让领导打消 “庙小养不住大佛”的顾虑。毕竟哪个领导也不希望有能力、有才华的下属离他而去。如果领导有了这个顾虑，便会在以后的工作中给你使绊子、穿小鞋，为难你。所以作为女人，你要明白，你及时地表达愿望也是安抚领导的心的一种方式。

4.注重比例，让领导出风头

在归功于领导的时候，要注意，尽管是你在享受荣誉，可是不要忘了是在归功。因此，作为女人，你要清楚，在说话的时候要注意好比例，少说自己，多说领导，让领导多出风头。很多女人往往一说起自己来，就没完没了。结果自己高兴了，让领导却不高兴了。实际上并没有把功劳归给领导，相反让领导跟在你屁股后面受尽了冷落。

没有借口，接受任务要干脆

身在职场，你的任务就是认真负责地完成领导交代的工作。要想在职场中获得长久的生存并发展下去，那么就要听从领导的安排，让领导感觉到你良好的工作态度。因此，对于女人来说，在领导分配任务的时候，即使你不喜欢，也要干脆利索地接受，不要有任何借口，否则，让领导觉得你是在挑选工作，这会给他们留下不好的印象。事实上，作为一个下属，最好别跟你的领导讨价还价。

艾薇是图书销售公司的一名销售员，尽管能力不是很强，但是却非常努力，因此在公司销售部也是混得相当不错的。可是，前一段时间，艾薇觉得自己手头的工作越来越难做，为此，她着实伤了一段时间的脑筋。

可是，艾薇转念一想，领导把难啃的骨头留给自己，不也正是说明领导相信自己的能力吗？想到这里，艾薇所有的抱怨和不满的情绪通通没有了，而是拼命地完成了领导下达的任务。

之后，领导又进行了一次任务分配。同事们争先恐后地选择中部地区的一些省市，最后留下了安徽和新疆两个省，因为这两个地方教育相对落后一些，图书销售非常难做，以往每次分配任务的时候，这两个地方都没人去。

领导想了想，对艾薇说："艾薇，你做这两个区域吧，有问题吗？"

艾薇笑着说："没问题，领导，我一定努力做到最好。"

领导看着她，欣慰地点了点头。

从那以后，公司里只要有别人做不下来的单子，领导都会找她，让她去做；有的客户特别难缠，领导也让她去处理。渐渐地，她的地位在同事们中间凸显出来了，工资待遇也相应地提高了很多。

也正是因为艾薇在工作的时候从来不挑三拣四，因此领导觉得她的工作态度好，不管对什么工作都能热情饱满地去做，这样的人脚踏实地，肯定会有所作为。事实上，也确实如此，只要是艾薇接手的工作，她都完成得非常出色。

没过多久，领导手下缺了一个管理层的职位，艾薇随即被提拔了上去。三年后，艾薇已经成了公司的核心层，还享有公司的年底分红。

故事里的艾薇一开始接到领导安排的苦活累活，觉得心里不舒服，后来她明白了其中的道理，不但不抱怨，而且还非常乐意地接受了领导的“特殊照顾”。事实上，她因此也赢得了领导的欣赏和认可，为自己的发展赢得了更大的机会。可见，在领导分配任务的时候，千万不要挑三拣四地给领导留下不好的印象，这在一定程度上会影响你的发展。那么，对于女人来说，如何做到没有怨言，干脆利索地接受领导的工作安排呢?

1. 接受艰苦任务，将压力当做动力

人都有惰性，总想着少努力一些，多收获一些。可是很多时候，工作由不得你去选择。这时候，与其抱怨、找借口，还不如将压力当做动力，努力去拼搏，努力去完成你的任务。因为你越抱怨，会让领导觉得你对工作不满意，对生活不满意。尤其是女人，会让别人觉得你是个怨妇，从而可怜你。试想，这对你是多大的羞辱!

2.为不好做的工作找到完成的方法

俗话说：“失败的人在找借口，成功的人在找方法。”与其向领导抱怨你的工作不好做，还不如多动点脑筋，多想想如何把工作做好。因为当你在抱怨的时候，在寻找借口的时候，你的目的是为了尽量把自己抛到事外。而当你寻找方法的时候，你已经在解决问题了。一种是消极地应付，一种是积极地进取，抱怨并不能改变事实，只有努力才能解决问题。

3.工作越难做，表明自己的能力越强

通常情况下，工作越不好做，难度越大，就越能显示完成这项工作的人的能力越强。这样一来，当领导给你分配比较难做的事情时，你就不会抱怨，而是欣然地接受，这说明你的能力比别人强，赢得了领导的重用，得到发展的机会比别人多，事实上也是如此。所以对于女人来说，不要抱怨领导给你安排的任务重、难度大，你应该干脆利索地接受，因为这是你的机会。

4.越抱怨、越挑剔，说明你越无能

如果给你一项任务，你抱怨做不了。再给你一项任务，你还是在抱怨，还是做不了。这样，你的机会相对来说就非常少了，同样也显示出了你的无能。这样的人怎么可能赢得领导的喜欢和欣赏呢？因此，作为女人，在领导分配任务的时候，不要去抱怨和推卸，而要干脆利索地接受，让领导对你刮目相看。

巧打圆场，让领导发觉你的“机灵劲儿”

在职场里，如果作为下属的我们犯了错误，似乎是非常正常的事。但是如果是我们的领导和上司犯了错误，往往会觉得很可笑，领导自己也觉得很没面子，尤其在人多的时候，更是无地自容。这时候，对于女人来说，如果你足够机灵，一定会想办法给领导打个圆场，找个台阶下。这样，领导会觉得你很懂事，跟你相处会很愉快。

慧慧是老总的秘书，平日里办事非常机灵，所以深得老总的赏识，大事小事老总都会招呼她去做。

这天，一个从外地来的大客户王先生突然来到了公司，和老总进一步谈扩大合作的事情。虽说在此之前已经商谈过几次，但是一直没有拿出一个具体的合作方案。这次，王先生突然到访，就是想趁老总在没有心理准备之际拿下合作，占尽便宜。

事实上，王先生确实将老总打了个措手不及。由于没有一点心理准备，面对王先生提出的合作方案，老总感觉压力倍增。一时之间，不知如何是好，答应了将损失惨重，不答应又让对方觉得没诚意。毕竟王先生跑了几千里路主动上门洽谈。

最好的办法便是先稳住对方。可是，面对客户的咄咄逼人，老总显得有些不知所措。就在这个时候，老总按响了按钮，叫来了秘书，对她说：“帮我冲杯咖啡。”说这话的时候，使了个眼色。慧慧顿时明白是怎么回事了。

过了几分钟，慧慧走进了老总的办公室，说：“总经理，再过五分钟就是公司董事会会议了。这次会议非常重要，董事长要求你务必参加。这是这次会议的发言材料，我已经给你准备好了。”

总经理如释重负地说：“我随后就到，还有将今晚王先生的住宿安排好。”说完后，转身对王先生说：“实在是抱歉，王先生，待会儿我还有重要的会议参加，合作的事我们明天再谈，你看如何？”

王先生有些不情愿，但只好接受了老总的安排。

事实上，根本没有什么董事会的会议，是老总给秘书慧慧递了个眼色，让她帮忙找个借口支走客户，赢得时间。就是那一晚上的时间，老总迅速地安排项目策划部，做出了相应的具体方案。当王先生再次出现在办公室的时候，老总微笑着递上了自己的方案。

故事里的慧慧非常机灵，她领会了领导的眼神，找了个合乎情理的借口，为老总解除了尴尬。可见在职场里，有的时候要机灵一些，眼观四面，耳听八方。只有读懂领导的心思，才能为领导维护好面子，深得领导的喜欢和重用。那么，在日常生活中，如何才能巧妙地打圆场，让领导发觉你的机灵劲儿呢？

1.承认是自己的大意导致的失误

当你的领导出现巨大的失误，身陷尴尬境地的时候，作为下属的你应该及时地站出来，承认是自己的大意导致了领导的失误。这样，无疑是把领导失误的责任揽在了自己的身上。这样让你这个下属犯了错，而顾全了领导的脸面，领导自然会感觉到你很机灵，在日后的工作中自然会重用你。对于女人来说，这时候要有点牺牲精神。

2.为领导的失误做合理的解释

有时候领导一时疏忽，犯下了大错误。比如，在公众场合说了错话，在众目睽睽之下，又不好意思承认错了。这时候作为下属就要随机应变，为领导打圆场。对于女人来说，这时候要给领导的失误做个合理的解释，让别人感觉不到是领导的失误，这样，领导的尴尬便会自然而然地解除了。事实上，一个能为领导排忧解难的下属，才是一个好下属。

3.用大错误淡化领导的小错误

当你的领导犯了一个小错误，又无法弥补的时候，作为下属的你要故意再犯一个大错误。这样别人的注意力就会被你所吸引。相比之下，领导的小错误也就不能算是错误了。当然这可能会让你成为众人议论的焦点，或者成为别人茶余饭后的谈资。但是，却挽救了领导的面子和形象，领导自然会感恩戴德，不会亏待你。

4.混淆是非，吸引别人的注意力

领导犯了错，而你又不想牺牲自己，那么这时候，就完全可以用障眼法，混淆是非，让别人辨不清究竟是谁说的对。这无疑将领导的错误拉到了一堆错综复杂的答案里面，从而保护了领导的面子，挽救了领导的尊严。当然，这样做的前提是，领导所犯的错误是一般人不知道的，否则便没有任何效果。对于女人来说，要聪明一些，机灵一些。

欣然接受领导的批评与责怪

在工作当中，难免会失误或者犯错，被领导批评也是再正常不过的事情了。可是人都有自尊，被领导批评和责怪总会有心理落差，感到难受和痛苦，觉得心里憋屈得很。这样就会在工作中产生抵触的情绪，进而影响你的工作热情，影响你的工作效率。作为女人来说，要想避免出现这样的情况，就要欣然地接受领导的批评和责怪，调整好你的心态，把你手头的工作做好。

阿花是工厂里的产品监督员，说白了她的工作主要就是把好最后的关口，避免包装有问题的产品流入市场。这项工作应该说非常轻松，不应该会出现失误。可是，这天，阿花却被领导叫进了办公室狠狠地批评了一顿。

原来，最近阿花和男友在闹别扭，情绪不太好，上班的时候注意力有些不集中，很多包装有瑕疵的产品没有被挑出来，而是装进了包装箱里，结果在出厂抽查的时候查了出来，几千箱的产品又被重新打回了车间，重新走流水线。当然，阿花得负主要责任。

领导气急败坏地拍着桌子吼道：“你是干什么吃的，你的工作就是看着别把残次品放进去，可这么多的残次品在包装箱里，你给我解释这是怎么一回事？你上班的时候究竟在干什么？你说说这给厂里造成了多大的损失？”

阿花低着头什么话也没有说，可是心里却很不服气。她觉得残次品流进包装箱里也不完全是她的责任，因为平日里几乎没有任何的残次品，可是偏偏那天残次品却很多，这不就说明流水线上有问题吗？现在把责任全推到自己的头上来，有点说不过去。

没办法，领导只好让工人们加班加点，把有问题的产品拆了，重新包装了一次。这一次，阿花目不转睛地盯着成品的出口，生怕再有一个残次品溜过去，可是盯了一个多小时，没有发现一个，于是脑子里就又有些松懈了。这一松懈，就开始胡思乱想了，想起自己白白受的这些委屈，她的气就不打一处来，慢慢地她有了对抗情绪，注意力更加不集中了。

这次重新包装之后，再次做抽查的时候，竟然又抽查出了不少的残次品。领导做了详细的调查，责任还是在阿花的身上。他再次狠狠地批评和责骂了阿花一顿，之后将她调到别的岗位上去了。

故事中的阿花自己犯了错误被领导批评了，她因为没有欣然接受领导的批评，反而心生怨气，结果在接下来的工作中又出现了失误。可见。在工作当中，要欣然接受领导的批评和责怪，不管是不是你的责任和问题，都要虚心接受，这不仅是自己成长的好机会，同时也是给了领导面子。否则，如果处理不好自己的情绪，就会陷入恶性循环当中。那么，作为女人，当你被领导批评和责怪的时候，如何做才能欣然接受呢？

1.要深刻地认识到自己的错误

犯了错误，被领导批评和责骂的时候，首先要做的就是深刻地认识到自己的错误，明白自己错在哪里了，你的失误和犯错给别人和公司带来了多大的损失。当你想明白这些的时候，你的心里就不是怨恨，而是愧疚了。因此，对于女人来说，被领导批评和责怪之后，要从自身找问题，要深刻地认识到自己的错误。

2.要主动承担自己的责任

在职场中生存的人，每个人都有自己的责任，对公司的责任，对自己的责任。你犯了错之后，被领导批评和责怪的时候，要主动承担责任。让领导看到你知错能改的一面，这在一定程度上能平息领导的怒气。对于女人来说，千万别推卸和逃避责任，这样会让领导对你这个人产生偏见。

3.向领导作出相应的保证

既然已经犯了错误，那么在领导批评和责怪你的时候，就要及时地表明你的态度，向领导承认错误，除此之外，还要向领导作出相应的保证，保证再不会出现类似的问题。事实上，领导批评你除了让你认识到问题的所在之外，就是想要让你引以为戒。所以你的表态和保证能让领导宽心。

4.不要为自己狡辩和推卸责任

既然出现了问题，领导找你，那么不管主要的责任在于你还是不在于你，领导批评你都是应该的。这时候不要去狡辩和推卸责任，这样会让领导觉得你是个没有责任心的人。如果你承认了错误，顶多让领导觉得你的工作态度有问题。如果让领导认为你的人品有问题，那么在以后的工作中你的麻烦就大了。

做事多请教，让领导感到你谦虚好学

很多人取得一些成就之后，便觉得自己了不起，看不起自己的领导。

在和领导交谈的时候，总是爱卖关子，说大话，让领导听着很不舒服。可是你别忘了，你的领导既然能管理你，自然就比你强。反过来说，领导能决定你的前途。所以在跟领导谈话的时候，千万不要说大话，要谦虚地向他们请教，让领导觉得你很好学。

邓捷大学毕业之后，就被北京某著名的网络公司聘请当了技术顾问。因为她能攻克很多别人都攻克不了的技术难题，而这些难题要解决，在很多人看来似乎是天方夜谭。就连技术部的骨干人员，也对邓捷礼让三分。

渐渐地，邓捷骄傲起来，不把同事们放在眼里，觉得他们都不如自己。就连技术部的部长，也在邓捷的眼里变成了一窍不通的傻大哥，而且当着别的同事们的面她还直呼“傻大哥”，这让部长非常没面子。

这天，公司上下一片混乱。因为公司的网络以及工作平台遭到了黑客的攻击，在短短的几秒钟之内陷入了瘫痪。技术员们忙得手忙脚乱，后来在大家齐心协力的努力之下，总算恢复了基本的运行。可是奇怪的是公司的网络却怎么也连接不上，这对于他们专门做网络技术的企业来说，无疑是个天大的讽刺。

当别人都在一筹莫展的时候，邓捷却在计算机上迅速地操作着。几分钟之后，故障终于清除了。大家拍手称快，鼓掌庆祝。技术部的部长走到邓捷面前说：“真是多亏了你啊，邓捷，要不是你，这回我们可真是糗大了。”

邓捷躺在椅子上，不屑一顾地说道：“知道我的厉害了吧。要没有我，你们现在去哭吧！”说完哈哈大笑了起来。

部长陪着笑脸说：“是啊，是啊，那你跟大伙说说，你是怎么发现和清除障碍的吧。好让大家学习学习。”

邓捷不屑一顾地说：“跟你们说了，你们也不明白。”

部长没再说话，悄悄地离开了。

没过多久，邓捷被部长辞退了，取而代之的是另外一个电脑天才。

故事中的邓婕仗着自己技术上的优势，把同事和领导根本不放在眼里。尤其是在跟领导谈话的时候，出言不逊，尽管她技术精湛，但是却被领导开除了。由此可见，在跟领导谈话的时候，不妨谦虚谨慎一些，千万别说大话，因为领导决定着你的前途和发展。得罪了领导，也就失去了施展才华的舞台，没有这个舞台，你又是什么呢？那么，作为女人，如何才能做到谦虚谨慎地跟领导探讨工作呢？

1.耐心地倾听领导的指示

作为下属，在与领导探讨工作的时候，要耐心地倾听领导的指示。弄明白领导的意思，这样，在接下来的工作中才能少犯错误。很多下属觉得领导在摆谱，所以对于领导所说的话也是爱搭不理。当领导询问的时候又一问三不知。这样不尊重领导的人，领导怎么会赏识和重用呢？作为女人，一定要清楚，对领导的态度往往决定了你对工作的态度。

2.回答问题时态度要端正

很多下属在回答领导的询问时，总是随随便便应付一下。觉得领导不在基层，根本不懂得他们手头所干的活，说了也是白说。但是，作为女人，你要明白，领导对你有决策权，你对领导的怠慢，会让领导觉得你对工作根本不上心。尽管你业务很纯熟，能力很强，但是你不和领导说，领导不知道，就会怠慢你。

3.一定要服从领导的安排

有些下属在工作中总是喜欢按着自己的方式来工作，如果每个人都按着自己喜欢的方式来工作，那么整个企业岂不是乱套了。所以在这个过程中，领导必须统筹规划。作为下属，要尊重你的领导，听从他的安排，事实上也是对他工作的支持。这就是为什么领导都比较喜欢乖巧一些的下属，而不喜欢那些“刺头”的缘故。因此，女人要学会乖巧一些。

4.把最后的决定权留给领导

很多时候，我们会跟随着领导一起去工作，尽管一些看起来微不足道的事情，你完全可以自己处理，但是别忘了，你身边还有领导，要及时地请示他们，让领导来决定。这样，领导受到了应有的尊重，而你也避免了承担责任的风险。因此，对于女人来说，不论怎样都要谦虚一些，尊重你的领导，把最后的决定权留给他们。

5.有意见保留，勿产生争执

对于女人来说，如果你对领导的决策有意见，那么就要保留自己的想法，执行领导的决定，千万不要和领导发生争执。领导意味着权威，意味着威严，你和领导争执，无疑是挑战他的权威。即使你说的是对的，领导心里不高兴，也不会接受你。相反，你不服从命令，还强词夺理，会给领导留下不好的印象，这更不是什么好事情。

及时汇报工作，令领导对你放心

现在的社会竞争越来越大，很多职场员工为了让自己在竞争中脱颖而出，总是会想方设法地去讨好自己的老板。殊不知，真正能够得到自己老板赏识的，就是那些工作认真、态度端正的员工。

在工作中，鉴于老板的这种态度和心理需求，很多员工在工作上表现出极大的积极性。因此，作为女人，想要让自己在职场生活中脱颖而出，想要让自己在老板心目中成为有很大发展潜力的好员工，就要学会及时地向老板汇报工作，从而让领导对你放心。

大学毕业后，小高夹着简历四处找工作，可是几个月下来，她不但没有找到工作，还花去了不少的钱。后来她来到一家外贸公司做业务员。刚进入公司，小高就认了一位师傅。她心里很清楚，自己刚进入职场，对于很多事情都不太懂，所以请教别人是必须的。就这样，小高跟着这位姓李的师傅开始学习联系业务。

经过三年多的努力，小高终于得到了提升。提拔为业务经理以后，小高还是像以前一样踏实努力，每次老板来视察工作，小高都会交一份很优秀的报告。即使是这样，老板似乎对他不再像以前那么重视，有好几次老板居然还怀疑小高。

对于这样的境遇，小高百思不得其解，她不知道为什么会这样，当初做业务员的时候可以得到老板的重视，对自己也很放心，现在为什么就变了呢？这一系列的问题一直在小高的脑海中盘旋。后来，小高实在想不通，就去请教了师傅。

当小高把这些情况告诉李师傅后，李师傅笑了笑，然后对小高说：“你现在已经是业务经理，你的工作不仅是掌握全公司的业务往来，你还要学会让自己的老板对你放心。”听完这话，小高又问：“那怎样才能让老板对我放心呢？”这时候李师傅说：“这种事情，就要你自己去悟了。”说完拍拍小高的肩膀就离开了。

后来小高想了好久，终于明白了这中间的玄机。小高知道她不可能，也不可以直接跑去告诉老板，要他对自己放心，但是她可以对老板进行心理暗示。明白了这个道理之后，小高每完成一部分工作，都会很及时地向自己的老板汇报，以此来暗示，让老板对自己放心，慢慢地老板又像以前一样，对小高信心十足了。

故事里的小高由一个业务员提升到了业务经理，但是她发现老板开始对她表现出不放心的态度。后来她及时地向老板汇报自己的工作情况，以此来暗示，让老板对自己的工作放心。而小高的老板也就是在这样的心理暗示下，慢慢地恢复了原来对小高工作的信心。可见，作为员工，要学会让你的老板对你放心，毕竟你是在为人做事，如果没有他们的信任，你的工作将无法展开。那么，作为女人，作为下属，在向老板及时汇报工作的时候要注意什么问题呢？

1.客户汇款情况要及时汇报

在公司内，老板最关心也最不放心的就是客户汇款的问题，因为款项关系着公司的经济命脉。如果款项迟迟不到位，老板就会怀疑是销售员和客户联合起来骗他。更有可能是客户把款项汇到销售员自己的手里。因此，要经常向老板汇报客户汇款的情况。如果有必要，还要把客户的信息留给老板。这样一来，老板就不会觉得员工背着自己和客户有别的交易了。

2.与客户合作情况要及时汇报

员工要把和客户的业务合作及时地汇报给老板，包括产品的价格、货物的量等。这样老板就不会怀疑员工在货物上赚取外快，也不会怀疑员工帮别的公司推销产品等。不管员工有没有这样的行径，但是让老板放心是很有必要的。毕竟哪个老板也不希望自己的员工有二心。作为女人，这一点一定要清楚。

3.老板交代的事情及时汇报

作为下属，在工作中，老板会交代你去做一些事情，尤其是负责采购，或者是外联，都要及时地把情况向领导汇报，让领导明白整体事态发展的程度。这样，你也不必因此而承担相应的责任，如果再有什么变动，领导也会及时地交代你去做。对于女人来说，要学会让领导觉得你是个听话的、能用的手下。

4.以公司名义做事情要汇报

很多时候，你在代表公司去做事情的时候，你的一言一行，就是公司的一言一行，作为你的领导，为此是要负责任的。因此，作为女人，以公司的名义做事情的时候，一定要及时地向你的领导汇报，包括中间出现的问题和最终的结果等。这样，会让领导觉得你是个值得信赖的人，因为你在为他负责任。

适度谏言，领导会对你另眼相看

作为领导，都喜欢做人坦荡、做事变通的下属。但是很多时候，在公司里，大家都不愿意讲真话，讲实话，不愿意给领导提意见和建议，宁愿做个乖乖女，而不愿意做出头鸟。因为枪打出头鸟，站出来说真话，有可能会得罪公司的领导，给自己带来麻烦。但是不说实话，又会被淹没在人群中，得不到领导的赏识。所以适当的时候，要站出来，给领导献计献策，从而让领导记住你，对你刮目相看。

张彤是保险公司新招的秘书，可以说是老总身边的红人。可是上班都快半年多了，她却总是感觉老总似乎不怎么喜欢她，而且经常因为一些小事情招来老总的责骂。为此，张彤有些苦恼。她的朋友得知此事之后，说：“你是老总的秘书，老总心里想什么，你应该懂啊。”

张彤委屈地说：“是啊，我说话做事的时候，向来都是号准了他的心思才去说，去做的。可是不知道怎么回事，老总却貌似很反感我。要是他真的很讨厌我的话，我只有辞职了。”

朋友笑着说：“这你就不懂了吧。你是秘书，是老总身边最近的人，有时候老总拿不定主意的时候，会征求一下你的意见。如果你一味地躲躲闪闪，不敢说话，会让领导觉得很没意思。这样以后他有什么心事也不会跟你谈，你们之间不交心怎么加深关系呢？别忘了，领导也是人。”朋友的一番话，让张彤醍醐灌顶、茅塞顿开。

这天，老总看起来忧心忡忡的样子。张彤泡了一杯清茶放在了老总的桌子上，关切地问：“老总，您看起来有心事啊？”

老总惊讶地望了张彤一眼，说：“是啊，与好几个大客户的合作关系都出现了严重的问题，要是为了留住这些客户，又会给公司带来很大的经济损失。但是丢了的话，又不利于公司长远的发展。所以一时之间，有些难以抉择。小张，你对这个问题怎么看？”

这次，张彤没有像以前那样唯唯诺诺不敢讲话，她说：“老总，我个人觉得不能为了眼前的利益而损害公司的发展啊。钱赔了，我们再挣，可是客户丢了，我们的市场就会丢了啊。”

听了张彤的话，老总若有所思地点了点头。

从那以后，老总再也不随便地责骂张彤了，而且还时不时地跟她聊聊天。有时候也会拿一些问题来询问张彤的意见。就这样，张彤不但在公司里待了下去，而且慢慢地变成了公司的核心层。

故事中的张彤因为如实地提出建议，从而赢得了老总的信任，改变了自己在公司里的处境。由此可见，与领导相处的时候，要敢于表达自己的想法和看法，敢于给领导提建议，这样才能赢得领导的信任，才能让领导对你刮目相看。那么，作为女人，如何适度进谏言，让领导对你刮目相看呢？

1.不要担心犯错误

很多人之所以不敢向领导表达自己的主见，是因为担心说错了会引起领导的不高兴。领导不高兴了，那么他就是直接受到打击和报复的对象。所以为了自保，不敢进谏言。即使错了，责任也与己无关。这样一来，你在领导面前永远都是戴着面具，永远没有你独特的一面让领导欣赏。无意之中就和领导疏远了心的距离。对于女人来说，要想获得领导的赏识，不妨大胆地进谏言。

2.要有自己的想法

在表达想法，给领导进谏言的时候，一定要有自己的想法和看法。如果别人说什么，你也说什么，那么给领导留下的印象就是你没脑子，不会思考问题。试想领导会跟一个没脑子的人沟通和交流吗？因此，对于女人来说，如果你没有自己的独特想法和主见，那么即使你说出来了，也不会引起领导的重视，更别说被他欣赏和接受了。

3.表达主见看时机

对于女人来说，你要清楚，你是跟领导提意见和建议，所以表达的时候一定要看时机。如果领导心事重重或者是有些犹豫的时候，你不妨站出来表达一下你的想法和看法。如果领导的主意非常坚定，而且没有商量的余地，那么这时候你再提出不同的想法，领导会觉得你是有意跟他捣乱，故意扰乱他的思维。你独特的主见不但不能被领导所欣赏，而且还会成为领导讨厌你的原因。

4.要对自己有信心

在表达意见的时候，谦虚谨慎是必要的。但是作为女人，你要清楚，如果你对自己没有信心，过度地谦虚，总觉得自己的见地不值一提，那么在你表达的时候，势必会唯唯诺诺、吞吞吐吐，让一个切实可行的建议在你的表现中夭折。领导也会因为你的过度自卑，对你的想法和建议失去兴趣。所以对于女人来说，进谏言的时候，一定要信心十足。即使不合适，领导也不会怪罪于你的。

把握尺度，与领导相处不要“没大没小”

在职场中，很多人觉得和领导的关系很熟了，所以说起话来嘴上没有了把持，什么话都随意说。但是，你不要忘了，领导毕竟是领导，在你面前有个身份的问题。他们一方面想要和你搞好关系，另一方面又要极力地维护自己的身份和地位。一旦领导感受不到你的尊敬，就会拿你开刀，确立他在下属中的权威。领导要想整你，随便找个理由都可以。

段娜是某公司的财务会计，由于和经理王和的年龄差不多，所以平日里经常和经理聊天。慢慢地，她和经理的关系走得非常近，不在公司的时候，她经常和王和“称兄道弟”，也不叫“王总”了，而是直接喊“老王”。

也正是因为她和王和的关系非常熟，所以公司里的各种规章制度，段娜渐渐地不放在眼里了。经常迟到不说，王和交代的工作也做得一塌糊涂。更要命的是，当着别的员工的面，跟王和说话还一副无所谓的样子。

这天，王和来到了段娜的办公桌前，问：“小段，你把上个月的账目调出来，我看一下。”

段娜坐在椅子上，头也没抬地说：“看什么看啊？不相信我是咋的？”言语中透露着对王和的蔑视和不满。

王和忍住内心的不悦，笑着说：“怎么会呢，是因为上个月有客户打进来的两笔款子和账户上的资金好像有些出入，你把上个月的账目调出来，我查看一下。”

段娜没好气地说：“账目和资金有出入？老王，你不会怀疑是我从中做手脚了吧。”

王和这次没有笑，而是严肃地说：“你把账目调出来我看一下。”

见王和一下子变得严肃起来，段娜嬉皮笑脸地说：“不是吧，老王，我你还不了解啊，怎么会背后做那种对不起“兄弟”的事情呢？”

王和没有说话，而是认真地查看起段娜的账目。这不看不知道，一看吓一跳，账做得一塌糊涂。他忍住了内心的愤怒，抬起头长长地出了一口气。

而在一边一直翘着二郎腿的段娜说道：“怎么样，老王，我没有做坏账吧。”

王和看了一眼段娜，终于忍无可忍，吼道：“你是没有做坏账，可是你做的根本就不是账，给你半个小时的时间，立即给我把上个月的账目弄明白，否则卷铺盖走人！”

王和平日里温文尔雅，很少发脾气，这一次大发雷霆，吓坏了同事们。尤其是段娜，她立刻趴在电脑旁，认认真真地做起账来。从那以后，她再也不敢小瞧王和了，每次见面都毕恭毕敬地喊着“王总”。

故事中的段娜因为和经理王和的关系好，所以渐渐地在交往和说话当中非常随意，这种散漫还影响到了她的工作状态和工作态度。后来，王和发了一阵脾气，让她明白过来，自己是员工，对方是老板，自己应该尊敬老板。所以作为下属，在平日里说话的时候，一定要注意，即使领导和你关系再好，也要尊敬他，因为他决定着你的前途和发展。那么，作为女人，如何才能表达你对领导的尊敬呢？

1.不要随便直呼领导的名字

在和领导说话的时候，即使你们关系不错，也要在领导的姓氏后面加上职位，比如，“王总”或者“刘主管”。这样说，强调了对方的身份和地位，听者一般都会非常高兴。有些时候，为了避免身份悬殊，领导会让你喊他的名字。这时候，你可千万不能真喊。不管对方比你大还是小，男的应该叫哥，女的应该叫姐，比如，“王哥”“刘姐”等。千万不要直呼其名，或者是称兄道弟，毕竟对方和你不是一个级别。这一点，作为职场女性，一定要明白。

2.大事一定要请领导拿主意

有些下属和领导的关系好了，大事小事总是喜欢自己拿主意，而把领导晾在了一边。这样时间久了，领导就会觉得他在下属的眼里没有地位，没有权威。因此会想方设法地让你明白他才有决定权，他才是领导。因此，作为一个女人，一个机灵的下属，是不会随便自己拿主意的，而是大事小事都请教领导，尽管这样让领导觉得你没有主见，可是却能赢得领导的喜欢和重用，因为领导觉得你很尊敬他。

3.勿和领导开尺度大的玩笑

平日里，朋友们之间总会开一些玩笑，因为这样可以拉近彼此的关系，调节交谈的氛围。但是在和领导相处的时候，作为女人，一定要注意，不要随便开尺度大的玩笑。尤其是一些涉及男女之间的话题，不宜在有领导的时候交谈，更不能随便地调侃领导。和领导拉近关系是有必要的，但是要注意保持对领导足够的尊敬。因为他毕竟是你的领导，对你的事业和发展，他有决定权。

4.千万不要在言语上有威胁

有些领导涵养高，对下属非常好，谈话的时候总是笑呵呵的，非常温和。也正是因为如此，让一些比较强势的员工觉得领导好欺负，好说话。时间久了，就觉得领导好对付，言语和行为上不免产生轻视。在遇到一些决策的时候，总是颠倒了自己的位置。领导对下属和蔼，不是说领导好欺负，而是领导在尊重下属。因此，作为女人，作为下属，要珍惜领导的尊重，同样也要尊重领导，千万不要在言语上有威胁的成分。

学会拒绝领导的不合理要求

作为下属，当你的领导向你提出不合理的要求时，很多时候让你非常为难。不拒绝自己受委屈，拒绝了又驳了领导的面子。尤其是一些女性，面对自己领导的无理要求的时候，总是显得不知所措，不会巧妙地拒绝领导，要么饱受委屈，要么跟领导翻脸，给自己的工作带来很多不必要的麻烦。

颖慧是个非常漂亮的女人，她不但人长得漂亮，而且擅长收拾打扮，因此气质非常好。当她第一次来到公司应聘财务总监的时候，总经理王伦的心就被她牢牢地征服了。

自从上班的第一天，王伦总是有意无意地接近颖慧。有时候借谈工作的时候跟她套近乎，有时候借着应酬的名义约她出去吃饭。由于是自己的领导，又不好直接拒绝，所以颖慧在与他接触的同时，总是小心翼翼地和他保持着距离。

一次，王伦将颖慧约出去一起吃饭。当颖慧出现在预订的酒店里的时候，他悄悄地把事先预备好的玫瑰花捧到了颖慧的面前。事实上，这段时间以来，颖慧已经有所察觉，她微笑着说：“王总，这是什么意思啊？”

王伦深情地注视着颖慧说：“颖慧，我喜欢你，自打我第一次见你的时候，就深深地喜欢上了你。答应我，做我的女朋友吧。”

颖慧微笑着说：“谢谢王总的厚爱，您是大老板，又那么有本事，怎么可能喜欢上我这个打工妹呢？”

王伦惊讶地说：“我就是喜欢你，是真心的。”

颖慧真诚地说：“我现在什么也没有，只是每个月在你这里拿着微薄的工资来糊口，根本配不上王总。”

王伦痴情地说：“我不在乎，相信我一定能给你幸福。”

颖慧笑着说：“但是我在乎，我知道自己有几斤几两，根本不敢高攀。”

那一天，王总是非常郁闷。他自以为是地相信，以自己的经济实力、自己的人品一定能赢得颖慧的芳心，然而最终却遭到了拒绝。

于是，在之后的日子里，他总是有事没事地跑到颖慧的办公室里闲逛，可是每次他来之后，颖慧都会把办公室的门打开，不给他任何机会，说话的时候也故意声音很大。在他们独处的时候，她总会刻意地让第三个人在场。

这样，王伦就根本没有任何机会了。有时候他叫着颖慧去应酬，颖慧也以各种理由拒绝。慢慢地，王伦知道，颖慧是不可能喜欢上他的，也就放弃了。

故事里的王伦总是借着自己是领导，以各种理由来接近自己喜欢的员工颖慧。颖慧尽管心里很反感，但是她却巧妙地拒绝了王伦。不但保住了自己的工作，而且还保住了自己的婚姻。可见，在遇到领导不合理的要求的时候，要学会拒绝，既能不受委屈，又能和领导相处融洽。那么，作为女人，如何做到这一点呢？

1.把自己的态度明确地告诉领导

在你的领导向你提出不合理的要求的时候，作为女人，要把你的态度明确地告诉你的领导，当然要注意方式方法。你可以通过吹捧对方，或者是贬低自己等，让领导觉得他的要求是不合理的。这样，领导明白了你的态度，又避免了直接被拒绝带来的尴尬。毕竟对方是领导，被下属拒绝是一件很没面子的事情。

2.无论如何不要和领导发生争吵

即使你的领导提的要求是多么不合理，但是对于作为下属的你来说，都不要和领导发生正面冲突。避免和领导撕破脸，在以后的工作和相处中难堪和尴尬。这样，无疑是给自己、给领导留下了缓冲的余地。试想，作为女人，作为下属，拒绝领导已经让他们很难堪了，再和他们发生争执，这样很容易得罪他们。

3.一定要给领导留面子，尊重他们

一般情况下，对方作为你的领导，完全有权力让你去做什么，或者是不做什么。因此，对于女人来说，表达你的拒绝的时候，要通过暗示，说话时口气要委婉，而且把你的歉意要表达出来。这样，领导即使被拒绝了，也不会心生怨恨。因为他们毕竟是你的领导，在你面前还需要一些威严和面子的。直接拒绝驳了他们的面子，无疑是把你自己逼上了绝路。

4.拒绝时要找个合情合理的理由

对方是你的领导，要求你做事情也是应该的。尽管不合理，但是你拒绝的时候一定要找个合情合理的理由，这样无疑是给自己、也是给你的领导找了个台阶下。当然，对于女人来说，你的理由一定要合情合理，才能让领导相信你是真的不能答应他，而不是不愿意答应他。这样，即使被拒绝了，领导也会欣然接受的。

第9章　凝聚人气，女人与同事交往要有策略

身在职场，与同事打交道是避免不了的事情。正因为是同事，所以要多个心眼，不要轻易相信别人，甚至要时时提防着。但是，你在一个群体里生活，又不能随便和别人对抗，否则你将无处藏身。因此，作为女人，在与同事相处时需要更多的智慧和策略。既要避免被出卖，又要凝聚人气。当然这不是随便说说就能做到的，而是需要学习一些方法和策略。在本章，我们将教你如何和同事相处。

细节上关心同事，赢得好人缘

很多人觉得，同事之间是简单的利益关系，不会有感情。但是不得不承认，有的人却能很好地和同事建立情感联系，处处得到维护，尤其是一些女人，只要一提起她，没有人不夸她好的。她们之所以这么受欢迎，究其原因，是因为她们很懂得在一些细节之处去关心同事，给予他们尊重。他们在同事中间有好口碑、好人缘也就显得理所当然了。

阿玉是公司刚刚聘请的财务会计。她非常爱笑，不管是见了谁，都会报以一个真诚的微笑，所以身边的朋友都非常喜欢她。这天中午，阿玉忙着做账，耽误了吃饭的时间，就在她急急忙忙地下去吃饭的时候，突然看到隔壁办公室的同事小王也还在。于是她说："小王，怎么还没有去吃饭啊？"

小王头也没抬地说："你先去吧，我一会儿去。"

阿玉来到了餐厅，她并没有在那里吃，而是买了两份盒饭带到了公司。

她对小王说："吃点吧，我帮你带了一份。"

小王有些不好意思地说："我正打算出去吃呢，你却帮我带了回来，真是太谢谢你了。"

阿玉笑了笑说："没什么，我见你忙得顾不上吃，所以顺便帮你买了一份。"

过了几天，阿玉在打扫卫生的时候，看到同事楚楚的桌子上多了几盆花。可是由于楚楚业务非常忙，又赶上最近在不断地出差，花儿几天都没有浇水了。于是阿玉每天早上下午都认真地给花浇水。

等楚楚从外地回来后，看到花儿竟然没有枯死，非常惊讶，当她得知是阿玉在她不在的这段日子里一直精心照顾着，她的心里充满了感激。

这天下午下班后，她对阿玉说："阿玉，真是太谢谢你了，在我不在的这段日子帮助我照顾我的花。"

阿玉微笑着说："应该的，你不是一直在忙嘛！"

楚楚拉着阿玉的手说："走，我请你吃饭去。"

阿玉不好意思地说："不用了吧，我就是给花浇了浇水，没有为你做多少事情，怎么好意思让你请客呢。"

楚楚说："这还不算帮助我，你这个人心好，我一定要交你这个朋友。"

见楚楚的态度非常坚决，阿玉也没有再推辞。

就这样，阿玉在工作中，总是对同事们表现出极大的友善。同事们都非常喜欢她，不管做什么事情，都会想到她。

故事中的阿玉平日里在一些细节上关心同事，帮助同事，赢得了同事们的好感，赢得了好人缘。可见，在职场里，也是有真情存在的。只要你去多关心和帮助你身边的人，你在他们的心里慢慢地就有了分量。你的好人缘自然就慢慢地建立起来了。那么，对于女人来说，如何在细节上关心你的同事，赢得好人缘呢？

1.多关心同事身边的事

很多人在公司里只顾着低头做事，却从来不去关心身边的同事。但是你要知道，你不关心别人，别人一样不关心你。这样你怎么会有良好的人际关系呢？所以作为女人，你要敏感一些，多留意身边同事身上发生的事情。比如，对方穿了一件漂亮的衣服，你要及时地给予赞美，对方业务上取得好成绩了，你要表达你的祝贺。这样，你在别人的心里自然就有了位置。

2.心里时常挂念着同事

或许在很多人的眼里，同事之间更多的是利益。所以不论什么事情总是考虑自己。遇到好处，总是千方百计地自己先占，遇到坏事，总是想方设法地逃避责任，从而引起同事的不满。对于女人来说，要想和同事们搞好关系，就不能太自私。遇到好事的时候，要想着你的同事，遇到坏事的时候，也要想着他们。这样，时间久了，你自然就赢得了别人的尊重。

3.提醒同事多照顾自己

生活中，我们都懂得照顾自己，让自己吃饱穿暖。当有人叮嘱你的时候，你的心里便会特别感动。尽管对方说的话可能对你没有什么实质性的帮助，但是却在传递一种关心，一种爱，从而让你的心得到温暖。所以对于女人来说，在和同事相处的过程中，也不妨叮嘱他们按时吃饭，叮嘱他们多穿衣服。这样，把你的爱传递出去，同事们自然会对你有好感。

4.替同事分担痛苦

真正的朋友不是和你一起分享快乐，而是和你一起分担痛苦的人。所以关心你的同事，在他们遇到挫折和打击的时候，替他们分担痛苦，这样无疑会让他们感觉到你把他们当做朋友了。既然这样，对方也没有理由不对你好，更何况，人在痛苦难过的时候，心往往非常脆弱，也更容易接纳别人。

学会自嘲打趣，女人能凝聚人气

很多情况下，没有人愿意在别人面前承认自己的缺点和不足，甚至当别人提及你的缺点和不足的时候，往往力争辩解，努力洗刷自己身上的“污点”。但是，如果你能在别人面前毫无掩饰地拨露你的缺点，将你的缺点和不足当做优点一样感到自豪，则更能获得别人的认可，获得知心朋友。

女性朋友比较好面子，觉得在别人面前承认自己的不足很丢人。但是当你拨露自己的缺点，自嘲的时候，别人会觉得你比较坦诚而更加喜欢你。因此，会自嘲的女人永远都有知心朋友围绕在身边。

没见过美丽的人，总是对她充满了遐想，觉得叫这名字的人应该是个绝色美女。而实际上，美丽相貌平平，一点儿也不漂亮，相反她的身材胖得几乎走了形。人说胖人脾气好，这倒是真的，美丽的脾气好得出奇。

和别的女孩子不一样，美丽并不忌讳别人说她胖，反而引以为豪。为此，她有很多的知心朋友。而他们中间的很多人，就是因为在讥笑美丽的过程中和她成了好朋友的。阿梅就是这样成为美丽的知己好友的。

那时候，美丽刚来公司不久，和同事们还不是很熟悉。一次，她去上厕所的时候，刚要进门，忽然听到厕所里有几个女同事在窃窃私语，其中就有阿梅。当时，阿梅对另外几个女同事说：“我的妈呀，你看看新来的那个叫美丽的女孩，那么胖，我真为她担心，你说她在我们面前会不会自卑啊？”另外几个女生哈哈大笑起来。

这时候，美丽推门走了进去。

阿梅一伙没有想到美丽会在门外，她的出现着实让她们尴尬。美丽并没有生气，而是笑着说：“你这人心眼怎么这么实在呢，老爱说实话，你看看她们都藏着掖着不说，我就喜欢说实话的人。”

阿梅以为美丽说的是反话，涨红了脸，站在原地不知所措。

美丽拍了拍几位女孩的肩膀说：“我就是胖啊，这是事实啊，没什么可隐瞒的，再说了，胖了还有胖了的优势呢。坐公交车一个人坐两个人的座位，吃饭一个人吃两个人的分量，这可是占了大大的便宜啊。”

几个女孩见美丽真的没有生气，心里的石头终于落地了。阿梅接着说：“你真的这么想的啊？”

美丽拉着阿梅的手说：“是啊，我天生就胖，减肥又减不下去，所以不为难自己了，享受肥胖者的优越吧。”说完，昂起头，自信地走了出去。

从那以后，阿梅和美丽成了无话不谈的朋友。

故事中的美丽很胖，当她听到别人在讨论她的时候，不但没有生气，反而狠狠地自嘲了一番，炫耀了自己肥胖的种种优势，进而让别人欣赏她、喜欢她，获得了知心朋友。可见，作为女性懂得自嘲，不但能缓解社交的气氛，还会获得真诚的知己。那么，女性朋友要如何学会自嘲呢？

1.不要害怕暴露不足而失面子

很多女性尽量想办法在别人面前表现得很完美，表现你的优势。如果不小心露出了缺点和不足，感觉别人会笑话你，让你很没面子。事实上，你越担心，别人越会笑话你。这时候，索性将你的缺点和不足一五一十地说出来，别人便不好意思再笑话你了。相反，会因为你的坦诚而喜欢你。因为说不定你的缺点和不足正是她的缺点和不足。当你说出来之后，你没有了担忧，别人也没有了压力。因此，女性朋友不妨将你的缺点说出来，好好地自嘲一番。

2.将缺点当做优势一样炫耀

当一个人把自己的缺点当成优点之后，就不会再去掩饰，而是在别人面前炫耀。因此，如果你个头不够高，你就说“可以省下二尺布料”，或者说“浓缩的都是精华”。这样一来，你个子矮的劣势便成了优势。再比如，女性朋友皮肤黑，会觉得很没有面子。你可以说成这是健康的表现，或者说成是肤色黑才更性感。当你把缺点说成优点的时候，你就不会再为自己的缺点而感到自卑了。

3.成熟的接受自我的心态是关键

成熟的心态对于自嘲来说至关重要。你的心态成熟，你才能接受一个并不完美的自己，才会认可你的不足和缺点。这样，你就不会刻意地表现完美，因为你本身并不完美。当别人提及你的不足和缺点的时候也不会感到不好意思。更重要的是，你能把自己的缺点和不足非常自豪地表现给大家。要做到这一点，对于女性来说，实在不是一件容易的事。但是，会自嘲的女人才会更有魅力，才会获得更多的知心朋友。

职场上要清醒面对“友情攻势”

有些人说，职场里没有真的情感。虽然这话说得有些绝对，但是也有一定的道理。因为在职场里，没有绝对的朋友，只有绝对的利益。因此，很多人在面对金钱、机遇的时候，被友情所打败了。尤其是一些女人，真心付出之后，被无情地出卖和背叛，让她们饱受打击。所以导致很多人绝对不和同事做朋友。

和同寝室的姐妹们相比，阿雪算是比较幸运的。因为大学毕业之后时间不长，她就如愿以偿地找到了自己喜欢的工作。但是时间不长，阿雪便垂头丧气地离开了公司。不是她的能力不强，而是因为她背后说了一些抱怨公司的话，传到了老总的耳朵里。

原来，这天下班后，同事小刘叫住了她，说是要请她去吃饭。由于小刘平日里对她很照顾，也算聊得来，阿雪没有拒绝。吃饭当中，阿雪见小刘的情绪非常低落，于是关切地问道：“小刘，你没事吧，脸色看起来怎么这么差啊？”

小刘说：“真是郁闷死了，今天被经理狠狠地骂了一顿。”

阿雪问：“为什么啊？”

小刘说：“还能为什么啊，前阶段她让我去谈的那个台湾客户跳单了呗。”

阿雪说：“那个客户本来就非常难做，做不下来也很正常啊。”

小刘：“可是经理却不这么想啊。”

阿雪说："你说也怪了，这个单子前阶段好像经理自己在跟，她为什么又突然给你了呢？"

小刘："你说，她会不会觉得自己做不下来，才把这个烫手的山芋扔给了我啊？"

阿雪说："很有可能，我平日里就看咱们这个经理不地道，竟然是这么一个人，心也太黑了点。"

小刘："谁说不是呢。你看她有什么本事，全靠剥削我们身上的油水生存呢。谁让她跟咱们的老总关系熟呢！"

阿雪说："小刘，我听别人传说，经理跟老总有那种关系，是不是真的啊？"

小刘："可不是吗，要不然以她的能力怎么可能当上经理呢。"

阿雪："在这样的公司只能受气，受剥削了，不干也罢！"

可是第二天一大早，阿雪就被领导叫进了办公室，不问青红皂白，劈头盖脸一顿臭骂，在领导的咆哮中她才明白，她抱怨领导的话惹怒了经理。原来，一大早，小刘就溜进了总经理的办公室，将阿雪对工作、对经理的抱怨之词一五一十地告诉了经理。

刚进公司不久，就有这么多的抱怨和不满，领导觉得阿雪不适合再待在公司里了。于是这天阿雪失去了这份来之不易的工作。阿雪做梦也没想到，和她关系一向不错的小刘竟然会出卖她，这留给她的只能是伤心和悔恨了。

故事中的阿雪为了安慰朋友小刘而说了一些抱怨领导的话，尽管她只是为了安慰别人，让对方找到心理平衡，但是最终小刘却出卖了她，导致她丢掉了工作。可见，在职场上，人为了自己的发展往往会把友谊看得很淡。所以对于女人来说，千万要清醒地面对"友谊攻势"，在和同事做朋友的时候，也要有所防备。因为对方首先是你的同事，然后才是你的朋友。那么，作为女人，如何才能留意"友谊攻势"呢？

1.不要随便泄露内心的秘密

由于在职场里没有多少真情实意，所以让你倍感孤独。往往别人对你好，会让你掏心窝子地去回报同事，这样就会把你内心的秘密一五一十地告诉他人。如果没有利益相争，对方可能算得上你的好朋友，和你彼此关照。如果有了利益相争，对方便很有可能出卖你、打击你，以换得利益和机遇。所以对于女人来说，和同事相处的时候，千万不要轻易掏心窝子。

2.不要把同事扯进你的生活

最好不要把你的同事扯进你的生活里。一旦把他们扯进来，你生活中的一些秘密便会被他们得知。他们和你好的时候，是你的朋友，如果有利害关系了，便是你的敌人。这样无疑给自己带来了麻烦。因此，和同事交往的时候，最好不要带他们到你家，不要介绍你的朋友给他们认识，而且多聊一些工作上的事情更好。

3.不要随便抱怨和指责他人

在和同事聊天的时候，不要随便抱怨和指责别人，尤其是公司里的人或者事。即使你有再大的意见和想法，千万不要当着你的同事讲。就算对方和你的关系很铁也不要讲。因为你的这些抱怨和想法说给同事便会成为把柄，在产生矛盾和利益纠纷的时候，他们便会要挟你，利用你。所以对于女人来说，不要随便把你的不满和抱怨讲给同事听。

4.三缄其口，说话前多想想

“祸从口出”，话说得不合适，会给自己带来很多不必要的麻烦，甚至会影响自己的生活，甚至是事业的发展。和同事在一起的时候，说话前要多想想，什么话说出来合适，什么话说出来不合适。尤其是女人，嘴比较碎，话比较多，更容易招惹是非。平时说话的时候要多掂量掂量，千万不要为了图一时之快，口无遮拦，因为你一句不合适的话而毁了自己的前程。

给同事提意见与建议，要学会委婉

在工作当中，免不了要和同事相互配合。有时候，对方的想法和做法并不是很成熟，这时候，你就要给他们提一些建议和意见，从而帮助对方把工作做得更好。但是，由于你和同事处于相同的水平上，如果你说对方的想法和做法不好，无疑是说对方无能，这很容易引起对方的误会。这时候，一定要注意，在给同事提意见和建议的时候，要学会把话说得委婉一些，这样才能让别人心悦诚服地接受。

那么，作为女人，如何委婉地向同事提建议和意见呢？

1.先给予他人肯定

在给别人提意见的时候，不要说他不对，或者说他的想法和做法不好，这样无疑是在否定他，你否定了别人，别人自然不会认可你，即使你的想法真的很不错，对方也不会接受。对于女人来说，这时候你不妨先肯定对方，让他觉得你在欣赏他，就算之后你提出意见和建议，对方也觉得你是在很真诚地帮助他，所以就会很容易接受。

2.恰当地用修饰虚词

在给同事提意见的时候，除了不要否定他之外，还要注意说话的用词。比如，你看到对方穿一件裙子不合适，那么你可以这样说："这件裙子做得太瘦了，把你的身材给毁了，如果它能做得再稍微宽松一些，一定会让你更加魅力无穷的。"听起来是在说裙子，实际上是在建议对方穿宽松一些的衣服。这样，你的同事便不会觉得你是在嘲笑她，而觉得你是在帮助她。

3.要引起情感共鸣

如果同事听了你的建议和意见，也觉得自己的想法和做法有些不合适，相比之下，你的建议和意见更好的时候，事实上，这时候你的建议才提得有价值，也才能够帮助到你的同事。作为女人，在提建议的时候，一定要想清楚，你的建议要有逻辑性，或者是要有事实的说服力，让别人信服。如果你只是自己的感觉，那最好别提。

4.注意词的感情转变

任何事情，如果做过了头，情感就会向相反的方向转变。同样，在你向同事表达你的意见的时候，表达要适度，比如，你想要表达这个人太胖了，你可以说，"你的身体真是太好了。"因为这个"太"字，好变成了不好，词语的情感发生了变化，这样可以避免直接说对方太胖了，而遭遇尴尬。

冷静面对办公室内的冲突

在公司里，由于同事之间存在着竞争，所以发生一些矛盾和冲突也是在所难免的事情。很多女人，心眼比较小，爱记仇，只要和别人有过过节，总会想方设法地报复，这导致矛盾和冲突更加激烈，严重影响了情绪，不利于工作的开展。很多性格倔强的女人往往会想尽一切办法逃离对方，要么请求领导调岗位，要么索性拍拍屁股走人。事实上，这都不是解决问题的好办法。

大学毕业后，王楠来到了一家外贸公司工作。在这里，她算不上最好的，但却是最努力的一个。也许是她太努力的缘故，她的业绩一直都是最好的，这引起了其他销售员的不满。尤其是一个叫何茵的女孩，因为她来的时间最长，可是业绩却没有王楠好。

这天，王楠做好了业务报表，准备向总经理汇报。当时，总经理刚好有事，所以王楠就把做好的报表放到了桌子上，去库房发货了。当她忙完之后，已经过了下班的时间了，所以王楠就没有再回公司。

可是，第二天早上，她上班之后，却怎么也找不到自己的业务报表了。交不上业务报表，没办法向总经理交代，一顿臭骂是免不了的。王楠知道有人做了手脚，可是是谁她一时半会拿不定主意。于是她细心地观察，突然在何茵的垃圾桶里，看到了一些撕碎的纸屑。她又多看了两眼，撕碎的东西正是自己的财务报表。

于是她走上前去，问道："何茵，我的财务报表怎么在你的垃圾桶里，而且还被撕碎了呢？"

何茵站起来，不怀好意地说："这你就得问我的垃圾桶了，问我没用。"

王楠气愤地说："这不是明摆着的事吗？为什么别人的垃圾桶里没有，偏偏被撕碎在你的垃圾桶里呢？"

何茵气急败坏地说："你别血口喷人，你哪只眼睛看到是我撕的，要是别人嫁祸给我呢？”

王楠气得说不出话来。

当天，王楠因为没有交上去业务报表被总经理狠狠地训斥了一顿。

受了同事的欺负，又被领导训斥，王楠有些心灰意冷了。她有了想要辞职的想法。当天晚上，她就写好了辞职报告，准备第二天一早交给总经理。

第二天，当她把辞职报告交给总经理之后，忽然看到何茵在那里偷偷地笑，这让王楠非常气愤。随后，她到总经理办公室，要回了辞职报告。她觉得不能就这么被何茵气走了。越是这样，她越要坚持下去。

故事中的王楠被同事何茵陷害之后，一时心灰意冷，有了想要离开的想法，当她交了辞职信之后，却被何茵的笑刺激了，最后她没有走，留了下来，或许之后她们之间的矛盾会随着彼此之间的了解而化解。事实上，在公司里，同事之间发生矛盾和冲突是在所难免的事情，关键在于，当这一切发生了之后，你是否能战胜自己，留下来等待时机化解矛盾，而不是妥协投降似的逃离。那么，作为女人，当和同事发生了矛盾之后，应该如何冷静处理呢？

1.不管错在谁，都要原谅对方

既然双方发生了矛盾，那么就说明两个人都有问题。或许是对方故意设计陷害你、攻击你，那么一定是你在某些方面没有顾及到对方的感情。所以对于女人来说，如果是对方的问题，那么不妨用一颗宽容的心来面对，或许你的宽容会让对方的心有所触动。如果是你的错，那么自然要主动向对方道歉。努力营造一个和谐的工作环境，这样才能提高工作效率。

2.勿用辞职的方式来选择逃避

很多职场人士解决矛盾的方法非常极端，那就是立刻辞职。事实上，辞职对你来说并不是解决问题的方法，你放弃了一个熟悉的工作环境，即使之后再找到合适的岗位，熟悉起来还是需要一定的时间，而且还不一定能遇到合适的老板，合适的同事，如果再不适合，你还要辞职吗？所以逃避不能解决问题，而且你辞职了，和别人的冲突永远也就没有了解决的可能。对于女人来说，这并不是一个好的结局。

3.不要记仇，也不要伺机报复

很多女人心眼特别小，发生了矛盾和冲突，总是把责任推在对方的身上。如果是别人伤害了她，她便会牢牢地记在心里，并寻找机会给予打击和报复，觉得只有这样才能出这口恶气。殊不知，你报复了别人，也会种下新的仇恨的种子，别人也会处心积虑地报复你。这样会严重影响你的工作和生活，可谓得不偿失。所以作为女人，不要记仇，也不要去报复别人。

4.创造机会，主动向对方示好

一个和睦的工作环境，往往能在很大程度上提高你的工作效率。因为你省下了与人争斗的那份心，做起事情来便会更加专注。同时，和睦的工作环境，还可以获得同事的帮助，同样能大幅度地提高你的工作效率。因此，当你和别人发生冲突和矛盾之后，不管错在谁，要想办法尽快地和解，为营造良好的工作环境做努力。

多与同事合作，才能迅速成事

一个能力再强的人，也会需要别人的帮助。因为光靠自己的单打独斗，成就不了大事。很多时候，我们需要互相协作才能迅速地成事。尤其是同事之间，更加需要互相帮助，互相默契地协作，因为每个人的强项都不一样，你会的别人可能不会，别人懂的可能你不懂，互相合作才能发挥最大的优势，将事情做到最好。作为女人，千万不要心胸狭隘，觉得同事之间存在竞争就不合作。你不帮助别人，结果只有一个，那就是被别人所抛弃和孤立。

薇微是某设计公司的资深设计师，她在这一行里做了整整10年了，她所做的设计风格独特，独领风骚，在业内有一定的知名度。也正是因为如此，设计公司的经理黄某才花重金从别人那里把她挖了过来。

俗话说：“一山不能容二虎。”薇微的到来，让公司原来的首席设计师陈菲感觉特别别扭。要知道陈菲虽然没有薇微那么有名气，但是她的设计理念和水平也是一流的。或许是因为这个原因吧，她对薇微并没有好感。

就在薇微到来的第二天，公司的经理黄总接了一个高档楼盘的设计任务。这天早上，她把薇微叫到了办公室里。往常这个时候，到办公室里谈工作的应该是陈菲，而现在却变成了薇微，陈菲觉得是薇微抢走了本该属于她的尊严和她在公司的地位。因此，陈菲对薇微恨之入骨。

当薇微从办公室里出来之后，陈菲随即进了黄总的办公室。

第二天，薇微主动找到陈菲，对她说：“陈菲，我知道你是公司的首席设计师，我一来就抢了你的风头，实在有些不好意思。不过这个设计实在有些难，我一个人拿不住，我们一起做吧。你看怎么样？”

陈菲没有想到薇微会来找她，而且还邀请她一起做，这多少有些意外。想了半分钟之后，她说：“要么你做，你要是觉得拿不下来，那就我做，我不跟你合作，否则算谁的功劳啊。”说完，陈菲就忙自己手里的事去了。

薇微的好意被拒绝之后，她并没有放弃，而是在这天下午再次找到了陈菲，她说：“陈菲，我是真心实意想要邀请你一起来完成这个设计的。我认真地看过你之前的成功案例，做得非常精彩，但是说实话，少了一些灵魂深处的东西。而我的设计恰恰缺乏一些基础的工笔塑造。所以咱们俩结合起来一起做，才能做出最完美的设计方案。”说完，她把陈菲的一些成功案例和自己的一些知名作放到了陈菲的跟前。

几分钟之后，陈菲握住了薇微伸过来的手。两人的通力合作，使方案设计得完美无瑕，一举赢得了当年的设计大奖。从那以后，两人成了谁也离不开谁的完美搭档。

故事里的薇微刚到一个新的环境里，就接到了一个棘手的任务，在这种情况下，她主动向自己的对手陈非寻求合作。结果正是因为两人联手，才创造出了奇迹。可见，同事不一定全是对手，即使是对手，有时候也需要他们的帮助，这样你才能迅速成事。那么，作为女人，如何与同事合作，迅速成事呢?

1.适当地恭维同事

与同事合作的前提是拉同事入伙，跟你一起做。当然，这时候要适当地表达对同事的恭维，否则对方会拒绝帮助你。当然恭维同事的时候要多肯定他们的能力，让他们觉得自己了不起，这样就满足了他们内心的虚荣心，便会伸手来帮助你。当然，作为女人要记住，恭维别人的话千万别说得过头了，否则会让他们觉得你不了解他，你是在嘲笑他。

2.谦虚地向同事请教

寻求同事的帮助时，还要记得虚心向他们请教。事实上这也是对他们能力的肯定，让他们满足了当老师的心理需求。如果你的同事不愿意帮助你，那么你就放低姿态，向他请教。即使他们再和你有过节，也会帮助你。因此，作为女人，要想获得同事的帮助，那么不妨做个学生，虚心向他们请教。

3.暴露缺点主动示弱

如果你足够优秀，你的同事又表现平平，这时候寻求他们帮助的时候，一定要暴露自己的缺点和不足，和他们迅速地把身份放平等。只有这样，他们才能感觉出自己的优势在哪里，才会愿意帮助你。否则他们总是感觉到自己不如你，你向他们寻求帮助，似乎是在耍小丑，他们自然不会与你共事了。所以作为女人，一定要懂得暴露缺点，向同事示弱来寻求帮助。

4.与同事分享荣耀

既然同事参与了你的事情，不管对方给你的帮助是大还是小，对于你来说，都要把荣耀和他一起分享。否则，同事会觉得自己冤屈得很，帮了你的忙，却让你独享了荣耀。尽管你做了大多数的工作，但是对于他们来说，就是觉得很不平衡。所以作为女人，一定要记得，不管对方帮了你什么忙，都要和他们一起来分享荣耀。

大度与同事共处，让自己少一个敌手

同事之间由于存在着利益之间的博弈，所以在彼此心里，对方都是对手，都是要和自己一决高下的人，因此，在工作中总是争先恐后。当然，同事之间适当竞争能提高工作效率，但是恶意竞争便会损耗双方的精力和时间，甚至还会损失机遇。作为女人，你要明白，大度地和你的同事携手共处，这样你会多一个朋友，而少一个敌人，对你来说，无疑是天大的好事。

赵钰是报社刚刚聘请的高材生，据说她的写作水平非常高，在校期间就在各大报纸上发表过多篇文章，在文学界有不小的知名度。因此，赵钰的到来引起了报社不小的震动。不但领导非常器重，同事们对她也是分外看重。

这让报社里原来的红人王敏非常恼火，因为赵钰的到来，动摇了她的地位，领导再也不像以前那么重视她了，同事们也渐渐地远离了她而围在了赵钰的身边。她对自己说："我一定要想办法把赵钰挤走，把本该属于我的东西抢回来！"

于是，她精心谋划了一个计策。这天，她也像别的同事一样，向赵钰请教很多写作中的问题。赵钰热情地给她做了细致的讲解，而且把许多写作经验和工作心得毫无保留地告诉了王敏。这正是王敏阴谋中所希望的，她想因此而接近赵钰，把她的优点学来，然后抓住她的小辫子，挤兑她。

终于王敏的机遇来了。一次，赵钰把她写的一篇评论拿给王敏看，评论中的一些话在批评政府，批评党，这与报道的方向大相径庭。于是她把这个消息悄悄地告诉了报社的领导。很快，赵钰被领导叫去询问，她的文章这一阶段再也不能在报纸上发表了。

可是奇怪的是，当这一切发生的时候，王敏的心里并不像她自己期待的那样开心，而是隐隐地有些酸楚。更让她接受不了的是，她写的文章依旧被报社打回来了。再加上，赵钰在接受调查，没有办法帮助她。

过了一个星期，赵钰恢复了正常的工作，她并没有因此而嫉恨王敏。当王敏把自己所做的一切告诉赵钰的时候，赵钰语重心长地说："一个人不能只做空头文学家，得有思想，你才是有价值的。没事，王敏，至少你让我看到了你的匮乏之处，我给你介绍一些书，你多看一下，或许对你的成长会有帮助。"说着她从书架上取了很多书籍，递给了王敏。

当天下午，赵钰便帮助王敏修改了被打回来的文章，又给她提了很多的建议。渐渐地，王敏的稿件见报率逐渐提高了，几乎与赵钰的稿件不相上下。两人也成了非常要好的朋友。

故事中的王敏处心积虑地想要把赵钰挤走，当她的阴谋败露之后，赵钰并没有因此而嫉恨她，而是真诚地帮助了她，帮她迅速成长。这样她便多了一个朋友，少了一个敌人，工作起来更加轻松了。由此可见，与同事之间发生纠纷之后，要大度一些，帮助他们，把敌人变成朋友。那么，作为女人，如何才能大度地与同事共处，把敌人变成朋友呢？

1.向同事表达你的真诚

由于你和同事之间存在着竞争，所以不管在你的心里，还是在对方的心里，都把对方当做了竞争对手，这样双方就形成了一个对抗的情绪。要想和同事化敌为友，那么就要首先把你的真诚和友善表达出来，这样对方也会减低对你的防备和对抗。因此，对于女人来说，在和同事的相处中，把你的真诚表达出来，让对方明白即使要竞争，一样也可以做朋友。

2.原谅同事对你的伤害

有时候，人为了自己会去伤害别人，就像故事中的王敏一样。这时候，不要去嫉恨他们，因为自私自利是人性，或许调换位置，你也一样会那么做。同时，你原谅了对方，也是给了对方一个和你做朋友的机会，同样也给了自己一个机会。作为女人，这时候一定要大度一些，不要去和同事纠结，否则他真的会成为你的敌人的。

3.把利益好处让给同事

你和同事之间之所以会对抗，会竞争，无非是为了利益和好处。要想获得对方这个朋友，那么不妨把这个好处和利益让给同事。当然，这并不完全是为了取悦对方，而是要让他明白你的真诚，让他明白同事之间更需要互相帮助。即使是对手，也可以是生活中的朋友。因为能和你做对手，身上一定有你所欣赏的东西，作为女人，一定要明白这一点。

4.尽量在工作中帮助他

和你的同事做朋友最好的办法就是在工作当中给予对方真诚的帮助，让对方明白你的友善，你的真诚。当对方明白你在真心实意地帮助他的时候，他也会适当地向你表达他的真诚。所以作为女人一定要明白，化敌为友，就是要你及时地表达你的友善，真诚地去帮助你的同事。

换位思考，多为对方着想

人爱自己总是会胜过爱别人，这是人性，从这个角度上讲，自私并没有错。同样，在公司里，你和同事之间存在竞争、存在对抗也是再正常不过的事情。即使对方处心积虑地想要置你于死地，也不要去嫉恨和仇视他，因为他只是想要维护自己。作为女人，当你想明白了这些之后，你不妨去关心他，多为他去着想。这样你得到的将会是朋友，而不是敌人。

张彤和李艾是某地产公司的员工，她们都是名牌大学的高材生，也都有很强的工作能力。进公司已经五六年了，为公司也做了很多贡献。这次公司打算从两个人中提拔一位，作为公司的运营经理。这个消息传开之后，李艾和张彤就成了仇人。

一次偶然的机会，李艾无意中得知张彤的父母都在农村，生活条件很差，最近张妈妈又生病住院了，尽管生活的打击很残忍，但是张彤一直坚强地面对。得知这个情况之后，李艾的内心隐隐作痛，于是她想把这个机会让给张彤。

在这个时候，公司让她们两人每人做一个项目策划书，以此来考察她们的整体运营策划能力。李艾故意把策划书做得一塌糊涂，而张彤则是认真仔细地做了个完美的策划案。结果可想而知，张彤胜出，被领导提拔当了运营经理。不但薪水翻了两倍，而且还可以拿到公司每年的一大笔奖金。

张彤一直以为是自己的实力比李艾强，所以见了李艾总是高高在上的样子，有时候李艾主动跟她说话，她根本都不搭理。她觉得像李艾这么不自量力的人根本没有资格和自己说话。而且她还在私底下说了很多特别难听的话。当这些话传到李艾的耳朵里之后，她只是淡淡地笑了笑，什么也没说。

由于当上领导，接触公司的机密也就比较多了。一次偶然的机会，张彤看到了李艾当时做的策划书，她感觉到很好笑。但是，仔细一想，她之前跟李艾共事过，李艾的能力她是知道的，怎么会做出这么差劲的策划书呢？

后来，她从李艾的朋友那里知道了事情的真相。她找到了李艾，感动地说："李姐，你为我想了这么多，而我却不但不感谢你，还说了很多中伤你的话，我真的不是人。"说完，张彤哭着抽了自己一个耳光。

李艾走过去，拍了拍张彤的肩膀说："说实话，我渴望这个运营经理已经很久了。可是当我知道你更需要的时候，我做出了让步的决定。我从小家庭比较困难，受过很多苦，所以我能理解你的感受，希望你少受点苦。"

张彤走过去，抱住了李艾，哭了起来。从那之后，两人成为了非常要好的朋友。

故事中的李艾和张彤之间存在着竞争，当李艾得知张彤更需要这个职位的时候，毅然决然地把这个职位让给了张彤。她之所以这么做，就是因为她进行了换位思考。可见，要想和同事做朋友，赢得良好的人际关系，那么就要站在同事的立场上为他着想。那么，作为女人，如何才能做到这一点呢？

1.转换角度，体会同事的心情

很多时候，我们都很自私，心里想的都是自己。想自己能获得多少利益，想自己能获得多少机遇。可是你这么想的时候，你的同事也在这么想。于是就有了竞争，有了敌视，有了对抗。对于女人来说，这时候你不妨转换角度，体会一下同事的心情。想一想他付出了那么多的努力，渴望得到利益和机遇的心情。这样，你就觉得对方其实很值得你同情。

2.感同身受，理解同事的感受

在欲望面前，没有多少人能经得起诱惑。你经不起，你的同事一样也经不起，所以在物欲和机遇面前，大家都会处心积虑地想要抓住。因此，作为女人，当你明白了这一点之后，你也许会觉得你的对手并没有那么可恶。事实上他并不是憎恨你，他只是在利益和机遇面前被扭曲了。如果没有竞争，你和他或许会彼此欣赏呢。

3.将心比心，原谅同事的敌视

人心都是自私的，常常表现得不择手段。暂且不说这是美好的，还是丑恶的，你的对手会表现得这样，同样你也会表现得这样。所以将心比心，不要去仇视你的同事，原谅他们对你的成见和误解。对于女人来说，如果你想得到朋友，那么就要去原谅他们。否则你得到的只能是仇恨和敌人。

4.化敌为友，满足同事的愿望

当你站在对手的立场上，为他们着想的时候，或许你会觉得他们更需要这些利益，更需要这个机会。就像故事中的李艾一样，当她得知张彤的情况之后，觉得她更需要这个机会，于是主动做出了让步。因此，作为职场中的女性，要善良一些，多去理解你的同事。有时候，不妨主动忍让一些，以此来赢得朋友，化解仇恨。

与同事的相处保持一定距离

在工作中，很多时候，我们需要别人的帮助，当你的同事帮助了你之后，你会觉得他就是你的好朋友，因此将你的心扉打开接受他，让他们走进你的生活。或许你觉得你获得了友谊，获得了大伙的认可。可是你别忘了，他们是你的同事，跟你之间有最根本的利益之争，和他们走得太近，势必会引火烧身。因此，对于职场中的女性来说，要学会和同事们保持一定的距离。

柳雨来到公司已经有整整10年的时间了，从业务员一步一步地升到了公司的副总经理，而且她和总经理的儿子感情发展得非常好。按理说，她的前景非常好，这个公司迟早有她的一份。可是就在这个时候却出现了意外。

她的男朋友，也就是总经理的儿子——栾城，最近突然爆出要结婚的消息，而新娘却不是她，竟是她的好朋友红媛。这一切来得太突然了，让柳雨有些接受不了。但是，事已至此，她已经无力回天了。

原来，红媛刚来公司不到一年。柳雨觉得她人不错，心眼好，而且待人真诚，所以在工作中总是有意无意地帮助红媛。渐渐地，两人成了无话不谈的知己。有时候柳雨会把红媛接到自己租的房子里一起做饭吃，有时候红媛晚上不想回去了，就跟柳雨挤一张床。

由于两人的关系越来越好，所以谈的话题也越来越隐私。当然也包括柳雨和栾城的恋情。当时柳雨还给红媛承诺，等他们结婚后，一定要好好提拔和重用红媛。可是红媛并不是一个心思简单的女孩。

她从柳雨那里尽可能多地了解了栾城的一些生活习惯和爱好，刻意主动地去制造机会，向栾城靠拢，这让栾城觉得和她很有缘分，心里的天平慢慢向她倾斜。一天晚上，她悄悄地把栾城约了出来，请他喝酒。之前，她在酒里放了迷药，当栾城喝下之后，便失去了知觉。那天，她悄悄地找人将栾城送到了预先安排好的房间里。

第二天早晨，当栾城醒来后，发现自己和红媛赤身裸体地躺在一起，而且红媛紧紧地抱着自己，他吓坏了，随即赶紧穿了衣服，离开了。此后，红媛不断地纠缠栾城，直到前不久的一个下午，她拿着医院的证明，来到了总经理的家里，要挟栾城娶她，否则她就将自己怀上栾城孩子的事情传播出去。

无奈，为了公司，栾城只好被逼跟她结婚。

当柳雨知道了事情的原委之后，才明白，原来红媛一开始接触她的时候就有目的。她被对方利用了，她的幸福眼睁睁地被红媛夺走了。这时候，她后悔莫及，但是已经没有任何用了。

故事中的柳雨和同事红媛走得非常近，结果红媛得到了很多栾城的信息，继而处心积虑地将栾城从柳雨的手里夺了过去。由此可见，与同事绝对不能做贴心的朋友，因为即使和你关系再好，也是同事，最终索取的是利益。如果你不明白这一点，把他们当做知已，最终吃亏的就是你。那么，作为女人，如何和同事保持适当的距离呢？

1.不要随便和同事交心

即使你的同事对你再好，也不要忘了他只是你的同事，如果你们在同一个公司共同做事，那么你们就不可能做知心的朋友。在公司里要这样，离开了公司更是要如此。让他们尽量少了解你，了解得越少，你就越安全。所以作为女人，一定要心硬一些，千万不要别人一对你好，就什么都说。

2.勿随便泄露你的隐私

和同事相处的时候，千万不要随便泄露你的隐私。包括你之前的经历，你现在的生活和工作中的一些私密事情。如果你对工作不满意，或者对领导有想法，那就更不能随便说了。即使你的同事主动和你聊他的事情，你只需要听一听，但是你的事情绝对不能说。对于女人来说，一定要管好自己的嘴巴。

3.亲密朋友还是少介绍

每个人身边都有一些特别亲密的好朋友，这些朋友千万不要随便介绍给你的同事认识。因为他们或许能从你的亲密朋友那里获得你的信息，对你以后产生不利的影响。如果在生活中碰到了，不妨说成是点头之交，或者是普通朋友。这样就会让你的同事明白，你们只是认识而已，就算他有什么想法，也不会白费力气。

4.交往要保持在工作上

和同事之间相处，免不了要聊一些话题。但是你要记住，话题只能是工作上的，而且要保持在工作上，千万不要聊生活中的事情。而且即使在聊工作上的事情时，也不要随便发表你的意见和建议。作为女人，一定要记得这一点，以避免你无意中说的话，成了同事们手里的小辫子，给你带来不必要的麻烦。

第10章　恩威并施，女上司要懂些领导艺术

女人在很多人的眼里都是弱势群体，但是我们只要留心观察，就会发现并非如此，各种工作中或多或少都会有女人的身影。尤其是现代社会，女人更加独立，很多女人在职场叱咤风云，担任着女上司、女领导的职位。作为女人，要想做好一个领导者并不是一件容易的事情。如果你表现得过于文弱，那么根本就驾驭不了别人；如果你表现得过于强势，又会适得其反，容易和下属对抗，一样影响工作效率。那么，作为一个出类拔萃的女人，如何才能管理好下属呢？这也是本章所要解决的问题。

推心置腹，让下属感受到你的亲切随和

作为领导，面对下属的时候让他们感受到你的威严是必要的，但是也要让他们感受到你的亲切随和。毕竟他们是跟着你做事，很大程度上是对你的信任和支持，如果和你相处的时候，总是小心谨慎，那么时间久了，他们就会厌恶你、远离你，和你产生隔阂。因此，作为领导，尤其是女人，在维护自己威严的同时，要经常推心置腹地和你的下属沟通，用你的亲切随和赢得下属的拥护。

夏燕是公司里的设计总监，或许是因为她想树立领导的威严，在和下属相处的时候总是拉着张脸，因此私下里大家伙都叫

她“夜叉”。尽管朋友曾经给她提过建议，让她和下属们拉近关系，可是夏燕总觉得自己是领导，对下属就得狠一点。

这天下午下班后，夏燕说：“今天大家要加班，务必把这个案子做出来，完成不了谁也不许回家。”

这时候，小鱼说：“总监，今天是我的生日，大家想要为我好好庆祝一下，您看，今天晚上能不能不加班啊？”

夏燕拉着脸说：“你过生日那是你的事情，加班这是公司的事情，你的事情重要，还是公司的事情重要啊？”

小鱼说：“这个案子明天又不着急要，慢慢做也没关系啊，我一年就过一次生日。”

夏燕严厉地说：“不行，要是今天你过生日，明天他过生日，那么工作谁来做啊？今晚上谁也不许走，务必把这个案子做出来。”

小鱼没有再说话，大家的心里像压着一块石头一样。

那天晚上，他们一直加班到了11点，才终于把这个案子给做完了。可是当夏燕把这个案子交给客户的时候，却被客户退了回来，而且还被客户狠狠地为难了一番。原来夏燕在跟客户沟通的时候，并没有理解清楚客户的意思，将案子做得偏离了方向。

下属们得知这个消息后，非但没有替夏燕感到委屈，反而非常高兴。从另外一层意义上说，是客户帮助他们出了这口恶气。事实上，这也是他们预料到的，原来在操作的过程中，小鱼就发现了问题，但是她没有跟夏燕汇报，就是要让她出个丑。

从那之后，夏燕改变了对下属们的态度，要是大家有事，向她请假，只要有理由，她都会批准，而且还很关心别人。有时候，工作之余，她也来到大家中间，跟大伙聊聊天，开开玩笑，工作氛围顿时活跃了很多，办公室里时不时地传出阵阵笑声，工作的效率也提高了很多。

“五一”节假日到了，大伙打算去野外游玩，小鱼主动去邀请了夏燕。在游玩当中，她和大伙儿一起做游戏，一起爬山，没有一点儿领导的架子。在大家的心里她已经不是原来那个“夜叉”，而是值得他们信赖的好朋友“夏姐”了。

故事中的夏燕之前总是板着脸，对下属非常苛刻，大家和她离心，导致了工作上的失误。之后她改变了对下属的态度，赢得了下属的尊重，提高了工作效率。可见，作为领导，尤其是女领导，要懂得处理和下属之间的关系。既要让下属感受到你的威严，又要让他们感受到你的随和。那么，对于女人来说，如何做到这一点呢？

1.主动和下属多交流

作为领导，要想和下属搞好关系，那么不妨主动和他们去交流。因为对于他们来说，你是领导，彼此之间的位置不平等，他们要是主动和你沟通，会担心受到你的批评和责难。如果你主动一些，那么无疑放低了身份，也让对方放下了心理包袱，这样才能达到很好的沟通和交流效果。对于女上司来说，尤其要注意这一点。

2.多关心下属的生活

对于领导来说，可能和下属相处的时间基本上是在公司里。如果你和下属总是谈工作中的事情，事实上还是把自己高高地架了起来。这样，下属在你的面前便有所拘谨，不敢畅所欲言。如果你谈一些生活方面的话题，下属就觉得有话可说。所以作为女上司，不妨和下属多聊聊彼此的生活，同时，还要多关心你的下属的生活。这样才能走进下属的心里。

3.多征求下属的意见

在工作中出现问题的时候，不妨多征求一下下属的意见，让下属觉得你把他们当做自己人，因此便会献计献策，和你一起想办法解决问题。下属们得到了你的尊重，他们也会尊重你最终的决定。对于女领导来说，在这个过程中既显示了自己的领导威严，又表达出了你的和蔼可亲，在一定程度上凝聚了下属的心。

4.要理解下属的感受

身为领导，要关心和了解下属在工作和生活中的各种情况。站在他们的立场上，考虑他们的感受，让下属感受到你的善解人意，感受到你的爱。这能在很大程度上获得下属的人心，让下属死心塌地地为你效命。对于女上司、女领导来说，在对待下属的时候，要展现女人的温柔和慈善，毕竟人要的是尊重和爱。

以身作则才能管理人心

作为领导，严格要求员工是必须的，但是要记住，你要求员工做到的，首先你自己得做到，这样才能让员工心服口服地听从你的领导。如果你连自己都做不到，却还一个劲地要求下属做到，下属的心里有意见也是在所难免的。尤其是一些女领导，对待下属非常苛刻，要是你能以身作则，即使再“刺儿头”的下属，也会对你心服口服的。

对于冷玲来说，她的事业不是在大公司里当高管，而是自己创办了个小公司，当起了老板。由于是初次当老板，所以对于员工的管理和驾驭方面就显得有些生疏。

起初，她并没有对员工提出具体的工作要求。可是时间不长，她就发现，出现了不少的问题，消极怠工的现象越来越严重，不但不按时上班，而且在工作时间内，总是有事没事地请假，更让她受不了的是员工竟然当着她的面聊天、玩游戏。

于是，这天，她制定了一套严格的工作要求，贴在了办公室里面。包括上班时间的要求，工作态度的要求，以及绩效考核，等等。员工们看到后，知道冷玲开始发飙了，于是工作态度立即发生了翻天覆地的变化。

可是，当员工们开始受到管束和要求的时候，冷玲却没有做到以身作则。每天早上，员工们8点已经上班了，而冷玲却迟迟没来，有时候还没有到下班的时间，她有事就会提前离开了。当她迟到和早退的时候，员工们又开始怠工了。

时间久了，原先定好的8点上班，渐渐地变成了9点，原先规定的每天6点下班，也变成了5点，有时候员工们当着冷玲的面都敢早退，甚至当天的工作完不成也理直气壮，根本没有把经理放在眼里。

一次，又有员工迟到了，冷玲将他叫住，批评了几句，对方根本没有一点感到不好意思的情绪。尽管冷玲把话说得特别难听，但是，员工却根本没有放在心上，而且还跟她顶撞了起来。一气之下，冷玲有了要辞退这名员工的想法。

后来，在朋友的建议之下，她改变了应对策略，打消了辞退员工的想法。而是以身作则，起到模范作用。

从那以后，她每天都是第一个到公司，认真地开始工作，员工们迟到了几次之后都觉得不好意思，于是来得也越来越早了。同样，她每天都等到下班后才走，而且有时候下班时间到了还在加班。员工们早退的现象也得到了很大的改观，有时候还会因为她在加班而主动加班。

故事中的冷玲由于在要求下属的时候，自己却没有做到，因此，让下属的心里不服。后来，她以身作则，起到了表率和模范作用，员工们也跟着开始严格要求自己了。可见，对于领导来说，在要求下属的时候，首先要自己做到，这样才能服众。如果你连自己都做不到，下属们即使能做到，也会不去做。尤其是对于一些能力超群的女上司来说，更是要做到以身作则，才能管理人心。那么，对于女人来说，如何做到这一点呢？

1.提要求时先考虑自己能否做到

作为领导，在你向下属提要求的时候，首先要考虑自己是否能做到。如果你能做到，那么下属做到也应该没有问题；如果连你都做不到，那么下属就更做不到了。这样你再要求下属就是不通情理了。因此，对于女上司来说，在要求你的下属的时候，一定要考虑清楚自己是否能做得到。这样，你的要求才能让下属心服口服。

2.执行时千万不要给自己特权

即便你是领导，也要遵守为下属制定的守则。因为你是下属的头儿，如果你走偏了，那么下属肯定也会走偏。就像故事中的冷玲一样，制定了要求，自己却频频犯规，这无意之中冷了下属的心，让下属觉得你的工作态度有问题。既然作为领导都如此，那么作为下属的也就无所谓了。所以作为女人，千万不要觉得自己是领导就可以搞特权。

3.不要觉得侥幸破例一次没事

既然制定了规定，那么就不要随便地去破例。当你由于无奈而破了一次例之后，员工对规定的重视就会大大降低。尤其作为领导，更是如此。因为你破了例之后，下属们再破例的时候你就会表示出理解，这样你的下属破了一次例之后没有受到批评，那么就会开始第二次破例，这样规定也就失去了作用，即使你去批评别人，也很难让你的下属服你。

4.触犯了规定，要及时作出检讨

当你触犯了自己的规定之后，作为领导，要给你的下属作出及时的道歉。尽管这听上去好像匪夷所思，但是你在要求下属的时候，下属也会监督你。如果你及时道歉了，让下属意识到你很重视这个问题，他们也就不好意思再犯规了。对于女人来说，与其在气势上压倒别人，倒不如先要求自己，收服下属的心。

动之以情，将下属的心牢牢地把握住

人是讲感情的。作为领导，与其用一些生搬硬套的规定来要求和制约你的下属，不如动之以情，用你的爱和温暖感动下属，让他们死心塌地地追随着你。作为女人，情感丰富一些，更善于表达感情，在和下属相处的过程中，要更好地利用这一点，动之以情，用情感牢牢地把下属的心抓住。

黄欢是设计部的经理，管着整个公司运营的总体设计以及媒体投放。手下有20多号人，全是和她年纪差不多的同龄人。她没有要求过下属要加班，没有强调过如果完不成任务将要承担什么责任，但是下属们却非常愿意听她的调遣。

这周，公司整体楼盘要上市，需要作出每个小区不同的营销策划方案。除了黄欢自己负责设计三个之外，其余的20个分别由手下的员工去完成。做一个营销策划方案一般需要两周时间，可是公司要得急，她们只能在一个星期内完成，因此，这对黄欢所负责的设计部来说是个不小的难题。

当她把这个消息告诉给下属的时候，招来了下属的一些抱

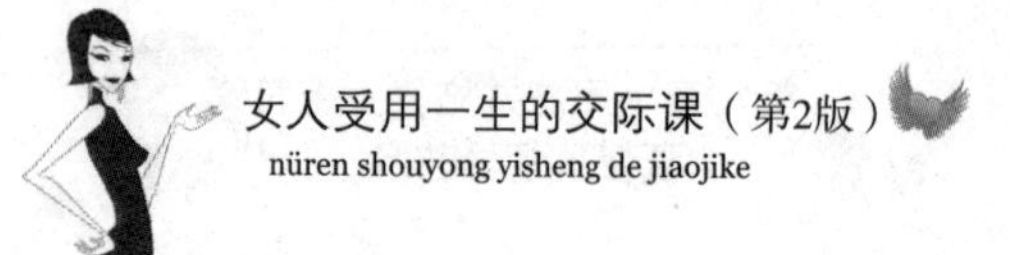

怨。有的人说这是根本不可能的事情，有的人在抱怨自己要劳累而死了等，总之大家的情绪和热情都不高涨。黄欢知道，要是这样下去是绝对不可能完成的。

于是，她在说完了决定之后，动情地说：“我知道大家都和我一样，渴望有个周末好好地玩一玩，渴望和男朋友或者女朋友一起去约会。我和你们年龄都差不多，你们内心想的东西我也在想。为什么？因为我们年轻，我们需要快乐。可是如果我们现在不努力工作，我们拿什么快乐呢？说实话，我们还不是享乐的时候，而是拼命地努力工作，为自己打拼事业的时候。就算有人嫁给你，你拿什么让她幸福？就算有人娶你，你和他在婚姻中会平等吗？人的经济实力直接决定着你的地位和尊严。”

说到这里，她停了几秒钟，下属们若有所思，低头不语。紧接着，她说：“我们现在苦一点、累一点，这没什么，我们年轻，不是吗？有没有信心？”她大声地说着。

同事们的热情被调动了起来，大声喊着说：“有！”

黄欢笑着说：“好，我就是喜欢年轻人身上的这股子冲劲儿。咱们一起努力，把这个设计方案做出来。回头我请大家去好好地乐呵乐呵。”

故事中的黄欢作为领导，在下达任务的时候遭到了下属的抱怨，这时候，她积极地对大家进行了动员，动之以情，把话说到了下属的心坎上，激发了下属的热情。可见，作为女人，要走进下属的心里，动之以情，把话说到下属的心里。这样，才能把下属的心牢牢地把握住。那么，作为女人，如何才能做到这一点呢？

1.说话时多为下属考虑

作为领导，在和下属沟通的时候，要多为下属考虑。比如，你想让他加班了，你可以说成是想多锻炼锻炼，让他迅速地脱颖而出。这样，当你的下属明白你的一番良苦用心之后，便会打心眼里感激你。这样无疑是把下属的心给牢牢抓住了。因此，对于女领导来说，将你的命令变成对对方的希望，多为下属考虑，便能很好地驾驭他们。

2.站在下属的角度上想问题

当作为领导的你想要让下属做一件他并不爽心的事情的时候，不要站在你的角度上去说希望他如何完成任务。你要站在他的角度上，理解他的苦衷，积极地帮助、引导他，这样，下属便会对你感恩戴德，觉得遇到了一个好领导。作为女人，一定要善解人意，让你的下属为你而感动。

3.把话说到下属的心坎上

当领导的一定要多洞悉下属的心，明白他们心里在想什么。然后和他们沟通与交流的时候，把话说到他们的心坎上。比如，故事里的黄欢明白下属们希望娱乐，又在为自己的前途担忧，因此她在动员和鼓励下属的时候，才会有那么一段精彩的表达。事实上，她把话已经说到了下属的心里面去，继而赢得了下属的认可。

4.积极鼓励和激发下属

当下属对工作产生厌倦和反感情绪的时候，或者是对你的安排有想法的时候，作为领导，这时候要及时地给予他们鼓励，及时地激发他们工作的热情和兴趣。这样，让下属觉得你细致体贴，觉得你能温暖他们的心。因此，对于女领导来说，要积极地鼓励和激发你的下属，从而站到他们的心里面去。

适时给予下属精神嘉奖与鼓励

生活中，我们发现当一个并不优秀的人得到别人的鼓励和嘉奖后，便会变得非常优秀。相反，当一个非常优秀的人经常得不到别人的鼓励和嘉奖，慢慢地就会变得不优秀了。在职场中也是一样的，作为领导要经常给予下属一些嘉奖和鼓励，从而让他们能够自我肯定，这样他们工作的热情便会更加高涨。

石磊在工作中表现平平，三年了没有得到过任何奖励和表扬。所以在这三年中，他总是按部就班地去工作，生活中没有太大的惊喜。可是，最近，他却一下子飙升成了厂里的业务骨干。

这让很多人感到不解。事实上，这一切都源于新来的领导王梅。

这天，石磊按时来上班，认认真真地把自己的事情做完。下班的时候，他发现机器的一个螺丝钉好像有些松动了，于是他花了三分钟，去把这个螺丝拧紧。这一幕刚好被他的领导王梅看在了眼里。

第二天，王梅在上班之前，将职工召集到一起，对他们说："今天，我要表扬一个人，他很普通很平凡，但是正是这么平凡的人却表现得这么优秀，是我始料未及的。很多人说我们车间没有典型，缺乏模范，我看我们是有榜样的，他就是我们最最可爱的石磊！"说完后，王梅率先鼓起掌来。紧跟着，响起了热烈的掌声。

王梅说："昨天下午下班后，别的人陆续都离开了，而石磊却认真地检查了机器，并做了相应的修理。他这种对工作负责任的态度是值得我们学习和借鉴的。"说完，王梅又鼓起掌来，这时的石磊紧张得心扑通扑通直跳。

从那之后，石磊上班的时间早了，总是第一个来；下班的时间晚了，总是最后一个走；而且在上班当中，他的热情非常高涨，工作效率也提升了很多。在短短的两个月之内，他已经远远超过了车间内的业务骨干。

在职工大会上，王梅再次表扬了石磊，她说："石磊在过去是一个表现平平的职工，可是最近却表现得异常突出，工作效率一度超过了车间内的业务骨干。为此，我在这里提出表扬，并且奖励他200块钱的奖金。大家要多向石磊学习，把你们的热情拿出来，把工作搞上去。"

随后石磊被叫上了讲台，接受了王梅发放的奖金，还在台上发了言。尽管他表现得很紧张，说话语无伦次，但是他却因此而得到了大家的肯定和认可，不论走到哪里，大家都对他点头微笑，石磊的心里别提有多高兴了。

故事中的王梅及时地表扬了石磊，这让石磊对自己有了充分的肯定，工作热情也有了，工作效率也大大提高了。可见，人在适当的时候需要别人的鼓励和表扬。作为女领导，要及时地满足下属们的这些心理需求，这样才能赢得他们的欣赏和钦佩。那么，作为女人，如何给下属精神嘉奖和鼓励呢？

1.要表扬他们的一些小优点

很多人看起来似乎没有什么可表扬的，但是只要你认真地去观察，他们身上值得别人学习的东西太多了。因此，作为女领导要细心一些，去发现下属身上那些微不足道的优点，比如，工作中的负责任态度，做人方面的坦诚和友善等，这些都可以成为你表扬的优点。只要你表扬他们，即使他们不出众，也会努力地让自己出众的。

2.表扬他们时要在人多的时候

人都有虚荣心，希望得到别人的认可和肯定，这样会让他们自身的价值得到进一步提升。作为女领导，在表扬下属的时候，一定要选择人多的场合，让大家都知道你所表扬的这个人身上的优点，并且要号召大伙向他学习。这样，下属的虚荣心得到了极大的满足，工作起来的兴趣便会大大增加了。

3.不但要赞许他们，还要鼓掌

在表扬下属的时候，不但要赞扬他们的优点，还要及时地给予掌声，为他们欢呼喝彩。当你带头鼓掌的时候，别的下属也会积极地为他鼓掌。这样，被表扬的下属的热情就会被激发出来，变成一种责任。如果不努力工作，让自己表现得更加优秀，那么就会被别人笑话，在这种心情影响之下，他也会积极努力的。

4.要给一个受人尊敬的身份

在表扬你的下属的时候，作为聪明的女领导，要给他们一个恰当的身份，比如说，“工作标兵”或者是“业务榜样”等。这样，被表扬的人便会时时以这个身份来要求自己，如果他们表现得不优秀，他们也会被自我所否定，感觉到良心愧疚。这样一来，他们表现优秀也就理所当然了。女领导对于这一点一定要清楚。

说到做到，做下属心中的可靠领导

在人际交往当中，如果你说到做到，那么别人会觉得你言而有信，便会和你深交；如果你说得出却做不到，那么会让别人觉得你不讲信用，没有诚信的人在社会中是不会受欢迎的。同样，在职场中，作为领导，如果你连自己说的话都做不到，那么无疑会让下属怀疑你，觉得你是个靠不住的领导。事实上，当下属都不拥护你的时候，你也就失去了做领导的意义。

这天，公司销售部经理叶梅在年会上对下属这样说："大家好好努力，这个月咱们的销售额要是上了100万元，我出钱带领大家去九寨沟好好玩一趟。"

大家一听，拍手称快。小玲笑着说："叶经理，你不会是在骗我们吧？"

叶梅一拍胸脯说："是真的，我啥时候骗过你们啊？大家好好努力，这个月争取把销售额做到100万元，为了下个月能有一次出去游玩的机会。"

小玲转身对其余的人说："大家记住叶经理的话，好好努力啊。"

转眼间一个月的时间过去了，由于大家齐心协力，销售额超过了150万元，这让叶梅异常兴奋，因为这么高的销售额，意味着她将有可能在当月的评选中当选总公司的副总经理。但是她只顾着自己高兴，却把当初的许诺给忘记了。

下属们都等着叶经理带着他们去九寨沟放松呢，结果等来等去没有了踪影，这让大家大失所望。眼看着又一个月要过去了，叶梅依然没有一点动静。这天，小玲按捺不住，敲开了经理办公室的门，她说："叶经理，你啥时候兑现你的诺言啊？"

叶梅故意装傻说："什么诺言啊？我没有对你们有诺言吧，轻易许诺言也不是我的风格啊！"

经理的回答让小玲有些不知所措。她很不高兴地说："经理，这样就没意思了吧？”

叶梅说：“什么有意思没意思啊，上班时间抓紧去工作吧。”

小玲没再说啥，回到了自己的岗位上。很快，经理言而无信的事情传遍了销售部，大家都非常气愤，但是也无可奈何。

从那之后，叶梅在下属面前说话的时候，大家都不吱声，她问问题的时候，也没有人回答她。后来由于大家一致强烈要求换掉经理，叶梅不但没有晋升成公司的副总经理，反而丢掉了业务经理的职位，被下放到后勤上去了。

故事里的叶梅在向下属做了许诺之后，却没有去兑现，从而让下属觉得受到了欺骗，失去了对她的信任。可见，作为领导要说到做到，让下属打心眼里欣赏你、尊敬你。否则，没有了下属的支持，你的领导也就当到头了。那么，对于女领导来说，在和下属相处的过程中，如何做到说到做到呢?

1.说话前多考虑考虑自己的身份

作为领导，在下属面前说话的时候，要充分考虑自己的身份。你是以领导的身份在说话，你所说的每一句话在下属面前都代表着你所在的单位和公司。如果是你自己的意愿，最好别在下属面前说，因为你无法保证是否能够做到，这样很容易导致你言而无信。作为女领导，在下属面前说话的时候，一定要注意自己的身份。

2.说过的话一定要牢记在心里面

在下属面前说过的话，对于领导来说，一定要记在心里。在适当的时候，按照自己的话去做。或许你说的时候并没有太留意，但是在你的下属心里，就会把它当真。所以对于女上司来说，在下属面前你说过什么，一定要记得清清楚楚的。如果你忘了，那么就会让下属觉得你不够真诚。

3.承诺过的事无论如何也要兑现

不管是什么原因，作为领导，当你在下属面前做出了承诺以后，就要及时兑现，以免让下属对你产生误会。即使你兑现起来有困难，也要想方设法地来兑现。要知道如果你兑现了对下属的承诺，那么将会赢得所有下属的心，你的领导才能长久地当下去。否则，给下属留下不可靠的印象，你的领导生涯也就到头了。

4.不要轻易在下属面前说谎

一般情况下，我们觉得经常说谎的人靠不住。或许他并没有欺骗你，但是他欺骗了别人，就会增加你的担忧。同样，作为领导，不要轻易在下属面前说谎，这样会增加他们对你的不信任感。因为他们觉得你欺骗了别人，一样也会欺骗他。对于女人来说，尤其要注意这一点，不要让下属对你抱有成见。

学会信任，放手让下属去做事

很多时候，领导总是担心下属做不好事情，不敢让他们放开手脚去做。往往正是因为如此，下属才失去了做事情的灵活性，每做一步都要向领导请示，最终将事情办得一塌糊涂。如果领导再信任下属一些，让他们充分发挥自己的能力去做，或许他们能将事情做得足够完美。对于女领导来说，更要把心放大，更要有做领导的魄力，千万不要凡事都亲历亲为，否则，事情往往与你期望的相反。

王开娟是某设计公司的主管，由于平日里工作认真负责，再加上脑子灵活，所以得到了客户的一致认可。最近，有客户需要一套古典书籍的四种不同的设计方案，需要王开娟所负责的设计部迅速地拿出来。

王开娟把客户的要求都告诉了手下的几名员工、让他们充分发挥想象，将四种设计方案做得风格迥异。如果这时候，她不再插手，或许员工们真能拿出好的设计方案来，可是对于王开娟来说，她并不放心。

于是，她来到了小宇的身边，说：“小宇，你所负责的这个设计方案主要做的是古典型的，说说你的想法。”

小宇想了想说：“这套书籍是古诗词，在追求古典的同时，我觉得应该再放一些清幽淡雅的元素进去，以此来增加书的神秘感。”

王开娟说：“这个方案是古典型，着眼点在‘古’，尽量做得古香古色一些，不如放一些青铜器，或者是古代的牌楼等，只要是能表达得越‘古’就越好。”

小宇疑惑地说：“可这是一本诗集啊，那样做的话会不会偏离主题啊？”

王开娟说：“就按照我说的那样做吧。”

说完，她又来到了艾艾的身边，看着艾艾在做基础的构思设计，她说：“怎么，你打算把李白的图片放在封面上？”

艾艾说：“是啊，这样再配一些墨汁的元素进去，显得‘书香’一些。”

王开娟不满地说：“那怎么能行呢？黑漆漆的，会影响书的整体效果的。不是有琴棋书画之说吗？为什么不放一个古琴上去呢？”

尽管艾艾心里不愿意，但是也没有再说什么，就按照王开娟的要求，放了一把古琴的照片上去。

当大家加了两个班，将设计方案做好后，发给了客户。很快，客户将方案返回来了。理由很简单：你们根本没有领会要求，刻意地追求风格，却忽视了书的主题。很显然这个问题出在王开娟的身上。当她要求员工重做的时候，谁也不愿意再做了。

故事里的王开娟在接到客户的活之后，下放到了员工的手里，可是又总是担心他们做不好，因此，把自己的意愿强加到了里面。正是因为她的想法，让这几个方案被客户完全否定了。可见，有时候，领导要充分信任你的下属，让他们放开手脚去发挥，这样，不但你轻松了很多，而且还可以集思广益，将工作完成得更好。那么，作为女领导，究竟该如何做才能表达出你的信任，让下属放手做事情呢？

1.给下属分配任务后等待结果

作为领导，把任务分配给下属之后，就要学着站高望远，在整体上进行统筹规划，具体怎么去做，完全由下属自己去思考。不管下属做什么，以什么样的方式，只要他能完成你交给的任务，那么就能说明他是好的。对于女领导来说，这一点应尤其注意，千万别像管家婆一样，什么都要管。

2.不要在任务执行中强行干涉

作为下属，接受了你分配的任务之后，有他自己的解决方式和思想。那么，作为领导，这时候我们可以去了解，但是千万不要强行去干涉，这已经不是领导该做的事情。作为女人，你要牢记，你是领导，是指挥者，不是执行者。如果你扮演不好你的角色，那么下属的角色就会变得非常尴尬，工作上往往就容易出现问题。

3.多去尊重下属的意见和想法

每一个人都有不同的想法，对于完成一件工作都有不同的认识。对于下属来说，这是他的责任，因此往往会按着自己的方式去努力做好。可是如果作为领导的你觉得有问题，那么也要尊重下属的选择，因为这毕竟是他的事。作为领导，你只能在最后的结果中评定好还是不好，却没权利在这时候要求下属按着你的意思来做。

4.学会放权让下属自己做决定

有很多时候，下属手里没有权，每做一步都要向领导请示，事实上，这已经不是下属在做事情，而是领导在要挟下属做事情。这样往往下属放不开手脚，而领导又不去思考。事情做不好了，是下属的责任，做好了是领导的功劳。长此以往，下属也就失去了工作的兴趣。作为女领导，一定要记着给下属分权。

下属犯了错，要用宽容的心态去指教

很多领导在下属犯了错误之后，会对下属进行责骂，目的是让他们引以为戒。尤其是一些女领导，总想趁机树立自己的威严。诚然，对于领导来说，树立自己的威严很重要，但是如果因此而伤害了下属的心，伤害了他们工作的积极性，那么这样的批评和指责也就失去了意义。相反，这时候如果你能宽容下属的错误，然后耐心地帮助他们改正，这样才能真正地起到教化的目的。

邓丽是一个出版公司的老总，尽管她平日里对员工要求非常严格，但是却非常和蔼，从来没有去指责和谩骂过谁，因此员工们也从心眼里喜欢她，都叫她“邓姐”。

这天，她手下的一个叫做刘雨的女孩，因为在负责校对和修改的时候，出现了严重的问题，所以稿子上交到出版社之后，很快便被打了回来，要求重新认真做校对。做重复工作倒不是问题的关键，更严重的是影响了图书的出版日期。因此，邓丽的心里非常不爽。

这天下午，她把刘雨叫进了办公室里，和蔼地说：“你上次校对的这个稿子出了很大的问题，你看看。”说着，将出版社返回的稿子递给了刘雨。

刘雨拆开一看，顿时傻了眼。

这时候邓丽说：“校对其实是一项要求非常苛刻的工作，来不得半点儿马虎。我看了你校对的这个稿子，大概有以下几点问题，你留心记一下。”

刘雨点了点头，回到自己的座位上拿了个小本本，开始认真地记录邓婕的意见。

邓丽说：“第一，你的校对符号用得很混乱，你回头认真地看一下咱们公司的校对符号，然后在下次做校对的时候，尽量别用错了；第二，就是一些生僻字、多音字，你要多留点心，准备一本字典，一遇到不会的，或者是有疑惑的，查一查，确认一下；第三，是一些资料性的知识，平日里很少见，在稿子中遇到了也要认真地去求证，不要觉得那些知识别人经常不看，就忽略过去，往往很多错误就出在这里。”

邓丽见刘雨逐一作了记录之后，对她说：“这一次校对的时候，一定要认真一些，如果有必要，可以请假去图书馆找资料。但是也要保证速度，因为这一次已经是拖延了不少出版的时间了。”

刘雨点了点头，拿着稿子去工作了。

故事中的邓婕在下属犯了错误之后，并没有进行严厉的批评和指责，而是和蔼地给她指出了问题所在和解决的方法，帮助下属迅速地成长。如果当时她训斥了刘雨，可能不但帮不了忙，而且还会影响刘雨的心情，影响工作效率。那么，作为女领导，当你的下属犯了错误之后，如何才能以一颗宽容的心去耐心地指教呢？

1.不要过多地追究责任

既然错误已经犯了，那么责备已经无济于事，也不能让错误消失，那么批评和指责就显得多余了。或许你会说，这是为了让下属长点记性，避免下次再犯。可是如果他依旧不能理解错误，那么毫无疑问，下次还会犯。与其这样，还不如不指责。事实上，下属犯了错误，他们自己已经很难受了，你再指责，无异于是往伤口上撒盐。

2.在内心深处原谅下属

可能因为下属的失误给你带来了一定的麻烦，甚至是经济上的损失，所以很多时候，一些领导非常气愤，把这种情绪发泄到下属的头上。这样，除了你生气、下属难过之外，没有任何意义。与其这样，你还不如从心底里去原谅你的下属，和蔼可亲地去安慰他们，反而会让他们内心感动不已，继而学会改正错误。

3.积极地指出下属的错误

既然下属犯了错误，那么作为领导，就应该积极地指出他们的错误，让他们知道自己错在哪里了，为什么错了。这样才能让他们认识到自己所犯的错误的根本之所在，才能明白自己错在哪里了。如果你只是一味地指责和批评，对对方改正错误非但没有一丁点的帮助，而且还容易形成对抗情绪。作为女领导，应该更加清醒地认识到这一点。

4.指导下属正确地处理

下属犯了错误，那么领导要做的便是帮助他，指导他，让他尽快地改正错误，避免让错误蔓延下去，增大负面影响。如果这时候你要官威，批评和指责你的下属，无疑会让错误扩大化，把损失增大了。而且你批评了下属，下属的心里不舒服，也会影响工作效率。聪明的女领导是万万不会这么做的。

让下属看到光明的前途，令其充满干劲

生活中，我们看到了希望之后，就会觉得日子越来越有奔头。同样，在职场中，如果能让员工看到自己光明的前途，那么无疑会激发他们对工作的热情。所以作为女领导，要学会给下属希望，要学会给他们描绘未来的蓝图。有了这个希望和蓝图，他们对未来便会充满信心，这在很大程度上能提升工作的效率。

爱云是某知名健身器材公司的销售经理，她手下有20多个销售员，有的是公司的老员工，但大多数都是刚刚招来的大学毕业生。对于销售这个职业，很多人都不了解，因此，给他们描绘未来的蓝图很有必要。

在这些新人报到的第一天，爱云就把他们召集到一起，给他们讲了销售这个行业的一些基本常识。她说："我首先要告诉你们，你们现在所从事的这个职业，是世界上最崇高的职业，也是最能实现你们价值的职业，因为这个职业能真正地赚钱。"

这时候，有一个新人问道："经理，你说的是真的吗？既然是最崇高的职业，为什么还有很多人看不起销售员？"

爱云清了清嗓子说："之所以说他是最崇高的，是因为它能让一个人真正地实现自身的价值。很多大公司的老板都是从基层的销售员做起，然后不断努力，最终成为富翁的。事实上，你们如果努力，坚持下去，你们也许就是将来的某个大老板。我跟大家说，看不起销售员的人一辈子也只能给人打工，他们永远都是穷人，而你们则可以通过自己的努力去创造财富。"

爱云接着说："咱们说点实际的，一般在办公室里做事的人一个月能拿多少钱？说白了也就两千，或者三千。但是如果你们做顺手了，每个月可以拿到上万元。他们还有什么资格来笑话你

们呢？就拿我们这个健身器材来说吧，卖掉这么一套拉环，你们知道利润是多少吗？我不妨告诉你们，差不多1000块，不可能客户只需要个拉环吧。你再想想，现在的小区建设很多都需要健身设备，还有公园里、广场里、学校里等，市场非常大。只要你们去努力，钱就会源源不断地流进你们的口袋里。”

这时候，新人们的热情高涨，为爱云的讲话鼓起掌来。

故事中的爱云在和新招聘的销售员谈话的时候，对销售的意义重新诠释，对他们现在工作的大好前景描绘了蓝图，激发出了销售员的热情。可见，在工作中，作为女领导，要学会给下属们希望，给他们描绘蓝图，这样才能激发下属的工作热情，让他们积极地投入到工作中去。事实上，工作态度积极了，效率自然就会高很多。那么，作为女领导，如何才能给下属希望呢？

1.描述所在行业的前景

任何下属在意识到自己所在的行业大有发展前景的时候，都会信心百倍地去投入工作。如果觉得没有前景，便会消极怠工。因此，作为领导，要时常对你的下属强调你所在行业的美好前景，这样，不断地给他们描绘未来的蓝图，让他们的心里永远对自己充满希望。作为女领导，要学会在精神上驾驭你的下属。

2.和最优渥的收入牵连

说白了，所有人工作都是为了钱，包括你的下属，他们也是为了挣钱来养活自己。那么，对于当领导的你来说，就要告诉下属，只要他们努力，收入就会大幅度增加。当然，这么说显得不咸不淡，适当的时候还要举一个身边的例子，让下属明白，自己也是有希望的，也是可以赚大钱的。这样，他们的工作热情自然就调动起来了。

3.给他一个领导的诱惑

很多人在追求金钱的时候，还会去追求权力。因为当了领导，就显得自己的身份尊贵了。因此，作为女领导，不妨在下属的升迁上做文章。比如，你告诉他，只要他好好努力，那么你会在适当的时候提拔他，尽管你给他的这个管理岗位没有什么实质的意义，但是对下属来说，那就是实实在在的诱惑。

4.强调将会提高社会地位

当一个人在热门行业挣了大钱，当了领导，那么无意之中就会有了一定的社会地位，就会在社会上受人尊敬。作为领导的你，在激发下属的热情时，不妨拿社会地位高的人和他建立联系。这样，拥有高的社会地位就变成了下属的一个目标。暂且不说这个目标能不能实现得了，但确实能在很大程度上激发下属的工作热情。

巧用激将法，令下属“迷途知返”

任何人都希望得到别人的肯定，而一旦你否定他的时候，他便觉得你是在嘲笑他。在生活中是这样，在职场中也是如此。作为领导，当你的下属对工作失去信心，想要辞职的时候，不妨否定他，从而激发他，让他证明自己。想要证明自己，自然是先把工作做好了。那么当他渴望把工作做好的时候，也就不会离开了。

苏伊是著名的服装厂的销售经理。由于这些年业务不断扩大，所以销售员的需求也越来越大，可是有能力的销售员往往都已经被各行各业淘尽了，而没有能力的又不大想请。后来，她像一些大企业一样，招聘了一些大学毕业生，然后自己培养。

有个叫做张澜的大学生，由于性格稍微有些内向，做了两个多月的销售都没有做出来一个单子，因此心灰意冷，有了想要放弃的念头。当他向苏伊提出辞职的时候，苏伊并没有责怪他，而是关切地问：“你为什么会选择放弃啊？”

张澜说：“都两个月了，我一个单子都没有拿下来，可能我不适合做销售吧。”

苏伊说：“我们不能苛求让环境来适应你，只能是改变自己来适应环境。说实话，没有人适合不适合，就看你是否愿意改变自己来适应这个环境。”

张澜望着苏伊，没有说话。

苏伊接着说："你是个男人，得有抱负，有理想，得对自己的未来负责任。"

苏伊的一番话，说得张澜面红耳赤，不好意思地低下了头。

苏伊接着说："现在是你最关键的时期，只要你能坚持下来，渡过这个难关就好了。你现在的目标是做好第一个单子，多动动脑筋，想想办法啊，我相信你一定可以的。"

张澜低头不语，过了几分钟，他说："经理，我可能还是不适合做这个工作，你能批准我辞职吗？"

苏伊笑着说："合着我刚才那番话都白说了啊？没事，小伙子，我这也都是为你好，你要是真的想走，我也不拦你。你今天走出我这里，一辈子就会背着一个失败者的名声过下去，如果你觉得那样很舒服，那么你完全可以走。"

苏伊有些气愤地说："你看看和你一起来的那几个女孩子，不是也有一个没有做出单子来吗？你看看她们对自己多么有信心，多么坚强，你再看看你？大小伙子家的，怎么就不如一个女人呢！"

听了苏伊的话，张澜站起来，大声说着："经理，我不走了，我一定要坚持下去，拿下单子来。我是个男人，没有那么容易被打败的。"

苏伊看着他离去的背影，长长地出了一口气。

故事里的苏伊在遇到新来的销售员张澜因为没有做出单子而选择退却的时候，及时地进行了安慰和劝导，可是并没有成功。于是她采用了激将法，把他和女孩子对比，嘲笑他不如女孩子，从而让他坚定了信念。可见，适当的刺激可以让你的下属"迷途知返"，对于领导来说，不失为挽留员工的一个好办法。那么，对于女领导来说，如何用激将法来挽留员工呢？

1.否定下属没能力

很多下属可以接受领导批评他工作的态度不好，可是却不能接受自己被说成是没能力。因为你承认了自己没能力，无疑是说你是个失败者，是个懦夫，没有勇气战胜自己。因此，作为领导，当你的下属因为做不好工作而想离开的时候，你不妨多否定他的能力，否定他的价值，从而激发他反驳你，为了证明自己，他们通常会选择留下来。

2.刺激下属的尊严

人都是有尊严的，当一个人的尊严受到别人的践踏之后，一般都会奋起反抗。如果你的下属是男人，那么无疑调动了他们的血性，为了尊严把自己豁出去了。就如同故事里的张澜，当他听到经理说他不如个女人的时候，便觉得受了偌大的侮辱，因而为了证明自己是个男人，比女人强，所以他留了下来。

3.通过和人比较来打击对方

同样在一个岗位上工作，别人能做下来的事情，你为什么做不下来呢？作为女领导，在你挽留下属、刺激他的时候，不妨用和同为下属的人作类比，让他们感觉到别人的伟大和他们的渺小。这样，不用你来否定他，他自己就被自己否定了。除非他承认自己是个弱者，否则一般不会就此离开的。

4.否定他们没未来

对于人来说，活着没有了希望将是件可怕的事情。同样，作为下属，内心之中对自己也充满了期待。因此，作为女领导，你在用激将法的时候直接否定他们没有未来，这无疑是毁灭了他们的希望。要想证明自己的前途一片辉煌，那么就得先把手头的工作做好，如果你连手头的工作都做不好，谁还会相信你是个有未来的人呢？

特别的人才要用心管理

同样是下属，有的人在接收到领导的指令时，会很好地去执行；而有的人，逆反心理很强，领导越强调，他越不好好执行。对于第二种人，就不能用你的苦口婆心来管理他们了，而是要采取一些特殊的管理办法，满足他们的逆反心理，才能很好地让他们发挥自己的效力。因此，对于领导来说，对不同性格的员工要采取不同的管理办法，这样才能更好地调动团队的综合凝聚力。

王芸是某保健品公司的办公室主任，公司里的很多事情都需要她亲自来安排和协调。由于马上临近年关了，所以公司要举办全国的年会。会场的布置是一个相当麻烦的过程，当然，王芸得去负责调动下属。

这天，王芸对下属小羽说：“你去广告公司跟他们商谈，租用他们的气球、拱门等礼庆用品，要记得我们是要长期合作的，要让他们优惠。”

小羽走后，王芸故意自言自语道：“去跟媒体联系，谁比较合适呢？”

这时候站在一边的雯雯说：“经理为什么不让我去呢？”

王芸看了一眼，说：“你跟媒体交往不多，让你去联系媒体肯定不妥。”

雯雯不服地说：“你还别小看我，你看我怎么联系他们。”说完，雯雯直接去了报社和电视台。

最后，王芸对汤明说：“你去负责收拾现场，记得收拾得暗一些，别太亮了。”

结果，那天的会场装扮得特别明亮。

在王芸安排工作的时候，她知道小羽比较老实，她安排什么都会认真地去执行，所以他在去的时候，叮嘱得特别仔细。事实也是如此，小羽将她所叮嘱的一切完成得特别出色。以很低的价钱租来了广告公司的礼庆用品，而且还拽来了两个广告公司的员工来帮助他们。

而王芸知道雯雯的外联关系广，经常负责跟媒体的合作。但是她一向比较自傲，如果安排她去联系媒体，她反而不会去做。因此，王芸故意在她面前表现得疑惑，这样让雯雯自己跳出来，而且王芸否定了她，从而巧妙地用了激将法。

而对汤明的安排上，也是王芸的巧妙之处。她知道汤明逆反心理很强，平日里总是和自己对着干。所以她希望会场明亮一些，却对汤明说，要弄暗一些，结果汤明布置得非常明亮，正遂了她的意愿。

故事里的王芸给下属安排工作的时候，并没有一刀切，而是根据员工的不同性格，采用了不同的方法来驾驭他们。最终既能让下属按着自己的方式方法来做事，又能让他们按着自己的意愿来完成任务。可见，对于让下属中一些特殊的人，要采用灵活的办法来管理。这样对你的领导能力也是一种考验，同时也是你智慧的体现。那么，作为女领导，如何做到特殊的人才灵巧地管理呢？

1.要明白下属的特殊之处

每个人其实都有自己的性格特点，有的人比较乖巧一些，有的人比较叛逆一些。所以作为领导，你要清晰地了解他们的特别之处。比如，故事中的小羽执行力强，雯雯比较自负，而汤明却有很强的叛逆心理，如果作为领导你不了解这些，那么在管理中便会出现很大的问题。作为女领导，一定要去多了解你的下属。

2.根据下属的特点来管理

在了解了下属的特别之处之后，在管理过程中就要根据他们的特点来进行管理。比如，故事中的小羽被安排去和广告公司谈判，结果圆满地完成了任务。在对雯雯的安排上，故意否定她，用激将法将她派了出去，而对汤明的安排上，则故意强调错误，将他逼上正确的路上。如果不是这样根据他们的性格特点来安排，则有可能把事情搞得一团糟。

3.明白你要的是最终结果

对于领导来说，你要的是最终的结果，至于下属怎么去做，那是他们的事情。每个人的性格特点都不一样，对问题的认识也不一样，都有自己做事情的方式。所以对于女领导来说，你记着你要的是最终结果，不要用你的方式去要求他们，否则，他们可能没有办法将事情办好。

4.勿苛求下属做不喜欢的事

有的人做事情的时候总喜欢和领导探讨，而有的人则喜欢安安静静地去完成自己的想法。所以作为女领导，要按照下属喜欢的方式来对他们进行管理，千万不要苛求他们做自己不喜欢的事情。过分地要求下属，会让下属对工作产生厌倦的情绪。这对于作为领导的你来说，不是一件好事。

第11章　结交益友，女人与朋友交往的真心与策略

生活在这个世界上，每个人都需要朋友，女人更是如此。女人是耐不住孤单的动物，时刻需要有人陪伴，因而朋友成为了女人生活中十分重要的一部分。那么，在形形色色的人群中，怎样找到真正值得结交的朋友，怎样分辨朋友的真心和假意，怎样让自己更有魅力，更能得到朋友的信任和喜欢，这些都是本章要告诉你的内容。女人一定要懂得珍惜自己，懂得提升自己，让自己成为一个受欢迎的人，让身边始终有朋友的陪伴。

提高魅力指数，使人主动与你结交

女性的魅力是一种特别的吸引力，一种让男人们觉得有朦胧美的迷惑力，它可以通过无声的言行举止散发出来，在无形无声中将男人们的心俘获。这种力量还可以通过声音、眼神、人格等方面来展现，可以说魅力无所不在，甚至发怒、忧伤、哭泣等负面情绪也可以给一个人带来魅力。魅力和理性关系不大，而是通过人们的直觉来感知，所以经常会有一见钟情的故事。作为一个女人如果能够有足够的魅力，就可以吸引人们与你主动交往，尤其是异性，从而使自己的交际更加得心应手。那么，如何提升自己的魅力指数就显得很重要了。

一、展现自身独特的气质

有一种魅力是通过一个人的独特气质散发出来的，只要一个人有着不

同于他人的特点就会有一种独特的气质，这种气质在一些场合会吸引人们的注意，从而变成一种能够吸引人的魅力。所以不妨在一些时候注意一下自己的特点，并通过一些途径用适当的方式被人们注意，从而展现自己的魅力。

著名影星汤唯在为著名品牌杂志ELLE做独家拍摄的时候，非常自然地展现了自身的迷人气质。汤唯本身具有的这种气质除了大气、优雅等气质美女大多共有的特点外，还多了几分孩子气，这让她显得与众不同，那种非常真实的感觉使人们更加愿意与其接近。汤唯本身的长相就有几分神秘色彩，在巴黎时装周上，她依然是那么低调，保持着一种神秘的优雅，让她的睿智隐藏在怡人的温柔之后，散发着不可抗拒的魅力。不喜欢抢风头的汤唯在有新作品进行宣传时，总是在众多男演员中静静地站着，但是人们的注意力却总是无法从她身上移开，那种日益绽放的成熟洒脱将人们深深地吸引。

女明星汤唯就属于典型的魅力女性，她说话不多，但是却在悄无声息中散发着让人为之着迷的气息，这种力量来自她独特的气质，这种气质转化成了她魅力的来源，能在瞬间将你的心俘获。

二、用行动展现魅力

很多时候，女性做事的方式往往会成为其展现自身魅力的渠道。女性所做的事情、做事的方式，以及由对事物的看法所作出的反应等都会体现其特色，这种特色就是其魅力的源泉。

韩国女星蔡琳虽然出道不久，但因为演出《夏娃的诱惑》（又名《爱上女主播》）中善美一角，在韩国红透半边天，并获选为韩国2000年人气最旺女明星。蔡琳在韩国几乎是“男女老少咸宜”的标准版：有儿子的妈妈希望儿媳妇就要这样“善良贴心”；男人认为她是最佳老婆人选；就连在女性观众眼中，她亦是不带威胁性，不随意背叛的人。能同时掳获各个年龄层观众的好演员——蔡琳，“最佳人气女星”果然名不虚传。

韩国明星蔡琳的魅力就来源于她在所主演的影视剧中所做的事情，比如，她能够在剧中塑造一个懂事孝顺的儿媳妇形象；能够做一个对丈夫照顾无微不至，让丈夫疼爱的贤妻；还能做一个能被广大女性认可的好女人。这些都为她的形象增加了砝码，她通过自己在影视剧中的演绎，通过自己的行为让人们看到了一个让人喜欢的女性，这种魅力是巨大的，并通过她的行动展现无遗。

一个女人要想只凭借自己的美貌来博得男人的喜爱是靠不住的，因为随着岁月的流逝，美丽的容颜终究会成为过去，经不起岁月的侵蚀。按照生理学的观点，女人最好的年华只在二十岁左右，一过二十五岁就开始走下坡路。所以女人最经久不衰的美不在于外在的美貌，而在于内在的修养，这种修养往往就是一个女人魅力的最主要来源。很多时候，一个女人并不漂亮，但她就是非常迷人，让许多异性为之着迷，魂不守舍，这就是女人的魅力所在。这种魅力有部分是先天因素，但是大部分还是后天养成的。美丽只是魅力的其中因素之一，它本身并不能转化成魅力，而是要通过一个人恰当的行为来使其发挥作用。所以只有文化、学识、修养、举止、谈吐、内涵等因素的综合作用，才能真正产生魅力，这些也是魅力指数提升的重要途径。因此，在交往中，不妨修炼一下自身的气质，提升自身的魅力指数，让人们愿意主动与你结交。

善待你的朋友，用真诚打动对方

朋友是一个人一生的财富，在你寂寞时，他会陪在你身边为你排遣寂寞；在你忧愁时，他会在你身边帮你排忧解难；在你取得成就时，他会在你身后默默地为你祝贺。就像那首歌唱的：“千里难寻是朋友，朋友多了路好走。”朋友在人生中的作用可见一斑。对待朋友要友善，要用真诚去感染朋友，这样才能让友谊一直保持新鲜。作为一名女性，温柔、敏感、知性是女人最大的特点，那么相应地也可以从以下几个方面来善待朋友。

1.倾听，女性有得天独厚的优势

当一个人需要帮助时，总是希望自己的朋友能够在身边，能够听自己吐露心声。作为朋友，你要学会倾听。因为当你的朋友遇到挫折、不顺心的事情、碰上烦恼的时候，他的内心是憋屈的，他想要找一个能够将自己不良的情感发泄出来的对象。而你作为朋友，能够真诚、耐心地倾听对方诉说，就是为朋友提供了一个情感的发泄渠道。

曾经出演《望乡》而为广大中国观众所熟悉的日本女星栗原小卷和中国著名演员濮存昕在谢晋导演执导的影片《清凉寺的钟声》中结缘，并成为关系不错的朋友。也许是濮存昕在片中扮演栗原小卷的儿子的原因，在影片合作结束之后，栗原小卷还一直在叫濮存昕“小濮”，濮存昕还称呼她为“妈妈”，并且有一些问题还会向她请教。很多时候，栗原小卷都是听濮存昕诉说，然后她会建设性地给濮存昕一些建议，不但缓解了濮存昕所遇到的问题给他带来的心理压力，而且还提供给他一些解决问题的方法和建议，这让濮存昕感到很高兴。

栗原小卷是一名典型的知性女性，她能够让与她接触的人感到一种怡然的恬静。因为她的倾听能够使人将自己压在心中的东西释放出来，从而获得一种放松和解脱。这时人们就会变得理性很多，变得更加会思考，如果倾听者再加上一两句富有情感的安慰的话，或者一些建议性的想法，朋友的情感就会找到平衡点而步出沼泽，他会觉得有你这样的朋友才是真正的依靠。这样，朋友的情感就会加深，友谊也会与日俱增。

2.在朋友需要时要尽量在场

如果在自己需要帮助时能够有朋友在身边，那么绝对是一件幸福的事。尤其是那些关系较好的朋友，在自己遭遇了一些不能独自处理的情况或者处在一种比较脆弱的状态时，那么这时首先就会想到他们，而且非常希望他们能够出现在自己的身边。所以换个角度考虑，作为朋友的我们也要尽量在朋友需要时出现在他们的身边。

日本女星栗原小卷在得知谢晋导演去世的消息后，作为好友的她和谢导的亲戚在日本和旧金山都见过好几次面。她了解到谢导的夫人就在上海，而她正好去参加上海国际电影节。于是她利用唯一的一天休息时间去拜访了谢导的夫人，和她聊了很多谢导的事。言语中她感到谢导夫人的悲伤，于是很少说话，只是默默地陪着她、安慰她。

栗原小卷也许不会说什么话，但是她能够出现在谢晋导演的家人身边，就已经能够起到安慰作用了。其实朋友很多时候就是这样，不需要说很多话语，只需要你在这里就可以了。

3.交际来往要有个“度”

做什么事都讲究一个“度”，火候不到会不愠不火，火候过了又会产生副作用。所以一定要把握好这个度，交朋友同样是这个道理。俗话说，“物极必反。”生活中，任何过头的东西都会走向它的反面。朋友间的感情是需要人们好好维护的，但是如果过于亲密，就会使双方过于在意彼此间的情感，反而会让彼此变得敏感，这样，一点小小的事情就会引起彼此间的摩擦，甚至是矛盾，使彼此间的关系容易出现裂痕。而把握适当的度，才能使朋友间的友谊充满弹性，能够保持新鲜，使彼此间的友谊成为永恒。所以朋友间的交往，无论是相处的时间，还是距离等，都要保持适当分离，这样才能达到“意犹未尽”“情犹未了”的意境，才会因朋友的到来而欣喜，因朋友的离去而思念。

唐太宗以三镜自勉：以铜为镜，可以正衣冠；以史为镜，可以知兴替；以人为镜，可以明得失。朋友是不可或缺的财富，是绝对值得一个人去珍惜的，所以要善待你的朋友，让对方感到你的诚心，用真诚打动朋友，使你们的关系更加融洽。

抓住机会，灵巧地“推销”自己

人活着其实就是一个推销的过程。人们无时无刻不在做着一件与推销密切联系的事情，那就是推销世界上最伟大的产品：自己。想成为一名成功女性，那么机会是必不可少的，另外，最为重要的就是要学会灵巧地“推销”自己。推销是一门艺术，所以要不断地去领悟其中的策略和技巧，这样才能让对方认识自己，获得对方的理解、好感和支持，然后顺利地取得成功。其实推销自己的方式有很多，就看你怎么去理解、总结和掌握了。

凯瑟琳·泰克·泰切特（Catherine Tenke Teichert）是Marshall & Iisley公司分部M&I数据服务中心负责新业务开发的副总裁助理。作为20世纪80年代科威特海湾银行的一名新产品开发主管，泰切特的职位在阿拉伯国家的所有西方职业女性中是最高的。人们普遍将阿拉伯国家看做是女性从事国际商业最难开展工作的地方，然而泰切特却在那里取得了巨大成功，这与泰切特的自我推销不无关系。“作为女性，她们时刻面对的挑战是：去说服西方男性首先把你看成是个美国人，然后再是一个女人，”泰切特说，“如果你想说服白人男同事，你就大胆地去做，他们会接受的。”她又接着说，“当我的阿拉伯同僚和美国人一样看待我时，我知道我已经被他们接受了。”

众所周知，在阿拉伯国家，女性是受到严密管制的，她们很少能够参与公共事务，所以开展女性商业业务的难度可想而知。但是泰切特不但没有被这个困难击倒，反而职位获得了提升。泰切特十分懂得推销自己，她首先让西方人认为自己是个美国人，然后才是个女人。然后她又通过自身的努力获得了阿拉伯同僚和美国人的一致认同。这样一来，她就获得了人们的一致认可，再加上她高超的商业技巧和她的文化触觉，她自身的价值就被凸显出来，这样的推销无疑会获得巨大的成功。

女性在文化上的沟通能力是很强的，可以使你的同事成为你的朋友，这对于一名女性来推销自己是非常有帮助的。泰切特在谈到女性在全球市场的潜力时表示：“女性天生就掌握这种文化沟通技巧，或从文化中学来的，或通过任何其他方式获得的。她们拥有足够的在国际商业领域所需的重要技巧。女性本身擅于编织关系网络，容易与对方达成默契，同时还善于外交辞令。最终，我的阿拉伯朋友和同事接受了我，他们觉得与我共事非常愉快。然而，这不仅是因为我有从事国际商业的技术技巧，更重要的是我也能从文化层面上做得更多。”

凯西·赛弗特（Kathi Seifert）是金伯利克拉克公司北美个人健康护理产品总裁。赛弗特说：“我工作卓有成效的一个原因是，我喜欢与工作团队里的人一起讨论如何做好工作。我尽力从团队中每位员工的角度思考问题，理解工作所处的环境，尽可能多地贡献自己的思想并鼓励大家。在我提出建议时，我一定要确保自己已经理解。我从来不自以为是，认为在美国有效的思路在世界其他地方也适用。”她接着说，“我精力充沛，热情洋溢。我尽力去鼓励和发动世界各地的员工，去为一个目标共同努力。我常给他们讲那些故事，告诉他们我们如何从十年前占美国女性护理健康产品排名第三的位置，跃升到目前的第一。我告诉他们‘你也行’。”

如果你觉得一个总裁不需要再推销自己那就大错特错了，总裁同样需要将自己推销出去，需要得到别人的认可。赛弗特和自己团队里的人讨论问题，站在员工的角度去思考问题，想他们所想，从来不会自以为是，这些做法都是让别人认识自己的渠道。通过这些渠道，让人们了解自己，从而使大家理解并接受她，使她的工作能够更加顺畅地进行下去，所以领导也需要自我推销。很多时候，赛弗特会去鼓励员工，告诉他们他们能行，这是在对别人进行肯定，但是从领导的角度来看，这也是一种个人魅力的展现，把员工变成朋友，也是一种自我推销。

《推销自己的艺术》的作者哈里·贝克威茨和克莉丝汀·克利福德·贝克威茨总结和分析他们多年的成功经验时说道：“要突破思维定势，要人们看到你的与众不同，让你可以轻轻松松地把自己推销出去，成功地实现愿望，掌握自己的命运，拥有精彩的事业和生活。”在朋友面前同样可以进行自我推销，用巧妙的方式灵巧地“推销”自己，让朋友对你

"一见钟情"。

时时联系，稳固已有的人际关系

与朋友相处，不要过了很久才想起来，尤其是那些不经常在一起的朋友、离得很远的朋友，更是要时不时地联系一下。否则，有些东西是不能挽回的，因为友情是一个需要时间来慢慢沉淀的东西。很多时候你会遇到这样一种情况，那就是过了三四年，你的一个大学或者高中同学和你联系，在你惊诧之余，他会向你请求一些帮助，这时你的心情一定是十分复杂的，并且会有百分之八十的倾向是不想帮这个忙。换位思考，如果你和你的一个朋友也是很多年没有联系，然后你打电话给他求他帮一些忙，同样也不会有好的效果。所以平时要注意稳固自己已有的人际关系，不要平时不注意，等到想起来再去做就晚了。

1.常联系是情真的一种体现

在一般情况下，只有你联系的频率高，才能说明你真的投入感情了，才能体现你的感情是真的。"平时不烧香，临时抱佛脚"是社交应酬的大忌，即便你的"菩萨"再灵，也不会来帮助你的。平时一条短信都不发，到了自己需要帮助的时候，就想起朋友，这时谁都不会打心底愿意去帮忙的。因为这在朋友们看来，平时眼里没有他们，有事才找，这无异于一种工具，所以要想让"菩萨"在关键时刻显灵，那就需要平时多烧烧香。

很多时候，人们在帮助经常和自己联系的朋友时，心里会有一种理所应当的感觉，帮助了朋友，心里会感到非常高兴，非常舒服。有的人翻开手机，电话本里面有好多人的电话，但有时候感到孤单又不知道联系谁好。其实这样的担忧是不必要的，只要你发了一条短信，打了一个电话，把心里话对你的朋友说出来，那么你的朋友就会感到你把他当自己人，从而愿意和你交流，这样的时候，感情往往都是真的，真感情对促进彼此间的关系是非常有益的。

2.稳固人际关系有利于身心健康

很多时候，人们在和自己的朋友联系后，心中会感到十分轻松和喜悦，这就是朋友的力量，沟通本身就是能够使人身心得到放松的方式，再加上是自己的好朋友与自己说些知心的话，心情自然不会坏。

在自己情绪不佳时，不要一个人在角落里黯然落泪，把你内心的秘密拿出来和朋友分享，你会觉得轻松很多，朋友也会因为你的真诚而愿意与你沟通，这样一来，你不但没有冷落你的朋友，而且还会让你的朋友觉得她在你的心中是很有分量的，这对促进你们的友谊是非常有帮助的。

那么当朋友遇到问题时，第一个就能想起你，并且向你寻求帮助，你的心中也会有一种被别人需要的感觉，这种感觉是能够带来成就感的。之后你成功地帮助朋友解决了困难，这样的感觉又是非常棒的，能够提高你的自信心。所以经常与自己的朋友沟通，能够使自己保持一个良好的心态，有一个健康的身心。

因此，平时不要把朋友放到一边，需要的时候再去联系，这样对待朋友的方式会让朋友觉得不自在，自己也会遇到阻碍。平时多去联系朋友，让你们的感情一直保持适宜的温度，从而稳固自己的人际关系，使自己的社交得心应手。

大方一点，你会更受欢迎

每个人的出身、家庭背景都有所不同，所以在为人处事、待人接物方面都是各有特色，但是在人际交往方面，如果能够大方得体，就会使自己更受欢迎。作为一名女性，如果能够拥有大气的外表、沉稳的气质、到位的礼仪，那么不仅会博得其他女性的喜欢，而且会使自己对男性更有吸引力。

1.凡事不要斤斤计较

女人虽然细腻，但是对什么事情都非常在意，只要有一点自己不满意的地方就开始挑毛病，只要是涉及自己利益的东西，都寸步不让，这样斤斤计较的女人不会是太受欢迎的女人。很多女人对事情不那么锱铢必较，得饶人处且饶人，能够摆正自己的心态，这样做的好处有很多。首先，能够让自己的心绪一直处在一个良好的状态，谁不愿意自己每天都心情愉快地生活？所以不要对每件事都计较，心中就不会有那么多需要担心的事情，能够让自己有一个轻松的心态。其次，对于他人也是一种较好的放松方式，如果你每件事情都抓住不放，有一点问题就要拿出来说个明白，别人也会感到紧张，从而影响他人的状态。因此，大方一些，不要斤斤计较，于人于己都是很有必要的。

小张和老公在一个单位上班，两人结婚时间不长，但是很恩爱。一次，小张正在单位的走廊里走着，迎面看到自己的老公和一个女人有说有笑地走过来。当时老公也看到了自己，表情有些尴尬，小张看到老公的表情心里很不舒服，但是她主动向前和老公说："老公，你怎么知道我在这里等你，这位是你的同事吗？介绍一下。"小张的老公听后立刻轻松了很多，便给自己的妻子介绍了这位朋友，问题就这样被轻松化解了。

小张见到老公和一个陌生的女人聊得热火朝天，心里肯定会不舒服，如果这时她非常生气，失去理智，上去就吵，想必她的老公也不会有好的反应，本来可以解释的事情，很可能就变成了一个死局。然而，小张能非常大方得体地和老公进行交流，非常难能可贵，这样不仅给足了老公面子，还让老公能够在放松的状态下向自己解释，而且也能够体现自己的自信，给他人一个好印象。

大方得体的女人通常都比较懂事，她们能够在各种场合收放自如，做得很到位。这样的女人让自己的朋友感到舒服，从而愿意将自己心中的话讲给她听，交流中也很少有障碍。同样，在陪着自己的男朋友或者丈夫时，她们同样可以做得很好，能够让自己的男友或者丈夫在外面的时候，在别人面前永远是最棒的。还有一些女性能够在事业上帮助自己的另一半，在家里，她们还能做一位贤妻良母，让自己的老公能够生活在一个温暖的家中，所以大方得体的女人是每一个男人都非常向往的对象。

2.能够释怀，笑对人生

很多时候，人们会遇到很多憋屈的事，这都是难免的。尤其是一些并不熟悉的人让自己经历一些很不爽的事，有些人选择自我遗忘，选择释怀，而有的人则选择铭记在心，君子报仇十年不晚。其实，很多小事是没有必要记在心里的，这样反而会使自己的心中有负担，一直不能前行。所以作为一个开朗大方的女性，要学会释怀，能够笑对人生。对一些琐碎的小事，就让它随风而逝，这样一来，不仅解放了自己的内心，而且能够让他人对你另眼相看，对你有较好的评价。

女性本来就是敏感的，对一些问题往往能够比男性有敏锐的洞察力或者一些特殊的情感。这时候，女人容易出现情感的波动，很多时候会想不开，钻牛角尖，结果弄得自己心力交瘁。所以做一个大方一些的女性，使自己在交往中能够更加自如，这对自己和自己的朋友都是有好处的。女性朋友们大方一点吧，你们会更受欢迎。

交朋友就要交一流人物

跟什么样的人在一起，自己就会成为什么样的人。这句话有一定的道理，我们曾经也一直在说“近朱者赤，近墨者黑”，同样的道理，环境是影响一个人成才的关键。女人要想让自己有所成就，在交朋友的时候就应该努力结交一些一流人物。

和一流人物在一起，她们的一些性格特点，成功者的一些素质，我们就会耳濡目染，就算是自己成不了一流人物，但是因为受到她们的熏染，自己在无形中，也会以一流人物的标准来要求我们自己。就算自己最后成不了一流人物，自己怎么着也比二流人物强很多。

西班牙著名的作家塞万提斯曾说过这样一句话：“重要的不是你是谁生的，而在于你跟谁交朋友。”自己的出身、亲戚朋友，这些东西都是无法选择的，但是你可以选择和谁做朋友。结交一些一流的人物，自己的人脉就会变得更加宽广，在遇到难题的时候，将这些人脉资源用上，会给自己省去很多力气。

初入社会的女人或者是自己没有任何渠道的女人，如何才能结识到那些一流的人物呢？

要想认识一些关键的人物，就不要局限在女人自己的小圈子中，从各种渠道入手，比如是学生的话，可以以志愿者或者是义工的身份参加学校组织的各种活动，如成功人士开的讲座、校外的一些会展，或者是经常去一些能见到成功人士的地方。毕了业的女人，可以争取到一些一流的大公司里供职，通过职场上的一些活动，结交一些成功人士。等到有些积蓄或者是有一定地位的时候，可以参加一些成功人士的活动或者是会议，尽量多接触一些成功的人士。

女人想办法结交了这些成功人士以后，就应该维护和管理好自己的人际关系网络。如何让自己好不容易建成的人际网络更好地成为自己的人脉资源，这也是一门不小的学问。

首先就是用卡片将自己结识的人脉记下来，或者是将对方的名片保存好，在卡片上还要写清楚，自己对他们工作的哪方面感兴趣，为了方便以后的交流，你可以写上对方感兴趣的东西，这些卡片会在自己关键的时候帮自己不少忙。

其次就是不在背后说人坏话，天下没有不透风的墙，既然女人结交了这些成功的人士，就应该对他们保持忠诚，人前一套背后一套的人，不值得人信赖，成功人士是不愿意结交这种人的。如果在背后遇到一些涉及对方的问题，也应该当着别人的面，赞美对方，或者是维护对方，而不是批评和挖苦。赞美的话传到对方耳朵里的时候，对方肯定会对你另眼相看。

再次，就是在细节上显示女人的用心。在一些特殊的日子，送上自己的祝福，虽然祝福微小，但是对方一定会感到温馨的。在对方遇到困难的时候，更应该送上自己鼓励的话语，这时候才是显现女人真情的时候，人在脆弱的时候，最需要别人的关心，困难时候的一句贴心话，要比平时十句赞美的话，还来的动人。

最后，就是从女人自己的人际圈子入手，经常和自己的朋友或者是老乡、同事、同学搞好关系，对方的人脉也可以成为自己的人脉。多参加一些内部的会议，有时会得到不少的免费信息，所以我们应该有的放矢的去结识一些自己想结识的人物。

结识一流人物，不是自己的虚荣心使然，而是自己不断进取的明证，自己不努力，别人也会努力，这个社会是不会留给你时间让你反省的，只要自己有决心，有期望，总会有办法去结识一些一流人物，在这个过程中，还是要真诚。正所谓“精诚所至，金石为开”。

没有什么事情，是女人尽了最大的努力还不能成功的，只要自己量力而行，又找好自己作为参考的人，女人明天的人生一定会更精彩。

友情投资，宜走长线

女人一般会把自己的朋友作为自己首要的人脉资源，不管遇到什么样的问题，可能首先想到的就是自己的朋友，不过友情虽然可以在自己关键的时候，为自己出力使劲，但是友情的投资却不是一朝一夕的事情，而是一种长期投资。

中国向来是讲究礼尚往来的礼仪之邦，只有将人情做足了，以后在做什么事情需要帮助的时候，才会得到对方的支持和帮助。这些都是相互的，如果女人认为自己有的是朋友，但是就是不注意平时的联系，自己遇到困难了，需要什么帮助了，这时候想到别人了，别人谁会愿意帮你呢？

所以女人要想让朋友作为自己坚实可靠人脉资源，就应该注意在平时的投资，放长线才能钓大鱼，只有在平时的细节中才能显示朋友在自己心中的分量，表明自己一直在心中记挂着朋友，这样的话，在你有困难或者是需要帮助的时候，朋友也绝不会袖手旁观的！

但是友情的投资也不是一件很简单的事情，女人得掌握好其中的度，同时还应该避免犯其中的一些错误，免得自己出力不讨好，甚至有可能是适得其反的效果。所以在做友情投资的时候，女人应该避免进入几个雷区。

首先，就是真诚，朋友之间的关系应该是真诚的，而不是别有所图的，就算是为了以后的好帮忙，你们之间在一开始交往的时候也不应该带有很强的功利性，这样的做法很容易被对方拒之千里之外。所以不管是出于什么样的交友目的，首先应该表示的就是自己的真诚，真诚是打动人心最有力的武器，就算是一个在铁石心肠的人，也会被真心所感化的。

其次，懂得人际间的相互作用。人与人之间的感情是相互的，自己喜欢和那些亲近自己的人交往，同时对方也是这样的感觉，一个给人感觉很生疏的人，是不会交到多少知心好友的。朋友之间是需要互相欣赏的，不是口头上说说就完的。既然选择好了自己的朋友就应该看得见朋友的进步，而不是一直贬低自己的朋友，这样的话，是得不到朋友的真心的，就算朋友口头上不说出对你的反感，但是内心也是想要远离你的。

再次，朋友之间的感情是用钱买不到的，同样也不是用钱就能衡量出来的。真心朋友之间是经得起风雨洗礼的，一个整天期望朋友为自己做什么事情，抱着某些目的的人，就算是自己隐藏得再好，对方也是能感觉到的。朋友之间应该互相关心互相帮助，患难之中见真情，这句话一直被奉为真理的考验着朋友的真情。对朋友的关心不是口头上的祝福，说说而已的赞美，而是应该体现在生活细节中，困难时向对方伸出的一双手，彷徨时的内心倾吐，失意时的鼓励话语，这些话所给予对方的不仅是朋友之间的友情，还有自己发自内心的真情。

对朋友的关心和照顾要有个度，在适当的度之内，朋友体会到的是你的关心，对于你的帮助，他内心会满怀感激。超过了这个度，朋友就会觉得对你的人情债他已经还不起了，甚至是自己有心要还，可是自己的能力已经达不到了，这时候他内心就会对你的付出非常麻木。

临时抱佛脚，遇到困难了才想到自己朋友的人，就算是朋友想帮你，自己也会觉得自己太过功利。如果朋友心地善良，说不定会帮你，假如朋友觉得你这样的人不可交，就算自己的实力可以帮你做成这件事，他也未必会帮你。朋友做到这个份上，还有什么话说，就算是称为朋友，也已经是空有其名了。

既然女人有亲密的朋友，就应该努力维护好现在的友情关系，不要等友情已经逝去的时候，空留遗憾在心中。朋友之间的感情，是细水长流的，女人在世，能交到几个知心的朋友很不容易，外面的世界很残酷，就算外面怎么不容纳自己，真心的朋友会尽自己最大的力量保护你，她们是你人生中的保护港，外面的雨再大，有她们在，自己不会受到雨淋。

所以，女人在碰到知心朋友的时候，一定要努力维护好你们之间的关系。友情的投资是需要持之以恒的，不要让时间冲淡你们之间的真情。

学会赞美比你漂亮的她

女人都渴望得到他人的赞美，这是女人的天性。所以如果作为女人的你有一个很漂亮的女性朋友，不要嫉妒她的美，更不要无视她的美，要学会真诚地赞美她。不要以为她是你的好朋友就不需要你的赞美了，恰恰相反，从你口中得到的赞美是她最最需要的。因为你是离她最近的人，你的赞美不但会给她自信，更会使她感觉到你对她的关注。同时也会增加你们之间的友谊。这是女人与女人之间保持友谊的一个小技巧。

女人间的情感是往往是“亦敌亦友”的，为什么这么说呢？因为单就美丽这方面而言，女人的确都是同行，每个女人都希望自己成为世界上最美丽的女人。这也正是为什么女人间的情谊没有男人间稳定的原因，为此，女人之间一句小小的赞美会成为彼此相互欣赏的开始，也会成为彼此友谊的开端。

首先，对于漂亮的朋友，不要吝惜你的赞美。

娟娟和香香是同学。大学毕业后两个人都有了一份不错的工作，由于她们的工作单位离得不远，所以两个人经常一起吃午餐。两个人虽然有很多年的交情，但是，却没有太深厚的感情。其实原因很简单，香香是一个很漂亮的女孩子，经常将自己打扮得花枝招展宛若仙子，但是却从来没有得到过娟娟的赞美。“也许她是在嫉妒我”，香香这样想。有一天午餐前她特意换上了新买的裙子，见面之时，她分明看到了娟娟眼中的惊叹，但就是听不到她的一句称赞的话，仿佛羞于启齿一般，这令盛装出席的香香感到非常郁闷。娟娟仿佛也看出了香香情绪的转变，那天午饭后回到公司里，香香突然接收到了一条娟娟发来的短信，娟娟说：“香香今天你真美！愿你永远像今天这样美丽动人。也希望有更多像我一样用这么长的时间来欣赏你的人围绕在你的周围。”

看短信的香香笑了，发这条短信的娟娟也在不远处笑了。香

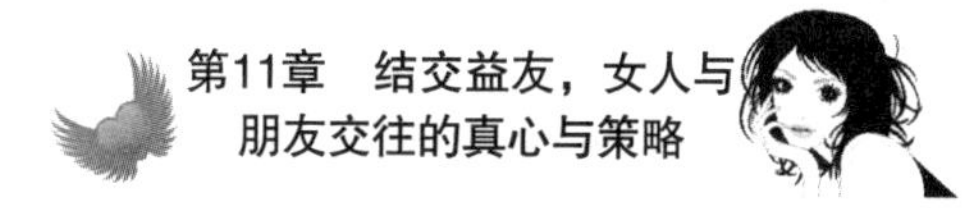

香对娟娟多年来的误会顿时随风而散。两个人从此之后成为了很好的朋友。

俗语说“良言一句三冬暖，恶语一句六月寒”，对于女人来说更是如此。世界上有许多事，成败之间往往只是一句话的事。故事中的娟娟，一条短信，便化解了她和香香之间多年来的误会，同时也使两人产生了也许可以长达一生的友谊，可见赞美的力量。不过从另一个角度来看这个问题，娟娟也有自己不对的地方。从一开始她就在悄悄欣赏着香香的美，如果她能够早一点说出那些赞美的话，并且多多地说，也许两个人的误会早已经化解，或者根本不会产生这种误会。其实，很多话都是说者无意听者有心，对于女人来说，每个人都会很在乎别人对自己的看法，尤其是容貌方面。所以，作为女人，如果你也有一个如香香一样的漂亮朋友，不要悄悄欣赏她的美，更不要吝惜自己的赞美之辞，也许那个漂亮的她正在悄悄等待着你的肯定呢，不要让她等得太久。

其实，称赞朋友也要赞在点子上。

周一早上上班路上，洁洁拎着周末新买的LV手包遇到了朋友小瑜，小瑜对洁洁上看下看之后说了一句：“咦？你的鞋子真好看啊。”其实那双鞋子是洁洁两年前买的，已经旧得不想再穿了，小瑜的一句话使得她感到很难堪，“难道我今天精心的装扮都不如脚下的这双旧鞋来得好吗？”洁洁心里暗暗地想道。但是为了表于对小瑜的礼貌，洁洁对小瑜的称赞还是道了谢。来到公司之后就不一样了。洁洁的忘年交张姐一眼就看到了小杰新买的手袋，凑上去好一通欣赏，“这不是LV的新款吗？洁洁你真会买啊，咦？你的这条裙子配这个包包正合适！”洁洁听到张姐的赞赏很开心，并积极地投入到了这场谈话中，“张姐，你还真有眼力啊，我也听朋友说了，这是新款。”“是啊是啊，我是在网上看到的，听说北京的商场还没有卖，你是从哪儿买的？”张姐好奇地问道。“呵呵，朋友去香港旅游时帮我捎过来的。”

于是洁洁与张姐一天的工作便在这种愉快和谐的气氛中开始了。

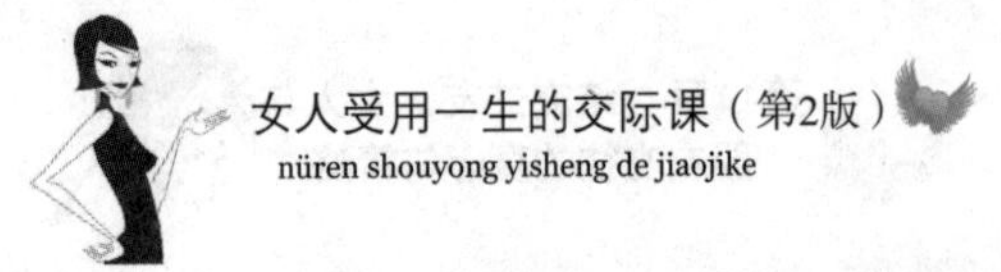

如果你是洁洁你会更愿意和谁做朋友呢？

故事中，同样是赞美的话，小瑜和张姐，一个称赞鞋子、一个称赞皮包，却产生了完全不同的效果。所以作为一个女人，当你想要真心地去称赞他人之时，也要先认真的地观察你的朋友。只有用一颗真心认真地观察她，你才会发现她身上闪亮的那一个点，同时赞美的话才会撞到她的心坎上。只有这样的称赞才会使对方感到真实与亲切，从而产生一种遇到知音的感觉，因而也更能增进你与你的“漂亮的她”之间的友情。

如果你喜欢你身边漂亮的她，并想与她保持长久的友情，那么就从真心的称赞她开始。因为女人对女人的称赞源自于一份真心的关注与重视，更源自于一种尊重与欣赏。学会称赞她就是学会了与她保持友情的一个小窍门。

不要单纯追求功利性交往

人和人为什么要交往呢？大千世界，每个人的交往动机各不相同。但总的来说，人们都是为了从交往对象那里满足自己的某些需要。人际心理学告诉我们，互利是人际交往的基本原则。人们在交往中互惠互利是完全合乎社会道德规范的。

所谓互利，既包括物质方面的，也包括精神方面的。人与人之间的交往可以粗略地分为两个基本层次：一个层次是以情感定向的人际交往，比如亲情、友情、爱情；另一个层次是以功利定向的人际交往，也就是为实现某种功利目的的交往。现实生活中的人际交往常常是这两种层次交织在一起的。长期以来，受儒家学派的影响，我们常常羞于提到人际交往的功利面，将其视为禁区。在人们看来，正常的人际交往就是应该不带任何功利色彩的、“纯粹”的交往，任何涉及利益的交往都是让人鄙视的。这种看法显然脱离了现实生活中的人际交往的事实。我们在生活中，尤其是走上社会之后，人和人之间必然存在着各种利益往来，人们正是在这些往来过程中建立并加深情感的。我们应该以坦然的心态来面对人际交往，不能只用理想主义的纯情感定向的方式去交往，更不要因为对方的功利目的而把别人想得太坏，甚至断绝和对方的往来，而“举世皆浊我独清”地把自己孤立起来。在人际交往过程中，我们应该既重感情又讲实惠，从各个不同的层次上保持与周围人的交往。但是人和人的交往也不应该只是单纯地追求功利性交往。

在北京工作的陈晶小姐，供职于一家著名的房地产公司，身为市场部推广经理，她经常要策划一些活动。她接触的客户大多是事业有成，甚至小有名气的。几年下来，陈晶的名片盒里存了一大把交换来的名片；手机、笔记本电脑、记事本里，存满了各种关系户的联络方式；在各种社交商务场所，她应酬得八面玲珑；每天，她的手机频频响起，对于“各路人马”通话时都是一股亲热劲……

在朋友的眼中，陈晶的生活可谓丰富多彩，结识的朋友也都是精英，但陈晶自己却说：“除了工作上的联系，在北京，我真正的朋友并不多。”

“工作性质决定了我几乎每天都在认识新的人。但事实上，这些人里绝大部分都只是一面之缘，下次有事需要再联系的时候，跟陌生人没什么两样。”陈晶说，有一次自己遇到了一点事情，需要帮助，可抱着几大本名片，却实在想不出会有谁肯帮忙。

“其实身边很多同事也都是这样。”陈晶说，“我们办公室里几个同事都是单身，家长急死了，不明白做推广认识那么多人，怎么就遇不到合适的。其实他们哪知道，虽然平时我们看似热热闹闹，但事实上我们真正的圈子太小了。”陈晶无奈地表示，虽然在工作中会接触大量的人，但不知为什么，很难再与他们建立学生时代那种真诚的朋友关系了，所以繁忙的工作让她根本没有时间考虑个人的问题。那些通过工作认识的朋友都是有利益关系的，抛开这层关系便什么都不是。

“几本名片，大多是陌生人。”这就是很多都市人的内心写照。认识的人越多，“人际泡沫”就越多。家里攒了几大本名片，里面“藏着”的人，真正能称得上朋友的没有几个。每周约会许多人，但没有一个是知心朋友。手机通讯录里的电话接近饱和，极少联系者占了大多数。电话、电脑、传真、打印机等现代办公通讯工具维系着自己与社会的热闹关系，而自己身边的亲人却又好久没有问候过了。现代人常常日夜颠倒地加班、应酬，每天的生活就是工作、饭局，两点一线。

人际交往在城市中正成为不断膨胀的“泡沫”，破灭之后，却是苍凉。显然，当今社会的人们正在经历着人际交往的考验。在品味孤单与寂寞后，老乡会、同学会、8分钟约会等种种联谊会开始全面繁荣，facebook、开心网等网络交流手段也变得空前热闹。

孙璐从广州来到北京已经两年了，独自一人租住着一间一居室。每到周末，她喜欢抱着手提电脑斜倚在床上，MSN和QQ都开着，那些在线的头像可以让她得到一丝安慰。孙璐很少跟上面的人打招呼，即便偶有问候，她也只是简单回应。电脑对她来说只是工作和上网的工具。MSN上的名单大部分是她在工作中结识的，从记者到公司经理，大多数只联系过一次便再未谋面，有的甚至从未见过面。没有公务的理由时，她不知道该跟他们聊些什么。

现在，孙璐更喜欢参加一些网上社团的活动，像“六人行”、“自助游”等。“抛开工作，也许陌生人的聚会更能让人放松。”孙璐说，在这些完全由陌生人组织的活动里，大家反而能够敞开心扉，工作中的压力、生活上的麻烦、业务上的趣事全都可以拿来“八卦”，反正大家互不相识，聚在一起时热热闹闹，分开后毫不相干。

这些城市新人类正在寻求一种新方式来摆脱寂寞心境。类似于此的交往形式在现代社会越来越普遍，它与快速的都市生活和工作节奏相适应，这样的交往方式不存在竞争关系，可以很轻松，所以也越来越受到大家的欢迎。现代人更重视内心的需求，朋友交往，首先就要真诚。但是除了这一最基本的要求以外，朋友之间还有许多需要注意的原则：

1.学会倾听，真诚给予

作为朋友，你首先要学会倾听。当你的朋友遇到挫折、碰上烦恼的时候，他是想找一个发泄情感的对象。如果你能够真诚、耐心地倾听对方的诉说，就是为朋友开了一个情感的发泄口，朋友会对你感激不尽的。另外，还要真诚帮助朋友。在朋友遇到困难需要你伸出援手的时候，你如果能够帮忙就要帮他渡过难关。如果确实是超出自己能力范围的事，也要让他感觉到你在他身边，给予他克服困难的勇气，而不是冷冷地袖手旁观。

2.人脉不等于朋友

“人脉”是张关系网，通俗地说就是用于互相获取利益的人际圈。但人脉网络不等于朋友。张楠交友广泛，他将自己业务上认识的人都称作“朋友”。后来，他的生活发生了一些变故，居然没有一个人能信任他，那时候他所谓的“朋友”也不晓得跑哪里去了，苦闷无处倾诉，他就跑到网络里来宣泄。找一个个陌生的ID倾诉，他也知道那些ID后的人与他无关，将苦水倒给他们，对他不会有任何损失。张楠就是个拥有人际泡沫的典型例子。平时，呼朋唤友，交际频繁，只是数量上的体现，并不等于朋友的质量与交心程度。当遇到人生风浪，那些个所谓“朋友”真正愿意生死与共的，他发现居然一个也没有。所以我们在平时，就要注意结交一些真正的朋友，而不是只能同欢乐的狐朋狗友。如果功利心太重，关系肯定不会持久，在你困难的时候，他们肯定不会伸手帮忙的。而在你失去利用价值以后，这些人也会毫不留情地转头就走。

3.最好少谈钱

朋友之间互相帮助是理所应当的，但钱财方面还是谨慎微妙。因为人们往往会因为金钱改变关系甚至断绝交往。假如把钱借给朋友，要有“回不来了”的思想准备。但如果是向朋友借钱，即使不是什么大数目，也要严格遵守约定的日期，尽快归还。别以为对方跟你是朋友，那就是“你的东西就是我的，我的东西就是你的”。越是好朋友，越要有交往的底线，要彼此尊重。

第12章　浓情蜜意，女人与爱人交往的快乐妙招

每一个女人都希望有甜蜜的爱情，希望能够和自己的爱人互相厮守，地久天长。可是想把彼此的感情维系好，并不是件容易的事情。所以要想有浓情蜜意，就要掌握一些小技巧，使自己与爱人的交往更加快乐。例如，可以保持适当的神秘感，这样能够让爱保持新鲜感。平时两个人要杜绝冷暴力，不要谁都不理谁，有时一些小的争吵能够使彼此更加甜蜜。如果不确定，可以把爱说出口，这样让彼此都能够有安全感，从而对感情更有信心。所以不要觉得情感很难维系，只要一些小技巧便可以获得甜蜜的爱情。

适度“神秘”，让爱保持新鲜感

每个人都有好奇心，尤其是女人对自己心爱的对象，总是想掌握他的方方面面，从兴趣爱好到行为习惯，都想进行全面的了解和掌握。同样，对方也想对自己的女友有一个全面的了解，这种心理会驱使一个人想尽办法去发现对方的特点，从而去接近和了解对方，使双方有说不完的话，这种好奇心也只会在有所了解之后才会慢慢减弱。所谓的七年之痒，就是说如果让对方对自己的点点滴滴都完全了解了，那么对方就不会有那么多的好奇，没有了兴趣，结果就会使双方的感情步入平淡期。所以要想使双方的感情一直保持一个适宜的温度，让爱保持新鲜，那么就不要把全部秘密都透露给对方，适度的神秘对一个女人来说是非常必要的。

著名歌星任静和丈夫付笛生是非常恩爱的一对夫妻，他们两人以一首《知心爱人》红遍全国，并在之后在各种场合一起现身，他们夫妻二人良好的感情也被传为美谈。在被问到如何在这么长的时间内维系好夫妻之间的感情时，任静说出了秘密。她平时和付笛生说话不会非常死板，而且喜欢开玩笑，并且在一些事情中喜欢和丈夫玩“捉迷藏”，她不会直接把事情的全部告诉丈夫，而总是以“你猜”“先不告诉你”“你做些什么事我就告诉你”来回答丈夫的提问，从而使丈夫总是很有好奇心地去问、去等待答案。这样一来，两个人的情感总是保持一个适宜的温度，使爱也一直保持新鲜。

任静和付笛生的夫妻关系之所以这么融洽，这在很大程度上是因为任静能够通过自己的努力来调节彼此间关系的松紧度，从而使彼此间一直处在一种热恋状态。可见，彼此间保持新鲜感是十分必要的，试想一个人最不感兴趣的往往就是自己最了解的人和事。人是有好奇心的高级动物，尤其是男人，他们对女人的重视程度往往来自于对这个女人的好奇程度，所以女人即使非常喜欢对方也不要急于将自己的全部都告诉对方。俗话说细水长流，要一点点地来，饭要一口一口地喂，这样男人的胃口才会一直好下去，如果一次太多，只会撑到对方，使对方患上厌食症。

恋爱是男女之间最为美好的事情，在恋爱中会有很多奇妙的事情发生，平时高傲的女性会抛弃之前的高傲姿态，平时沉默寡言的女性可能会在恋人面前滔滔不绝，所以恋爱绝对是可以使人获得一个新的自我的时机。在恋爱中，双方都想知道关于对方更多的事情，尽管这是一种正常的现象，是一种合理的愿望，但是了解得多了，往往会使双方陷入一种不利的局面。因为对方一旦将你的全部事情都了如指掌，他对你的兴趣就会快速地减少，对你的热情也会随之冷却。因此，要想使每次约会都有新鲜感并使他对你持续抱有兴趣，一定要在恋爱期间保有一点神秘感，让他对你有尚不明白、搞不清楚的部分。不要急于将恋爱的蜜果一口吞下去，要一口一口地吃，这样才能充分品味，才能获得精神的享受。

那么，如何保持神秘呢？可以从以下几个方面入手：

1.关于自己的事情要适当介绍

不要把自己的事情一股脑地全都告诉对方，如果你把从你出生到现在的一切都和他说得清清楚楚，那么你对他而言就没有什么神秘感可言了。所以如果在一些问题上你坚持不谈，故意不说，反而会引起对方的浓厚兴趣。

2.不要轻易地让他把你送回家

在约会后，男人一般会将女人送回家，以表现自己的体贴。很多女孩会选择让对方一直把自己送到家门口才肯回家，这样的做法是不妥的。要让对方把自己送到一个指定的地点，然后让对方回去，不用说明很多理由，这样同样会增加你的神秘感，使其念念不忘。

3.编个小故事

时不时地和对方说一些自己不喜欢去某个地方的话，并且不作出解释，对方会为你为什么不喜欢去某些地方而好奇，同样可以使自己有神秘感。但是，要注意的是故事不能编得太出格，无伤大雅即可。

当然保持神秘的方法还有很多，只要你善于发现，就能够适当地保持神秘感，你会发现对方一直对你保持着好奇，从而能够使你们的感情一直保持新鲜。

拒绝冷暴力，有点小吵闹爱情会更甜蜜

情侣、夫妻之间难免有种种误会或者矛盾，这时候解决问题化解矛盾才是两个人真正要做的。可是很多女性在生对方的气之后选择不去理睬对方，这时让男方束手无策，这种做法就叫做“冷暴力”。其实这样的做法对双方的感情是非常有害的，因为如果男方非常关心自己的女朋友或者妻子，但是因为冷暴力而不能去解释，或者自己干脆以冷暴力回应冷暴力，那么双方就会陷入僵局，这样的情况持续的时间越长，双方的隔阂就越严重，就越不利于问题的解决，最终可能导致感情的破裂，或者不了了之。因此，这样的冷暴力对双方的感情是非常有害的，应该予以拒绝，打破冷

暴力最好的方法就是在有矛盾的时候该吵就吵，因为一些吵闹不但不会使感情受到损伤，而且可以使爱情更加甜蜜。

如果两个人在有矛盾的时候就开始谈，或者干脆就吵架，那么问题在谈论或者吵架的过程中就会清晰，这样两个人就会在吵的过程中对问题有自己的认识，从而逐渐获得解决问题的办法。

冷暴力产生的原因有很多，比较突出的有以下几种：

1.女方等待男方主动

很多时候，两个人发生矛盾，女方会觉得男方应该主动去承担一些责任，或者应该主动承认错误，从而选择等待。但是这样做是有一定风险的，因为谁也不能保证男方总会在第一时间做出反应，尤其是双方都在生气的时候，人们受情绪的影响会出现不理性、不会思考等情况，所以也会出现男方不主动化解矛盾的现象。这样一来，两个人就开始互相施以冷暴力，使感情陷入僵局。

2.双方顾及面子

人都喜欢讲求面子，尤其是男性，所以在双方发生矛盾的时候，男性心中也会有一个在有面子的情况下行动的尺度。男性有时会为了面子而选择保持沉默，同样女性也会顾及面子，结果两个人之间就竖起了一道墙，陷入了“冷暴力”的困境中。

3.觉得不屑一顾

很多女性比较自我，她们总是高高在上，结果在发生矛盾时，一方面觉得男性应该主动，另一方面她们会觉得无所谓，从而把自己封闭起来，不去触碰问题，结果问题越积越深，最终得不到解决。

解决冷暴力的方法有很多，其实最主要的还是要说出来，哪怕去吵也不要憋在心里互相实施冷暴力，因为冷暴力的危害是不可小觑的。所以不要去赌，要理性，适当地去和对方沟通，哪怕去吵也会比施加冷暴力强。

1.要思考问题在哪

生活不可能全是鲜花和美酒，两个人相处时间长了，必然会产生审美疲劳，这都是自然现象，都是非常正常的事情。所以不要迷茫，不要懈怠，打起精神，好好地总结和思考才是两个人要做的。只要找到了问题的所在，两个人即使吵架也会有解决的办法的。

2.首先反省自己

作为一名女性，在出现问题时不要总是怪这个怪那个，在发生问题时要先冷静地思考一下自己哪方面有问题，自己哪里做得不好。每个男人都希望找一个温柔贤惠的女人做老婆，所以如果发现自己做得不好，那么就赶快去改正，或者主动一些，这样都可以避免冷暴力的发生。

冷暴力就像一堆垃圾，遇到问题不解决，只会让问题越积越多。所以平时两个人一定要注意沟通，不要在产生矛盾的时候只会选择冷暴力，可以适当地吵架，从而使问题浮出水面。一定要避免冷暴力的产生，杜绝冷暴力危害感情的情况发生。

爱要说出口，说不腻的甜言蜜语

情侣之间最有特色的话语就是甜言蜜语，甜言蜜语会让情侣之间的感情更加融洽。甜言蜜语不仅是男性讨好女性的杀手锏，更是女性维护彼此感情的神秘武器。对待甜言蜜语，不同的女性有不同的态度。有的女性认为甜言蜜语是不必要的，两个人要用实际行动来说话，不能只是嘴上说说那些我爱你之类的话；有的女性认为甜言蜜语是必要的，因为爱要说出口，不说彼此不会知道对方在想什么，即使两个人很有默契也是会出现疏漏或者误会的，所以甜言蜜语是非常必要的，并且是要不停地说，让彼此都能够确定互相给予对方的爱，从而使双方的感情更加坚固。这两种看法各有各的优点和缺点，但是相比而言，第二种是比较值得提倡的。因为两个人要想有好的感情基础，沟通是十分必要的，所以要想让对方知道自己的爱，爱就必须说出口。

甜言蜜语的好处有很多：

1.使感情更加融洽

黄磊和孙莉是一对明星夫妻，夫妻二人感情一直保持着平稳发展的态势，并且很少能够听闻夫妻二人不和的消息。黄磊不仅是一名才华横溢的歌手、演员，而且还是一名让人们尊敬的大学教师。妻子则选择在家做好后勤工作。黄磊对太太的依赖程度是很深的，两人在一起后，他从未尝试过单独旅行。黄磊说："我比较喜欢热闹，所以出去旅行一定要有个伴。那你们说我的伴应该是谁？也只有她（孙莉）在我身边的时候，我才会觉得安心。"曾经有人专门讨论过为什么夫妻二人的生活一直很甜蜜，后来曾有人发现两人的话语总是充满着温馨的词汇，这也是两人为什么不仅在生活中经常在一起，就连工作也是出双入对的原因。

黄磊和孙莉之间的感情是有目共睹的，两人虽然是明星，但也都是人，所以难免会有摩擦和矛盾，两人之所以还能如此坚定地经营着彼此的感情，就更加印证了两个人在一起时说话方式的重要性。甜言蜜语不需要非常肉麻，只需要两个人把真实的感情通过语言表达出来就可以了，甜言蜜语就会通过它自己的"魔力"将彼此的距离拉近，使双方的情感更加融洽。

2.使彼此更加坚定地爱

很多年过花甲的老夫妇在一起时，总是让人们既羡慕又敬佩，两个人能够一起共同经历那么多风风雨雨，实属不易。很多老夫妇在和朋友交谈时都会透露一些两个人情感之所以这么融洽，能够一直坚定地走下去的原因。有一大部分会提到彼此间的话语总是充满着温暖，这正是他们那个年代的人具有时代特色的甜言蜜语。其实甜言蜜语并不一定是露骨或者直白的，而是可以让对方感到温暖的话语。女性本身在语言上就有优于男性的地方，能够将话语很好地表达出来，让自己的伴侣听后被深深地感动。

那么甜言蜜语一个显著的作用就是稳定人心。既然情侣间还能讲出温馨的话语，就说明爱还在，即使这些话语并不是非常甜蜜，但是也能够听出一些关心和在意，所以可以让对方知道自己的另一半仍然爱着自己，从而确定自己能够继续爱下去，因此可以使彼此的爱更加坚定不移。

如何将甜言蜜语恰当地运用呢？主要有以下几个方面：

1.不要只说"我爱你"

甜言蜜语不要只是"我想你""我爱你""小心肝""小宝贝"这样

的词语，也许是现在的年轻人喜欢这样直白地表达，但是要想把甜言蜜语的作用发挥到极致，就不能只是局限于这些话语，而是可以通过一些并不直白的话，但是在对方体会过后能够感觉到那种甜蜜的味道，这样的甜言蜜语往往能够让人回味无穷，每一次想起都会情不自禁地笑出来。

2.掌握好频率

凡事都有个度，过了这个度就会有问题，尤其是语言，要想吸引对方，就不能单调，不能一味地重复同样的东西。同样，甜言蜜语不能时时刻刻都有，因为时间长了，一个人会对其有“免疫力”，甜言蜜语的作用就会大打折扣，因此，说甜言蜜语也要有策略。要在适当的时候说，不能太频繁，要能够反复地激起对方的好感，这对一名女性来说是非常重要的。

爱要说出口，甜言蜜语是彼此感情的增强剂，不要以为甜言蜜语只是花哨的话语，只要恰当地运用，还是能够增进彼此的感情的。

给他空间与自由，反而得到的更多

有些女性朋友喜欢把自己的另一半死死地绑在自己的身边，不给他任何自由的空间，完全要求对方以自己为中心，对方的一举一动都要向自己进行汇报，只有对对方的行踪了如指掌才肯放心。这样做也会遇到两种情况，一种是对方很配合，能够接受这种要求，但是时间长了会想反抗；另一种是干脆就不同意女方的这种做法，坚决抵制。其实男性这样的反应不奇怪，因为人都是需要一定的自由度的，换位思考一下，如果自己被绑在一个地方一直不动，那么身体也会疲劳。同样爱情也是这个道理，所以不要一直把爱人绑起来，这样他会在感情上感到疲倦的，给他空间与自由，反而得到的更多。

1.要一世就不要一时

有的女性喜欢自己的伴侣能够时时刻刻都陪在自己的身边，这样能够让自己感到安心。这种心情是可以理解的，因为爱本来就是要在一起才能长久。那么关于爱情，什么才是长久，恐怕没有人能给出答案。两个人要想一生一世守在一起，那就不能只顾着平时每时每刻的卿卿我我，要学会给对方空间，这样才是为了一世的爱做工作。

有些女性平时会给自己的另一半频繁地打电话，每次都是问及“去了哪里”“干什么”“跟谁一起”“男的女的”“什么时候回来”等，这样的话给人一种不信任的感觉，如果一个人本来心情就不好，那么这样的问法很可能会导致其心烦意乱。因为这种做法感觉自己就像一个犯了错的人在接受审判，时间长了，彼此的关系自然会变得紧张。所以不要打着爱的旗号去挤压对方的时间和空间，要记住，因为你爱他，所以要给他空间，这样才能在彼此间建立信任，才能使爱获得自由，让彼此的爱能健康发展。

有些夫妻非常恩爱，他们彼此都肯为对方付出自己的所有，但是结果却是非常可悲的，因为不是白头偕老，而是劳燕分飞、中途分散。在对这些夫妻分开的原因进行分析时，很多时候并不是因为男人花心在外面有外遇，或者有第三者插足，或者嫌弃对方没有能力等，而是因为女人太在乎对方，爱得太深，不能自拔。这样一来，虽然对方能够被你的爱包围，但是却会让对方窒息，这种窒息的感觉会让人退却，最后很无奈地只好选择逃跑。

所以作为一名女性，目光要长远，不要只顾眼前，要为自己的伴侣着想，这样自己的伴侣才会更加爱自己，从而使两个人的爱一直“小火慢炖”，香味不断地飘过人们的心间，使人为爱的甜美所陶醉。

2. 恋爱就像放风筝

对女人来说，恋爱就像放风筝，如果线收得太紧，风筝就会飞不起来，所以这时就要放线，也就是要给你的恋人飞翔的空间。但是不要一直撒手任其去飞，要在适当的时候收收线，因为如果飞得太远超出了自己的掌控范围，风筝就会挣脱自己飞走的。所以给对方空间是应该的，但是给多少要有个度，要在彼此相处的过程中总结，然后在心中定下一个度。只有把握好这个度，才能让你们的恋情更有弹性，更加甜蜜。

“爱屋及乌”，学会亲近他身边的人

“爱屋及乌”的字面意思就是喜欢这个屋子，连房顶上的乌鸦也都连带着十分喜欢。现如今多用屋子来比喻人，用乌鸦来比喻人身上的缺点，从而引申出爱一个人连他身上的缺点也不在意，都会非常爱。那么把这个词再扩大一个范围，就是爱一个人，不仅要对他本人用心，还要学会喜欢他身边的人，从而能够去亲近他身边的人。这样一来，你就能更好地掌控你的另一半了，还可以通过影响他周围的人来使他对自己的感觉越来越好，从而达到促进感情的目的。

1. 不要单兵作战，为自己提供更好的平台

有的女性觉得自己爱自己的伴侣就可以了，没有必要去爱他身边的人。这当然没有问题，但是很多时候，一名女性是需要他人的协助来完成对自己爱人的付出的，尤其是两个人出现一些问题又比较难以解决时，这些协助的人的作用就更加凸显出来。

美国前总统布什的妻子劳拉是一名非常熟稔处理人际关系的人，她不仅全心全意地爱着自己的丈夫，而且还会和丈夫身边的人搞好关系。这样一来，布什的朋友和亲戚都会说劳拉是一名非常优雅的女性，还会说一些劳拉有多么好的话，这让布什感到自己的妻子非常优秀，自己也感到非常开心，工作起来总是精力充沛，充满干劲。

像劳拉一样对自己的男人用情至深，这是每个女人都能做到的，难度不会很大。但是值得其他女人学习的是劳拉能够做到“爱屋及乌”，能够笼络布什身边的人。这样一来，即使两人之间发生了问题，布什身边的朋友或者亲戚为劳拉说一些好话，布什的观点一定会受到影响，从而使布什愿意和劳拉一起解决问题，这种能够自动纠错的感情才是优质的。

2.即使不能亲近也不能伤害

现在很多女性在结婚之后不愿意和自己的公婆住在一起，她们会觉得在一起很有拘束感，会觉得没有共同语言，很不自在。可是这样做的女性

朋友有没有想过自己的丈夫会有什么样的感想呢？所以不要太主观任性，要理性和现实一些才能更好地和自己的丈夫相处。

小丽的公公婆婆扛了花生、红薯和嫩玉米从乡下来看望他们，老公要去加班，让小丽在家陪着，老公走后，家里的气氛就尴尬起来。小丽阴沉着脸，一言不发，二老拘谨地不知该说什么。不久单位有事打来电话，小丽庆幸自己终于解脱了，可她不想让公公婆婆单独留在家里，怕没有见过世面的公公婆婆弄坏了家里的东西，就说："二老去楼前的花园里晒晒太阳吧，那里人多不寂寞。"二老下楼了，她"砰"的把门关上了，连钥匙也没有给公公婆婆留下。两口子下午回家后找遍了整个花园也没有二老的影子，老公试着往乡下的家里打了个电话，接电话的正是他父亲，他们回家了。老公和父亲通了很长时间的电话，知道了事情的来龙去脉。老公连一个改过的机会都没有给小丽，就和她办了离婚手续。老公说，她办了天理难容的事，不和她离婚，一生都会对父母有良心上的亏欠。

这个小故事可谓切实中肯，要想使夫妻的感情融洽、家庭和睦，就不能仅仅对丈夫一个人好。有的女性认为我自己好好爱我的老公就可以了，与其他人无关，其实这种想法是非常错误的。爱一个人就要爱他的全部，爱他的出身，爱他此生卸不掉的责任，爱他背后有千丝万缕联系的人。这里要切记一点，那就是即使你不喜欢他身边的人，也不要伤害他们，因为你那样做的后果只能是让自己的丈夫对自己越来越厌烦，最终的结果可想而知。

爱一个人是不容易的，但是既然你选择了就不要回头，不要后悔。不经历风雨怎么见彩虹，一直爱自己那个真心爱着的人也许是人生最为困难的一件事。那些海誓山盟，那些婚礼上的誓言都只是表象，真正能相守一生才是爱的本质和精髓，能够做到这样才是值得人们敬佩的。过年过节，记得和自己的老公回家看看，多给公公婆婆带些礼品，即使不值几个钱，也要能让他们感受到你的关心。和公公婆婆一起做饭，一起看电视，一起散步，这才是家的真谛，才是能够促进你们夫妻感情的好方法。

所以不要觉得只是爱自己的老公就可以了，还要学会“爱屋及乌”，要能够亲近他身边的人，这样的爱才是比较完整的，才是能够保持生命力的。

展现你的贤良淑德，令他想把你娶回家

贤良淑德的女人一般是指那些能够独立思考问题，有主见，并且具备良好品德的女人，无论是待人接物，还是谈吐举止都是非常得体的，尤其是在和自己的男朋友一起出去的时候，她们能够帮男朋友长面子。有的人说这是旧社会的所谓的大家闺秀的标准，现在的女性已经不流行这一套了，如果你这样想，那就错了。因为儒家文化中对女子的要求就是贤良淑德，中华文明中的三大支柱“儒释道”仍然发挥着重要的作用，仍然占据人们精神的主要位置，因此，选一个贤良淑德的妻子仍然是当代男性心中的愿望。

如果说贤良淑德可以理解为贤惠、善良、有涵养、有品德，那么我们就可以从以下几个方面来分析什么样的女人才是贤良淑德的女人，又如何才能做一个贤良淑德讨人喜爱的女人？

1.贤惠的女人惹人爱

郭蔼明是香港影帝刘青云的老婆，她是有史以来学历最高的港姐。郭蔼明开始时也拍戏，并且演技很好，她自己也很喜欢演艺行业，但是自从和刘青云结婚后就不拍了，开始专门在家做家庭主妇，给刘青云做好后勤，让刘青云能够做好自己的事业。刘青云之所以现在能够安心地赚钱，很大程度上和郭蔼明的支持是离不开的。

如果郭蔼明还是去拍戏，然后家里的事情也不管，那么家里稍微有点事情，刘青云就会感到内外交困，又有谁能够在后院起火的时候还安心在外工作啊？所以郭蔼明能够做一名贤惠的妻子是刘青云的福分，也是刘青

云那么疼爱她的原因。

2.男人离不开贤淑的女人

利智是著名影星李连杰的老婆，她是一个让李连杰可以没有后顾之忧的人。利智是曾经的亚洲小姐，后来她遇到李连杰并结了婚。李连杰经常在电视前感谢她，甚至都不用感谢，说什么她就是我我就是她，我们是一体的……在《鲁豫有约》里面说自己不用管家，有妻子在后面支持他云云，并且把管家形容得很难，以此衬托利智真的爱家，能干。

从李连杰的话语中不难看出他对自己妻子利智的赞许，通过这些赞扬性的词语，可以洞察出利智一直在很好地操持着这个家，让李连杰在外面工作毫无后顾之忧，这样贤淑的女人是每个男人都离不开的，也都会喜欢的。

3.爱你懂你，你是我的全世界

王菲是众人皆知的著名歌星，她的歌声犹如天籁之声，为整个亚洲甚至世界歌迷所喜欢。后来她成为了内地演员李亚鹏的老婆。王菲结婚前暂停娱乐圈事宜，虽然口头上没提及退出，但都没再接工作，并考虑将香港的资产物业卖掉，与爱郎双宿双栖。王菲为了李亚鹏，决定婚后退隐做幸福的少奶奶，为了嫁给李亚鹏，王菲牺牲很大，甘愿放弃天文数字的收入。

王菲能够为了李亚鹏做出如此大的牺牲都是为了爱，她不惜离开香港放弃自己的事业来到内地，甘心为李亚鹏建立一个温暖的家，这样的女人男人能不爱吗？所以这种贤良淑德的女人对于男人们来说绝对是不可多得的好女人。

4.贤良淑德与“美”的关系

有的人认为一个女人只要漂亮就不愁嫁不出去，就不愁没人爱，长得不漂亮则会有很多麻烦了。其实这样的想法有些是没有道理的，因为贤良淑德的女人是最美的。只有拥有内在美的美女才会越看越美。因为外表的美总有一天会有审美疲劳，但是内在美就不一样了，它就像一杯美酒，时间越长，酒香越浓郁。所以不要以为作为一个女人只要把脸蛋打扮漂亮就可以了，还要有内在的东西。只有展现自己的贤良淑德，才能让男人一见就想把你娶回家。

据统计，三十岁以前的男人结婚，在“美妻”与“贤妻”之间作选择，他们一般会选前者；到了三十五岁结婚的男人，他们在做选择时就会慢慢地偏向后面的“贤妻”。也许很多男人都想娶一个既漂亮又贤惠的妻子回家，这绝对是每一个男人的心声。但并不是每一个男人都可以找到一个内外兼备的美女回家，所以很多男性会选择娶一个相貌一般，但是贤良淑德的女人。因此，作为一名女性，还是尽量展现自己的贤良淑德吧，这样男人们才会愿意把你娶回家。

包容与大度，令男人为你折服

作为一个女人，有一颗能够包容的心是非常了不起的，这样的女人往往能够获得那些非常有成就的男人的青睐，他们往往会为你的气度所折服。爱情路上本就是充满坎坷的，谁也保不准会遇到什么样的问题，然而很多情侣都是在男人一方出了问题之后就结束了感情。那么换一个角度看，男人在犯错之后如果能够再给他一次机会，那么男人是不是会感到惊讶和敬佩，他们内心的愧疚感会顿时增加数倍，从而更加愿意去改正自己的错误，这样一来，这个男人就真正为你所折服了。所以不要在男人出错的时候急于和其撇清关系，要先看看他犯下的是什么样的错误，视情节轻重来做出判断，因为你的包容与大度是能够感化一个人的。

生活中夫妻之间经常会遇到男方犯错误的情况，这时候如果女性急于揭露对方的错误，并和其断绝关系，从此不再来往，那么男人很可能会对错误认识不深刻，或者由于一些误会或者矛盾根本不承认自己的错误，最终受伤的只会是女人。因此，宽容与大度是一招妙棋，以退为进，一招制胜。

小军从事IT行业很多年了，结婚后的他更是有了一个幸福的家庭，可是，由于他没能把握好自己和异性朋友交往的尺度，几年后他就有了情人，是那种动了感情的。情人总逼他离婚，他躲闪，有一次他去情人的家里，情人因为小军不离婚又闹腾，一冲动，当着小军面给他媳妇打了电话，对她说："你们离婚吧，他现在就在我这儿呢，他今晚不回家了。"小军的媳妇非常镇定而礼貌地说了句："我们离不离婚，你说了不算，这个要他同意才行。好吧，他就在你那过夜吧，没关系的。"说完挂了电话。小军在旁边听了，抬腿就要走，他要回家，情人急了。小军语重心长地告诉她："我媳妇，牛，我佩服，你永远都比不上。"

从这个故事中不难看出一个女人的宽容和大度有多么大的威力。很多夫妻在遇到类似的情况后，妻子往往会被伤害很深，因为忍受不了而选择离婚，结果输得很惨。作为一个聪明的女性在遇到这种情况时不要和丈夫吵，更不要咒骂他，因为你这样做是正在帮你情敌的忙，你在把你的老公向对方那里推，这时候欲擒故纵是最管用的。所以用你的气度去感动你的男人，在他犯错的时候给他一个反省的机会，让他知道自己错在哪里，让他自己萌生改正错误的想法，这样才能真正达到你良苦用心的预期效果。

情侣在一起会遭遇很多挫折，那些花前月下的海誓山盟都只是过眼烟云，非常苍白，即使是婚礼殿堂上的承诺也是那些善男信女们天真的游戏而已。在关键的时刻能够做出正确的选择和行动才是让彼此的感情地久天长的法宝，比起那些保证和誓言要管用得多，所以女人，不要在关键时刻犯傻，要保持清醒，知道自己想要的是什么，然后做出让自己的伴侣感到吃惊和敬佩的行动，这样的宽容和大度一旦成功运用，那么你在他心中的形象和地位就不只提升一个层次了。

所以，女人要学会以一个良好的心态、豁达的态度去面对生活中的种种不顺，要大度和宽容，这样才能令你的男人折服。

婉转地责备，让他理解并接受

如果自己的男人出了问题不要视而不见，即使你有很宽广的气度也不能这样做，因为纵容的后果是非常严重的。有的女人会说懒得理他，这样的想法其实是非常错误的。他犯错时一定要让他知道哪里错了，有时甚至可以责备他，从而让他认识到问题的严重性。不过责备的时候是需要原则的，不能太过火，因为每个男人都是有自尊心的，不能过于伤害他，在责备时可以婉转一些，这样才能真正达到让他理解并接受的目的。

出现问题时要看看自己的情绪是什么样的，然后再行动，不要在生气的时候作出决定或者行动。

刘女士大学毕业就结婚了。婚后，刘女士开始按照理想经营自己的婚姻。随着时间的推移，丈夫的毛病一点点暴露出来，刘女士认为，接近完美的丈夫是高品质婚姻的基石，她便着手帮助丈夫改正缺点。然而，十多年来，丈夫并未被改造成功，反倒因为这产生了很多矛盾。例如，刘女士特别讨厌丈夫说大话，常当众制止、呵斥他。去年春节，刘女士夫妇二人回娘家，中午，丈夫和她的几个堂兄堂弟围坐在一起聊天喝酒。刘女士怕丈夫话太多，也不帮母亲做饭，就坐在旁边看着丈夫。当丈夫讲起自己单位的趣事时，引得笑声阵阵。刘女士觉得很无趣，就坐不住了，便大声呵斥丈夫：“别说了，就显着你能！”丈夫笑了笑没理她。刘女士见状恼羞成怒，冲过去，一把夺过老公的酒杯摔了。类似于这样的小事很多，刘女士并未感觉自己做错了，她始终认为自己是为了不让丈夫在外人面前出丑。

从这个例子中不难看出刘女士急于将自己丈夫的一些小毛病改掉，好让丈夫在别人面前能表现得得体，能够让自己很有面子，可是她没有掌握正确的方法，不但没有帮助丈夫长面子，而且在众人面前也没有给丈夫面子，让丈夫颜面扫地，更严重的是她自己不能觉察出自己的失态，所以丈夫不但没有改掉一些坏的毛病，而且还形成了一个恶性循环。

女人一定要记住，男人是有尊严的，尤其是自己的女人一定要给自己面子，否则，男人不但不会配合你，而且还会故意和你对着干。所以当你的男人出现问题时不要急于责备，更不要当众把他骂得体无完肤。这种时候，要冷静，要好好想想应该怎么去把这个问题提出来，让丈夫觉得在理，然后婉转地责备他一下。这样一来，丈夫不仅不会反感，而且还会意识到自己的一些问题，从而使两个人的感情重新回到正常的轨道上来。

北京师范大学心理学博士吴和芳女士说："婚姻如鞋子，合脚了才舒服，'鞋子'上的些许尘土是不影响鞋子的舒适度的。婚姻中的男女都要学会包容，缩小对方的缺点，放大对方的优点。唠叨、抱怨是女人的通病，而唠叨、抱怨男人的缺点、毛病，对男人来讲是最有杀伤力的武器。"所以作为女人，一定不能一生气就失去理性，然后开始咆哮，这样是非常不利于问题的解决的。

男人在婚姻里需要的是被人尊重和欣赏，而女人需要的则是爱。所以在这里要特别提醒一下您，不要只把眼光放在他的缺点上，即使对方有你不能容忍的缺点和毛病也不要随便去责备，要讲究方式，要婉转一些，这样双方的谈话氛围就会回归正常，也有利于问题的解决，从而构建和谐的婚姻生活。

不是美丽、丰满、性感的女人才会获得男人的喜爱，那些能够体谅男人，能够得体地说话做事的女人更能吸引男人。作为女人，一定要做到以下几点：

1.温柔

在自己的男人出现问题时千万不要大声吵吵，不要当众责备他，这样会使男人颜面扫地，更加不愿意配合你解决问题。所以要做一个温柔的女人，在责备你的男人时，也让他感受到你的温柔和爱。用你的思考、语调、一举手一投足去吸引你的男人，打动你的男人。

2.善于思考

千万别做事不动脑子，因为这样的前提下做出的行为都是愚蠢的，要善于思考，这就是很多其貌不扬的女性牢牢地抓住自己男人的心的秘诀。

爱一个人不容易，那么就不要轻易地使双方受到伤害，在出现问题时

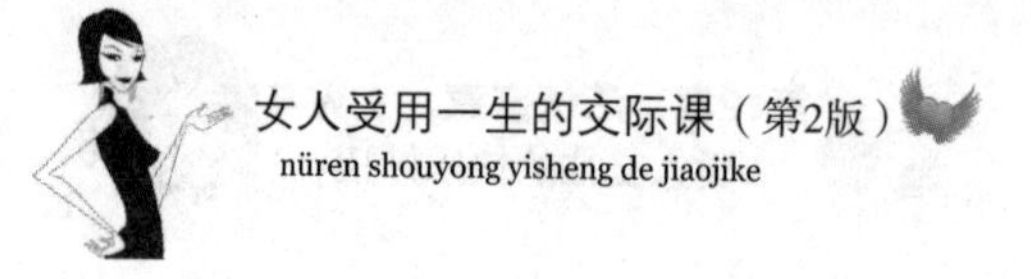

责备是必要的，但是要婉转，这样才能达到责备的预期效果。

给爱人留有自由的时空

女人和男人拥有亲密感情使两个人的心里没有了距离，但是想维系这段美好的感情的话，便要懂得为彼此的生活世界留些空间，女人与男人太接近容易伤害对方，离得太远了，又有可能冷落了对方。感情是需要考虑双方的空间距离和心理距离的，距离太近，原来的吸引力会变成排斥力，距离太远，原来的吸引力就会失去“吸引”作用，所以，感情是需要一定的距离美的。

有一则寓言：有两只豪猪，身上的毛又硬又尖，到了冬天，天气特别寒冷的时候，豪猪就靠在一起相互取暖，但当它们靠近的时候，身上的毛尖就会刺痛对方使它们立即分开，分开后因为寒冷又不得不靠在一块，而因为痛又分开，这样反复数次，它们终于找到了彼此间的最佳距离，在最轻的疼痛下得到最大的温暖。

人们常说距离产生美，相爱的两个人并不是代表要合二为一，留有自由的空间是对对方的尊重，恰当的距离也让自己保留一点让他感觉神秘的东西。不论在什么时候让男人对你充满着好奇，他对你的爱便不会变质。

第一，不参与他过去的生活。在两个人的感情稳定下来之后，不要对他过去的生活乱加评论。其实两个人在一起，并不意味着要和过去的生活全部隔断关系，男人过去式的生活或许可以帮助他重新找回年轻的激情，会在某方面上对他产生帮助，这便需要女人给对方一点打理自己空间的时间。

第二，希望男人有一个红颜知己。女人通常都有自己一辈子的蓝颜知己，男人其实也一样，男人的一些痛苦无法和爱人表达，但红颜知己却能成为倾听者，他的痛苦或许也只有红颜知己可以感受得到。

薇薇在大学是校花，许多家庭富裕的男孩子和学习成绩好的男孩子追求她，可是她却偏偏喜欢上了既没有钱也没有多少才华的陆华，两人大学毕业之后就结婚了。陆华在自己创业过程中遭遇了挫折，一开始的投资全部打了水漂，他是想创业成功后给薇薇幸福的生活，可现在所有的积蓄都用完了，他不敢面对薇薇，有好多话都不能说出口，其实薇薇也知道，但是她也帮不了什么忙。

和陆华一起长大的朋友小静知道了他的情况，主动的帮助他，为他投资，给予他创业上的指导。半年时间内，陆华便做得顺风顺水，一切都步入了正轨。在小静的心里陆华像他的哥哥一样，同时在陆华心里小静是他一辈子可以依靠的好朋友。陆华的成功就是对小静的付出最好的回报。

女人总是怕自己的爱人与其他的女人有所接触，把男人盯得死死的。其实，每个男人的身边都应该有一个像小静一样的红颜知己，他的精神依赖于红颜知己，这是比身体本能更高层次的需求。面对爱人的红颜知己，与其不给她好脸色，不如表示出自己的大气。松开手表现自己对待事情知性的一面，增加男人对自己的爱，同时减弱了红颜知己的影响力。

第三，有紧有松，拽住男人的心。男人就像天上的风筝，如果女人松开了手，他就会脱身飞走，如果你抓得太紧，他却不能飞得高。需要女人有合适的力度来放开男人的身体，抓住男人的心。

肖童是高中音乐老师，男朋友在外地创业，两人没有在一起生活，但是男朋友每周都会过来看她，给她带好多礼物和好看的衣服，两个人的感情一直很好。同事对于她们异地恋还能有这么好的感情很羡慕。有个闺中密友为她敲了警钟，和她说异地恋毕竟不是长久的事，时间长了，感情会变质的，男朋友有可能被在他身边的女人抢走，但肖童想了想男朋友那么关心她，肯定不会爱上其他女人的，于是朋友的话也没有太在意。半年之后，男朋友提出了分手，他在外地有了新的女朋友，分手的原因便是两地分居，感情变淡了。肖童这时才后悔对男朋友太放松了。

有人说爱情是距离产生美，小别胜新婚。可如果长时间两地分居，恐怕爱情最终会被距离谋杀掉。对男人太放松，会让男人对你不在乎，对男人盯得太紧，会让男人远离你，把握不好这个松紧度的女人就会受到感情的伤害。

爱情是经不起考验的，男人和女人都会有孤独、寂寞的时候，都想寻找到另一半可以互相依偎。男人和女人的距离美就是，男人在客厅里看电视，女人在厨房里准备晚饭，两人时不时地说说话。在自由的空间让彼此的心处于一个刚刚好的靠近的距离，这种简单、朴实的幸福才能够长远。

让男人对你掏心的技巧

在男人和女人产生一段感情的过程中，女人不仅爱听男人的甜言蜜语，还喜欢听男人掏心的实话。女人想知道自己在男人心目中的地位，想测试男人是不是真的爱自己，但有些男人不够配合，男人对于女人的连连发问会感到厌烦。如何才能让男人对女人知无不言、言无不尽，这便需要学习让男人对你掏心的技巧，自信的抓住男人的心。

小楠和吴飞在一起生活了3年。最近吴飞回到家吃了饭便睡觉，和小楠没有一点语言上的交流，嘘寒问暖的话更是没有，小楠因为吴飞对她的冷落心情一直不好。

这天吴飞照常下班回家吃饭，他刚坐下，小楠便说：“我们真的需要谈谈了，你最近对我总是不搭理，是不是你在外面有别的女人了，你要是不爱我了，我们可以分手，我不会赖着你的。”吴飞被小楠这么严肃的话吓了一跳，他说：“小楠，你不要乱想，最近公司要上新的项目，我工作的压力很大，回家只想轻松地睡一觉。”小楠紧接着说：“那你可以和我说啊，每天回来你和我说两句话的时间还是有的吧，你的眼睛看都不看我，你都无视我的存在。”吴飞对于小楠的一再追问，感觉到很烦，于是边向卧室走边说：“随你怎么想吧，我很累，我要睡觉了。”小楠听到吴飞更加不耐烦的话，一个人坐到客厅哭了起来。

女人和对方单刀直入的谈话，并不能感化对方，反而加深了对方对你的反感度。小楠就是没有运用好让男人对她掏心的技巧，既让吴飞对自己产生了反感，而且也伤害了自己。最直接的让男人对你掏心的技巧，就是让两人愉快的经验分享成为彼此打开的话匣子，然后再“乘虚而入”，有意无意地带出最近生活异常的话题，既让男人感受不到你的单刀直入，又对男人进行了进一步的试探，让他对你说掏心话。

有一对夫妻，经常因为一点家长里短的小事情而吵架，每次妻子都会说：“我已经受够你了，迟早要分手，早分开早获得自由。”前几次这样说，丈夫以为是妻子说的气话，可是每次她都这样说，丈夫不免心里认为妻子真的是想和他分手了。

公司有个女同事一直追求他，于是丈夫便和女同事相处了，而且丈夫对女同事说等他现在的妻子提出离婚的时候，他们就正式地在一起。这件事情被妻子知道了，妻子哭着去公司找丈夫，但丈夫只是交给她一份离婚协议书，并没有听妻子说什么，妻子看丈夫已经不再爱她了，于是哭着在离婚协议书上签字了。

妻子每次的犀利字眼，让丈夫越来越确信妻子迟早是会和他离婚的，于是在外边为自己找了个新的女人，当妻子后悔的时候一切都已晚了，丈夫的心不再属于她，最终却是丈夫选择了和她离婚。女人不论多么的情绪化，都不能用犀利的字眼和男人说话，一天到晚拿分手来说事，并不能让男人对你百般不舍，却是让男人的心离你越来越远。换个说话的技巧，说话转个弯，比如可以说：“你觉得这件事要怎么处理呢？”、“你觉得怎样？”，既能听到男人的心里想法，又能让男人步入女人设下的陷阱。

男人都是打猎的高手。猎人总是喜欢不停地追逐奔跑的羚羊，如果羚

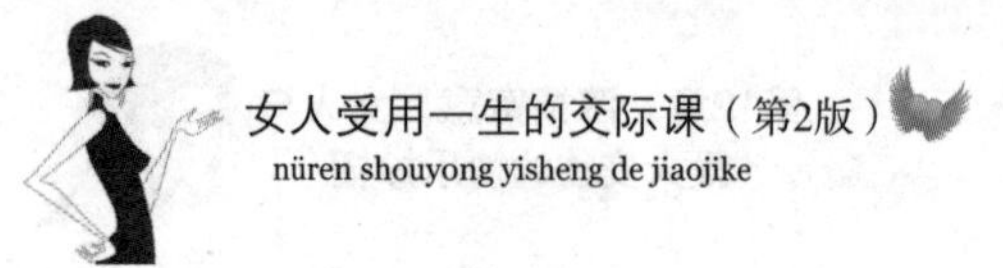

羊乖乖地停下来等猎人来捕捉，那猎人便会失去打猎的乐趣，他会放弃羚羊而去寻找新的目标。女人要是想男人对你掏心，服服帖帖地和你一辈子在一起，那你必须先隐藏起你想和他在一起的这种心理，让他感觉是他自己很需要你。如果你每天乖乖地做好可口的饭菜等他回来，他吃完后又为他端上洗脚水，那这一切都会让他认为是你本职的工作，是你应该为他付出的，他不会对你产生感激的心理，这样你就和追求他的女人没有什么区别了。想让男人为你掏心女人必须要懂得欲擒故纵。

“十个男人，七个傻、八个呆、九个坏，还有一个人人爱”这是很流行的一句歌词。好男人确实不多，如果女人犯了桃花撞上了一个好男人，一定要运用智慧让他为你掏心，你知道了他心里全部的内容，那他一辈子都不会跑出你的手心。虽然你们因事业相隔两地、因工作没有太多的时间在一起独处，但男人为女人掏了心，女人知道男人心里的秘密，男人一辈子都会把心依偎在女人这里，女人一辈子都不会感觉到孤单。

送给爱人的浓情蜜意

感情经历的年数长了，便像白开水一样没有了味道。爱情需要永远被保鲜，送给爱人的浓情蜜意便是能够使爱情保鲜的有效秘方。一个好女人选择把自己的全部给予男人，足够表明女人对男人深深的爱，这本身就为男人和女人的感情打下了很好的基石，再加上保鲜的浓情蜜意，便可以让这份感情永不失去色彩。

第一，永远保存对男人的爱。从一开始女人对男人的一见倾心，注定了女人爱上了这个男人，这份爱恋是女人和男人保护感情的有力武器，即使在生活习惯上有差异、即使因为事情而吵架、即使双方保持冷暴力，但是这份心底的爱还是存在在男人和女人的心里，化解这些矛盾的方法就是这份深深的爱。很多人把爱情想得很复杂，考虑物质上和精神上的需求很多，其实爱情的定义很简单，爱情就是彼此拥有对方，爱情就是彼此依偎，爱情就是对方生病了细心的照顾，爱情就是对对方的不离不弃，做好这几点，会感受到浓情蜜意就在普通的生活中，或者在看对方的眼神中。

第二，给对方制造浪漫。浪漫的范围并不是只局限在热恋的男女之间，婚后的丈夫和妻子也需要定时的浪漫一下，重温一下热恋时的美好，给自己现在平淡的生活增加一点小惊喜。

小萌和阿斌结婚5年了，两人是白手起家打拼事业。每天的工作都很累，所以有时两人会顾不上互相照顾，但是两人的感情却一直很好。小萌是个细心的女人，总会为阿斌带来一些惊喜和浪漫。

上周是阿斌的生日，他自己都忙得忘记了，可小萌把他的生日记在了心里。中午休息的时候，快递人员送来了包裹，阿斌打开一看是一个心形的蛋糕，上面写着：祝我亲爱的老公生日快乐。阿斌这时才想起是自己的生日，看着小萌订的蛋糕心里确实很幸福，同时感觉拥有小萌这个好老婆自己的生活也很幸福。

一次阿斌刚到办公室翻阅公文包的时候发现了一张电影票，电影票后边还连带了一张小纸条，小纸条是这样写的："老公，今天晚上7点我在电影院门口等你，我穿的是我们两第一次约会时穿的白裙子，你要记得送我花哦！"看完纸条，再看看电影票，阿斌幸福地笑了。下班之后先跑到花店为小萌买了玫瑰花，到了电影院门口送给了穿着白色裙子的小萌，同时还送上了自己的吻。

小萌为阿斌制造着一次次的浪漫，让阿斌更加爱她。生活在一起的两个人就是需要这种时不时拥有一点浪漫的爱情，给予对方幸福的惊喜，把日常繁杂的琐事都抛掷脑后，给对方的内心减压，维系甜蜜的二人世界。

第三，幽默带来浓情蜜意。幽默可以打破双方的冷漠，在鸡毛蒜皮的小事情里，都是一些柴米油盐的现实问题，每一段感情都要经历这样的现实，如果大家都因为这些生活的繁杂事而屡屡分手，那一辈子也不能找到合适的伴侣。没有幽默感的家庭就像是一个只能住宿的旅店，没有欢声笑语，没有属于家的真正温馨感觉。懂得幽默的女人用幽默来调节心态，缓解生活中的重负，分担对方的痛苦。

有这么一对夫妻，丈夫因为妻子说他胖得跟猪似的而生气，丈夫赌气不吃饭。妻子知道自己说错话了，可是怎么才能让丈夫消消气呢，于是她跑到丈夫眼前对他说："现在猪肉这么贵，大家都舍不得买猪肉了，正好家里有你，我就不愁有猪肉吃了，这是好事呢，你吃的再胖点，我就有肉吃了，我会更喜欢你。"

丈夫被妻子的话逗乐了。妻子接着说："老公，看你笑起来多帅呢，我觉得你比刘德华都有魅力。"

丈夫的气也消散了，妻子重新为丈夫做了夜宵，丈夫高高兴兴的吃饭了。

阵阵的欢声笑语才是家庭的氛围，才是促进感情的良药，时不时幽默一点，更能让对方知道你的爱意。

男女之间的甜言蜜语并不是多余的，没有关爱的话语，会让对方对你爱产生怀疑。既然选定了要度过一辈子的男人，那就对男人多些浓情蜜意，为爱情时刻保鲜。其实最简单的方法是每天对他说一遍"我爱你"，这是女人对男人最质朴、最深刻的爱的表达，让对方倍感温馨，让这么亲密的"情话"激起心中爱的涟漪，寻找到自己的小幸福。

参考文献

[1] 赵晓鹏.懂得交际的女人更快乐[M].天津：天津科学技术出版社，2009.

[2] 咖啡猫女.女人交际全攻略[M].北京：中国纺织出版社，2010.

[3] 凹凸.女人这样交际最聪明[M].北京：中国纺织出版社，2010.

[4] 雅芹.做一个有魅力懂心理善交际的聪明女人[M].北京：中央编译出版社，2011.